Marke Eigenbau

Holm Friebe ist Volkswirt, Geschäftsführer der Zentralen Intelligenz Agentur in Berlin und Dozent an der Zürcher Hochschule der Künste. Er hat als freier Journalist und Trendforscher gearbeitet und das Weblog riesenmaschine.de mitbegründet. 2006 verfasste er zusammen mit Sascha Lobo das einflussreiche Manifest *Wir nennen es Arbeit.*

Thomas Ramge ist Journalist und Moderator. Er arbeitet als fester Autor für das Wirtschaftsmagazin *brand eins* und schreibt zudem für *ZEIT* und *GEO*. 2007 erhielt Ramge den Herbert Quandt Medien-Preis. Bei Campus erschienen von ihm *Die großen Politskandale* (2003) sowie die preisgekrönte Familienbiografie *Die Flicks* (2004).

Holm Friebe, Thomas Ramge

Marke Eigenbau

Der Aufstand der Massen
gegen die Massenproduktion

Campus Verlag
Frankfurt/New York

Bibliografische Information der Deutschen Nationalbibliothek:
Die Deutsche Nationalbibliothek verzeichnet diese Publikation in der
Deutschen Nationalbibliografie. Detaillierte bibliografische Daten
sind im Internet unter http://dnb.d-nb.de abrufbar.
ISBN 978-3-593-38675-1

Copyright © 2008 Campus Verlag GmbH, Frankfurt/Main
Umschlaggestaltung: Martin Baaske und Thomas Weyres, Berlin
Satz: Fotosatz L. Huhn, Linsengericht
Druck und Bindung: CPI – Ebner & Spiegel, Ulm
Gedruckt auf säurefreiem und chlorfrei gebleichtem Papier.
Printed in Germany

Besuchen Sie uns im Internet: www.campus.de
Homepage zum Buch: www.marke-eigenbau.org

Inhalt

Für Moritz und Luke Velten

Vorwort

Dieses Buch ist ein Produkt der Massenproduktion. Sein Inhalt, der Buchblock, wurde in großer Stückzahl binnen weniger Stunden auf einer modernen Druckmaschine namens »MAN Lithoman« im Rollenoffsetverfahren gedruckt. Gleichzeitig ist jedes Exemplar ein handgemachtes Unikat. Jedes Cover wurde einzeln von Hand mittels der in die Vorderklappe lasergestanzten Schablone und einer handelsüblichen Sprühdose individualisiert. Dadurch wird die Idee und das eigentliche Thema dieses Buches in den Herstellungsprozess selbst übersetzt: Es geht es darum, unter Beweis zu stellen, dass mit etwas Phantasie und Verständnis für die Prozesse sich auch vollautomatische Produktionsverfahren knacken lassen und Raum für eine individuelle Handschrift bieten. Das bedeutet freilich nicht die Rückkehr zu einem vorindustriellen Handwerkeridyll. Mit dem Cover von *Marke Eigenbau* wollen wir exemplarisch zeigen, dass der Fortschritt der Produktionsmittel einen Stand erreicht hat, der es erlaubt, dass der Mensch als produzierendes und konsumierendes Wesen im Gesamtprozess wieder stärker zur Geltung kommt. In der Massenproduktion bediente ein Hersteller einen Kunden. In einer Welt Marke Eigenbau werden die Grenzen von Produzent und Kunde fließend. Dies wird die Ökonomie stärker verändern, als wir bislang ahnen.

Marke Eigenbau ist ein Buch für alle, die daran glauben, dass eine kleinteiliger strukturierte Ökonomie mit menschlichem Maßstab die Welt irgendwie besser macht, dass Wirtschaft eine zu wichtige Angelegenheit ist, um sie alleine den Großen zu überlassen. Und dass das Verhältnis von Arbeit, Produktion und Konsum einer gründlichen Überarbeitung bedarf. Unser Buch richtet sich dabei nicht nur an die Praktiker, bei denen das Selbermachen zum Kerngeschäft geworden ist, sondern auch an die Konsumenten, die mit ihrer strategisch eingesetzten Nachfragemacht die Revolution erst möglich machen. Zu funktionierenden Märkten gehören immer zwei Seiten; Autos kaufen bekanntlich keine Autos. Darüber hinaus richtet es sich an Menschen in Unternehmen und Organisationen, die diese Entwicklung verstehen wollen, um am Ende gar von ihr zu profitieren, anstatt nur nutzlos im Weg herum zu stehen.

In weltanschaulichen Fragen sind sich die Autoren nicht immer ganz einig gewesen. An schlechten Tagen diffamierten wir uns gerne gegenseitig als Neoliberaler beziehungsweise Salonkommunist. Uns hat selbst überrascht, dass sich die unterschiedlichen Grundpositionen im Arbeitsprozess als sehr produktiv herausgestellt haben. Denn auf dem Weg vom ersten zum letzten Kapitel wurden wir uns immer sicherer: Der Trend zur Marke Eigenbau verläuft quer zu ideologischen Gräben. Wie jede fundamentale Umwälzung fragt er nicht nach Freund oder Feind, sondern findet einfach statt. Danach sind die Dinge nicht mehr, wie sie vorher waren. Das nennt man dann Fortschritt.

Materialgrundlage dieses Buchs ist eine umfassende Literatur- und Netzrecherche unter besonderer Berücksichtigung der angelsächsischen Quellen. Zudem haben wir Dutzende Interviews mit Protagonisten aus der Welt der Marke Eigenbau geführt. Wenn keine Quelle in einer Fußnote genannt ist, stammen die Zitate aus direkten Gesprächen mit den betreffenden Personen.

Dieses Buch enthält viele Beispiele, ohne auch nur annähernd der wahren Vielfalt des Themas gerecht werden zu können. Die Website zum Buch, marke-eigenbau.org, ist so etwas wie die Fortsetzung des Buchs mit anderen Mitteln, die Feldforschung für das Breitenphänomen hinter dem Buch. Dort sammeln wir Produktbeispiele aus der Welt der Eigenbau-Marken. Jeder ist aufgerufen, Fotos von entsprechenden Erzeugnissen dort hochzuladen, die Objekte mit ein paar Zeilen zu beschreiben und gerne auch einen Link zu einer Homepage zu setzen oder anzugeben, wo man das Produkt kaufen kann. Mit der Website verfolgen wir kein kommerzielles Interesse.

Marke-eigenbau.org soll ein Kompendium der selbstgemachten Dinge werden, eine Anlaufstelle für Selbermacher und ihre Freunde, und damit einen weiteren Beweis liefern, wie vielfältig und stark die Ökonomie der Marke Eigenbau bereits ist.

Wir danken: Thomas Hölzl für Rechtsbeistand und Mediation, Martin Baaske und Thomas Weyres für Coveridee und -gestaltung, Philipp Albers und Inge Friebe für Probelesen, Moritz Metz für die Website, Sabine Niemeier für akribisches Lektorat, dem Campus Verlag für Vertrauensvorschuss und Experimentierfreude, der Druckerei CPI – Ebner & Spiegel in Ulm und den Mitarbeitern des Ulmer Bücherservices für die Umsetzung. Und Catrin und Anne für den ganzen Rest.

Holm Friebe und Thomas Ramge, Berlin im Juli 2008

1. Der Aufstand der Massen gegen die Massenproduktion

1.1 Hauptsache schwarz: Eine Welt der Massenproduktion

In den frühen Morgenstunden des 12. Septembers 2007 kommt es in Berlin Mitte, unweit von Alexanderplatz und Weltzeituhr, die einst das gemütlich-angegammelte Wohnzimmer der DDR bildeten, zu tumultuarischen Szenen. Kurz vor Mitternacht hat hier ein neues Einkaufszentrum namens Alexa, dem Druck der anstürmenden Massen nachgebend, seine Türen geöffnet. Von fern betrachtet gleicht die Szenerie vermutlich historischen Massenaufständen wie der Erstürmung der Bastille 1789 in Paris oder dem Sturm auf das Winterpalais 1917 in St. Petersburg. Allerdings verfolgen die Anstürmenden keine politischen Ziele; abgesehen haben sie es weder auf die Befreiung Gefangener, noch auf die Köpfe einer abgehalfterten Herrscherriege, sondern auf billige Laptops, Digitalkameras, USB-Sticks, Navigationsgeräte und Bügeleisen zu Sonderrabatten, die der Elektrohändler Media Markt anlässlich der Eröffnung seiner bislang größten Filiale zuvor tagelang in Zeitungsbeilegern annonciert hat.

Angefeuert von einem Chor, der »Kaufen! Kaufen! Kaufen!« skandiert, stürmen Tausende die Rolltreppen hinauf, teils gegen die Laufrichtung. Es kommt zu Rangeleien und Prügeleien. Die Situation eskaliert, als die Sicherheitskräfte versuchen, die Türen des bereits hoffnungslos überfüllten Ladens zu schließen, dabei aber von der nachdrängenden Menge überrannt werden. Im atemlosen Gedränge prügeln sich Männer um auf Paletten gestapelte DVD-Player und Mobiltelefone. Rentner und junge Frauen geraten in Panik oder erleiden Kreislaufzusammenbrüche. Erst als eine zu Hilfe gerufene Hundertschaft der Berliner Polizei anrückt und die Menschentraube vor den Toren gewaltsam zerstreut, entspannt sich die Lage. Am Ende der Nacht sind 15 Verletzte zu beklagen, ferner einiger Sachschaden am Inventar, und eine Rolltreppe muss repariert werden. Die Geschäftsleitung wird später zu Protokoll geben, dass die Umsätze außerordentlich gut waren.

Die Deutsche Polizeigewerkschaft resümiert angesichts der Ereignisse am nächsten Tag: »Ganz offenbar hat auch beim Normalverbraucher eine Tendenz zur Gewaltbereitschaft im Gedränge eingesetzt.«[1] Zweifel an dieser Interpretation sind angebracht. Vieles deutet darauf hin, dass es sich bei dem Exzess der enthemmten Schnäppchenjäger nicht um eine neue verschärfte Normalität handelt, sondern um eine bewusst gesteuerte und kalkulierte Inszenierung, die alles andere als repräsentativ für den ominösen »Normalverbraucher« ist. Verletzte und Krawalle zu den Eröffnungen werden von Media Markt bewusst in Kauf genommen und über künstliche Verknappung geschürt. Das archaisch anmutende Chaos gehört als fester Bestandteil zur insgesamt brachialen Werbe- und PR-Strategie von Media Markt. Das Publikum ist Teil dieser Inszenierung und sucht neben den Lockvogelangeboten den Kampf als inneres Erlebnis. Diese Lesart schlägt jedenfalls der Konsumphilosoph Norbert Bolz vor, wenn er sich zu den Ereignissen zitieren lässt: »Hier geht es um die Masse, um diejenigen, die wenig Geld haben und nicht akzeptieren, dass sie draußen bleiben müssen.«[2] Das Ganze wäre demnach eine rituelle Veranstaltung, die an Guy Debords *Gesellschaft des Spektakels* denken lässt, eine Bad-Segeberg-artige Neuauflage der Berliner Revolution von 1989, bei der ja auch Videorekorder, HiFi-Anlagen und Moonwashed-Jeans als Motive keine unwesentliche Rolle gespielt haben sollen. Wozu passen würde, dass der »Kaufen!«-Chor aus Spaßdemonstranten gebildet wurde, die mit dem Ziel angetreten waren, die Situation ins Absurde zu übersteigern.

Wie dem auch sei: Es gibt sie noch, die guten alten Massenmärkte. In Teilen ist die Welt der Massenproduktion noch so intakt, wie sie es für die Volumenanbieter bis weit in die Nachkriegszeit hinein war. Und das wegen und nicht trotz inszenierter oder systematisch auftretender Angebots-, Nachschub- und Lieferengpässe. Es sind die Überreste jener Versorgungsmentalität, die Henry Ford Anfang des letzten Jahrhunderts mit dem denkwürdigen Satz auf den Punkt gebracht haben soll: »Der Kunde kann sein Auto in jeder gewünschten Farbe bekommen – vorausgesetzt sie ist schwarz.« Danach ließ er über 15 Millionen schwarze T-Modelle vom Band rollen, weshalb nicht nur diese Art der teilautomatisierten Fließbandproduktion nach ihm benannt wurde, sondern gleich eine ganze Epoche der Wirtschaftsgeschichte. In Aldous Huxleys dystopischem Roman *Schöne neue Welt* wird sogar der Nullpunkt der Zeitrechnung auf die Einführung des T-Modells umgestellt – die Handlung spielt im Jahr 632 nach Ford.[3]

Massenhaft wurde im Fordismus ein und dasselbe Produkt industriell hergestellt, um den ersten großen Konsumhunger zu stillen. Der aufgrund der Kostenreduktion durch die Automatisierung stetig fallende Preis war das wichtigste Argument für steigenden Absatz. Erst in den sechziger Jahren, mit zunehmend gesättigten Märkten, änderte sich das. Produktdifferenzierung lautete das Gebot der Stunde. Auf einmal konnte jedes Auto in zig Modellvarianten, auf Wunsch auch in mauve-metallic bezogen werden. Vielfalt und Überfluss waren es, die der Kapitalismus dem Kommunismus voraus hatte. Brandstretching – die Ausdehnung einer Marke über möglichst viele Produktkategorien – wurde zur wichtigsten Taktik im Kampf um Supermarkt-Regalmeter und Aufmerksamkeit, um Marktanteile und Mind Share.

Die zugrunde liegende Logik der Massenproduktion blieb davon im Wesentlichen unangetastet. Noch immer wird die Produktion und Distribution von Gütern zu großen Teilen so organisiert, wie es seit jeher in den Lehrbüchern der Betriebswirtschaftslehre steht: in auf Effizienz getrimmten Fabriken mit hochgetakteten Fertigungsstraßen und über klassische Vertriebskanäle, die diese Strukturen widerspiegeln und einen möglichst reibungslosen Abverkauf garantieren. Wal-Mart, die großen Elektronik-Fachmärkte und die Mega-Einkaufszentren, die erst auf der grünen Wiese entstanden, neuerdings vermehrt in den Innenstädten auftauchen, sind die gut befestigten Bastionen dieser Art von Konsum. Man kann schlecht bestreiten, dass sie ihren Teil dazu beitragen, dass das alte Versprechen der sozialen Marktwirtschaft »Wohlstand für alle!« in den Industrieländern heute im Großen und Ganzen als eingelöst betrachtet werden kann – zumindest was die Versorgung mit materiellen Gütern angeht. Auch wenn wir uns damit von der ebenfalls nicht ganz unproblematischen Forderung des Utilitarismus, das »größte Glück der größten Zahl« anzustreben, immer weiter zu entfernen scheinen.

Man kann sogar argumentieren, die Logik der Massenproduktion ist auf einem historischen Allzeithoch angelangt. Durch die Globalisierung der letzten Jahrzehnte wurde ein Turbo zugeschaltet. Die globalisierten Wertschöpfungsketten sind zu einem weltumspannenden Netz geworden, das mehr nach den modifizierten Uralt-Regeln des Manchester-Kapitalismus zu funktionieren scheint, als ein neues Paradigma erkennen zu lassen. Produziert wird dort, wo es am billigsten ist, und zwar so massenhaft wie irgend möglich. Offshoring, im Gegensatz zum Outsourcing, bezeichnet die Praxis, nicht nur Teile der Wertschöpfung auszulagern, sondern ganze Fabriken und Produktionsanlagen an ihren angestammten Standorten abzubauen und in Regionen mit niedrigen Lohnkosten – meist ist das China – neu zu errichten. Längst werden nicht mehr nur Einwegfeuerzeuge, Billigtextilien und elektronisches Gerät in Asien produziert, sondern das ganze Spektrum an Gütern des täglichen Bedarfs. Der Trendforscher John Naisbitt, der mit seinen »Megatrends« einst in den achtziger Jahren das Genre mitbegründete und einige erstaunliche Treffer landete, sieht in der Entwicklung bereits Anlass zu einem düsteren Zukunftsszenario für Europa, das er in seinem jüngsten Buch *Mind set!* ausbreitet.[4] Danach wird die Industrieproduktion der gesamten Welt zukünftig weitgehend nach China und in andere Schwellenländer ausgelagert. Die Zukunft Europas sei die eines deindustrialisierten »historischen Themenparks« für reiche Touristen aus Asien und den USA. Schöne Aussichten, die an Helmut Kohls »blühende Landschaften« denken lassen.

Keine Frage: Vom Weltall aus gesehen ist unser Planet ein Planet der distribuierten Massenproduktion. Mehr als die Hälfte der hundert größten Wirtschaftseinheiten der Welt sind transnationale Konzerne, keine Staaten.[5] Der globale Handel mit Gütern und Dienstleistungen hat sich seit Mitte der achtziger Jahre in etwa verdreifacht; der Containerumschlag wuchs im gleichen Zeitraum um den Faktor fünf. Der Frachtcontainer mit standardisierten Abmessungen, im Expertenjargon »TEU« genannt, ist zur Chiffre der Globalisierung geworden. TEU steht für »twenty foot equivalent unit« und ist so etwas wie der Urmeter der Globalisierung. Die meisten Container sind exakt 20 Fuß lang, 8,5 Fuß hoch und 8 Fuß breit. 90 Prozent des Welthandels werden heute über Containerschiffe abgewickelt. Weltweit sind zu jedem Zeitpunkt mehr als 3500 auf großer Fahrt. Ihre Kapazität umfasst 7,8 Millionen rechnerische Einheiten TEU oder Standardcontainer.[6] Ein gewaltiges Volumen an Massenware aus der globalisierten Massenproduktion, das die Weltmärkte flutet und den materiellen Wohlstand der westlichen Noch-Industrienationen auf ein historisch nie dagewesenes Niveau katapultiert hat.

Mit den Worten des Dichters: Dies alles gibt es also. Wenn das alles wäre, könnte vom Aufstand der Massen gegen die Massenproduktion nicht die Rede sein. Dann brauchten wir dieses Buch nicht zu schreiben. Aber es gibt eben auch ein diffuses Unbehagen in der Realität der globalen Massenproduktion. Es gibt spektakuläre Skandale wie den um bleiverseuchtes Kinderspielzeug aus China, im Zuge dessen der US-Spielzeuggigant Mattel im August 2007 insgesamt fast 19 Millionen Spielzeuge aus den Kinderzimmern dieser Welt zurückrufen musste. Es gibt militante Proteste, wo immer sich die Vertreter der mächtigen Wirtschaftsnationen der Welt treffen, um die Regeln des Spiels neu festzulegen, wie im Sommer 2007 am Zaun von Heiligendamm. Selbst im Mutterland des Konzernkapitalismus, den USA, gibt es eine wachsende Skepsis gegenüber der Globalisierung und dem offenen Welthandel. Angesichts eines bedrohlich angeschwollenen Außenhandelsdefizits und einer wachsenden Kluft zwischen Globalisierungsgewinnern und -verlierern im Land konnten im Dezember 2007 laut Umfrage nur noch 28 Prozent der US-Amerikaner der Globalisierung der amerikanischen Wirtschaft etwas Positives abgewinnen, gegenüber 58 Prozent, die sie ablehnten.[7]

Und es gibt eine wachsende alternative, kleinteilig strukturierte und dennoch global vernetzte Ökonomie: Den Aufschein einer Realität jenseits der Massenproduktion, eine andere Welt, die nicht nur möglich ist, sondern in Grundzügen schon erkennbar vor uns liegt. Der Aufstand der Massen gegen die Massenproduktion ist keine spektakuläre, lautstarke und publikumswirksame Veranstaltung. Man kann schlecht an einen zentralen Ort fahren, um ihn dort zu besichtigen. Man muss schon genau hinschauen, um ihn dingfest zu machen und die Anzeichen des Kommenden dahinter zu erkennen. Es wird keine Entscheidungsschlacht geben, denn die Auflehnung gegen die Massenproduktion hat eher die Form einer klandestinen Widerstandsbewegung, eines Guerillakriegs, wenn man es pathetisch mag. Dennoch breitet sie sich schleichend und verstreut überall aus, gewinnt Anhänger, Freunde und Sympathisanten.

Der Aufstand der Massen gegen die Massenproduktion steckt hinter Independentlabels in Musik und Mode, einer neuen Vielfalt auf dem Zeitschriftenmarkt und dem Boom auf dem Kunstmarkt (vgl. Kapitel 3). Er äußert sich in der Wiederbelebung alter, längst ausgestorben geglaubter Handwerkstechniken und Gewerke (vgl. Kapitel 4). Er greift um sich mit dem Boom der Bio-Branche, der wachsenden Bedeutung fair gehandelter Produkte und regionaler Produktionskreisläufe (vgl. Kapitel 6). Er steckt hinter der wachsenden Open Source-Bewegung, der Mitmach-Enzyklopädie Wikipedia und dem Siegeszug des Firefox-Browsers. Er verbindet Tüftler und Hobbybastler mit Künstlern und Kunsthandwerkern, Post-New-Economy-Start-up-Gründer mit Polit- und Sozial-Aktivisten der nächsten Generation. Vielleicht ist er nur deshalb noch nicht als Massenbewegung erkannt worden, weil er verstreut stattfindet und mannigfaltige Formen annimmt. Aber die Revolution des Selbermachens, der Eigeninitiative und der Selbstorganisation wird mittelfristig auch die Landschaft der Organisationen und die Wirtschaftsstruktur verändern (vgl. Kapitel 5).

Dennoch wäre es irreführend, von einer Neuen Sozialen Bewegung zu sprechen, wie sie etwa die Frauen- oder die Friedensbewegung waren. Die meisten der Akteure verfolgen in erster Linie keine politischen Ziele, sondern ökonomische und private: das bessere, sinnvollere Leben hier und jetzt und als Produkt eigener Hände Arbeit (vgl. Kapitel 2). Dennoch sind wir davon überzeug, dass die sich abzeichnende Renaissance von kleinteiliger Manufakturproduktion und unternehmerischer Eigeninitiative gepaart mit digitaler Technologie nicht nur den Industrieländern den Weg aus dem Dilemma von Massenarbeitslosigkeit auf der einen, Massenunzufriedenheit auf der anderen Seite weist. Auch für die ärmsten Länder Afrikas, Südamerikas und Asiens bietet eine wachsende Zahl unabhängiger und vernetzter Produzenten Chancen, lokal prosperierende Einheiten zu schaffen, die an den Weltmarkt angekoppelt sind. Den Ausbeutungsverhältnissen einer globalisierten Industrieproduktion setzen wir die Vision einer nachhaltigen Produktion hochwertiger Produkte zu fairen Preisen entgegen, die den Wert menschlicher Arbeit und die Würde des Produzenten anerkennt; Produkte, die gekauft werden von Verbrauchern, die Konsum als strategische Entscheidung verstehen. Nicht zuletzt werden Parteien, öffentliche Einrichtungen und staatliche Institutionen die Kraft zu spüren bekommen, die von den neuen Möglichkeiten der Partizipation und vom Open Source-Gedanken ausgeht (vgl. Kapitel 7). Am Ende dieser Vision stehen nicht nur eine humanere Arbeitswelt, die dem einzelnen mehr Raum zur persönlichen Entfaltung bietet, sondern auch ein intakteres weil interaktiveres Gemeinwesen. Von daher ist die Revolution des Selbermachens am Ende vielleicht doch politischer als viele explizit politische Bewegungen der jüngsten Zeit.

Jede Revolution geht einher mit einem grundsätzlichen Nicht-Einverstandensein und der radikalen Verweigerung. Seit 1992 findet immer am Tag nach dem amerikanischen Thanksgiving-Feiertag der internationale »Buy Nothing Day« statt, an dem Anti-Konsum-Aktivisten in mittlerweile über 65 Ländern zum symbolischen Konsumverzicht für einen Tag aufrufen. Auch wenn der Einzelhandel davon bislang noch nicht merklich in Mitleidenschaft gezogen wurde, gewinnt die Bewegung an Zulauf. Im Juni

2007 berichtete die *New York Times* über die wachsende Gruppe der »Freegans«, die – analog zu Veganern – den absoluten Konsumverzicht predigen und praktizieren. Sie bestreiten ihren täglichen Bedarf aus dem Sperrmüll, der Altkleidersammlung und sammeln Lebensmittel mit abgelaufenem Mindesthaltbarkeitsdatum aus den Müllcontainern der Supermärkte. »Wenn man wirklich ethisch leben will, reicht es nicht aus, sich vegan zu ernähren, man muss sich völlig aus dem Kapitalismus verabschieden«, wird der Freeganer Adam Weissmann zitiert, der auch die zugehörige Communitiy-Website freegan.info ins Leben gerufen hat.[8]

Auch zwei Bücher mit ähnlich gelagerten Selbstversuchen sind in letzter Zeit erschienen: In *No Shopping!* berichtet die Amerikanerin Judith Levine, wie schwer es ihr fiel, ein Jahr lang nur das Lebensnotwendigste zu kaufen.[9] In *Good Bye, Logo. Wie ich lernte, ohne Marken zu leben* dokumentiert der geläuterte Londoner Ex-Lifestyle-Journalist Neil Boorman seine Abkehr von der oberflächlichen Welt der Marken und Labels. Nachdem er öffentlich all sein Hab und Gut zerstörte, exerziert er einen Lebenswandel unter weitgehendem Verzicht auf den Kontakt mit Markenartikeln und bekundet, sich dadurch besser zu fühlen.[10] Beide Bücher verkauften sich übrigens hervorragend, was schon darauf hindeutet, dass die Sache mit dem Anti-Konsumismus eine dialektische Veranstaltung ist.

Um es gleich vorwegzunehmen: Wir sind keine Freunde des Konsumverzichts und keine Feinde des Logos, oder gar der der Idee der Marke. Wir glauben an die Kräfte der Marktwirtschaft, nicht zu verwechseln mit dem real existierenden Konzernkapitalismus. Um es mit den Worten von Günter Faltin, dem Gründer der Teekampagne und Verfechter der Volks-Entrepreneurship, zu sagen: »Wirtschaft ist zu wichtig, um sie den Großen zu überlassen.« Wir glauben, dass die Globalisierung zwar ihre unverkennbaren Schattenseiten hat, aber grundsätzlich noch zu retten ist. Wir sind davon überzeugt, dass der zweite alles überragende Großtrend unserer Zeit, die Digitalisierung, dabei helfen wird, Negativ-Effekte der Globalisierung zu korrigieren und auszubalancieren – und positive Effekte in einer globalen Ökonomie zu verstärken.

Die Marke Eigenbau ist einer der stärksten Hebel, dieser Vision zur Durchsetzung zu verhelfen. Es ist an der Zeit, ein Wortpaar zu rehabilitieren, das aus dem Blickwinkel der Massenmärkte heraus abfällig immer nur eine improvisierte Second-Best-Lösung bezeichnete. Die längste Zeit war Marke Eigenbau ein unzulänglicher Notbehelf all derer, die keinen Zugriff auf die Segnungen der Massenproduktion und der echten Marken hatten. In der Spätphase der DDR, wo spätestens die Beschaffung von Konsum- und Gebrauchsgütern in hohem Maße durch Tauschhandel und privates Bastlertum erreicht wurde, war die Marke Eigenbau das Mittel der Wahl, einen westlichen Lebensstil unter dem Regime der Knappheit wenigstens ansatzweise nachzuahmen. Ähnlichen Strategien der Improvisation, Umnutzung und des Recyclings begegnen wir in Entwicklungs- und Schwellenländern wie Kuba, Uruguay oder im Sub-Sahara-Afrika, wo Reparaturökonomie und Barter-Handel einen Großteil der gesamten Wirtschaftstätigkeit ausmachen.

Unter Bedingungen des materiellen Überflusses, wie sie heute bei uns herrschen, wachsen der Marke Eigenbau ganz andere Qualitäten zu. Sie kommt aus der Schmuddelecke heraus und wird zum echten Distinktionsmerkmal – eine Eigenschaft, die lange Zeit nur den industriell hergestellten und geschickt vermarkteten Lifestyle-Marken vorbehalten war. Deshalb wird man die Marke Eigenbau künftig auch buchstäblich als Marke ernst nehmen müssen, und danach fragen, was ihr Aufstieg für die Märkte der Zukunft bedeutet. Sie ist ein ähnliches Zeitsymptom, wie es die Herausbildung des Markenartikels für die Ära der Massenproduktion war (vgl. Kapitel 1.3). Wenn die Marke Eigenbau hip wird, hat die mühsam mit den Mitteln der Markenkommunikation aufgebaute und teuer gepflegte Marke ein Problem. Ihre Künstlichkeit tritt im Vergleich immer deutlicher hervor und wird zum Problem. In der Diskussion darüber, welches die wertvollste Marke der Welt ist oder welchen Marken das 21. Jahrhundert gehören wird, tauchte die Marke Eigenbau bislang nicht auf. Das dürfte sich in absehbarer Zeit ändern. Mehr noch: Die Marke Eigenbau wird die Spielregeln für Marketing und Markenführung insgesamt grundlegend verändern (vgl. Kapitel 6).

1.2 Crafting: Die Revolution des Selbermachens

Vielleicht müssen Dinge erst einmal über den großen Teich und zurück schwappen, bis man ihr wahres Wesen und ihre Durchschlagskraft erkennt. Was in der DDR aus der Not geboren war und bei vielen hierzulande noch immer die spontane Assoziation kauziger Männer wachruft, die sich auf der Flucht vor ihren Familien in holzvertäfelten Bastelkellern verschanzen, ist in den USA im Begriff, zu einem Massenphänomen zu werden. Über 45 000 Teilnehmer zählte die weltweit erste »Maker Fair«, die Ende 2007 auf dem San Mateo Messegelände in Kalifornien abgehalten wurde. Aus dem ganzen Land kamen private Bastler, Schrauber, Tüftler und Hacker zusammen, um sich gegenseitig ihre Erzeugnisse und Erfindungen zu präsentieren. Der Schwerpunkt lag auf Fahrzeugen und Seifenkisten, Raketen und anderem Fluggerät sowie Robotern für unterschiedlichste Einsatzzwecke. Zu den Hauptattraktionen zählten eine lebensgroße elektrische Giraffe, motorisierte Muffins, die sich zum Transport je einer Person eignen, und ein mit Biodiesel-Kraftstoff angetriebener Linux-Supercomputer.

Ausrichter der Veranstaltung war die Zeitschrift *Make:* mit der zugehörigen Website makezine.com. Die vierteljährlich erscheinenden Hefte im Hosentaschenformat mit poppigem kalifornischen Layout liefern neben sporadischen Essays zu Zukunftstechnologien, Portraits über Garagenfrickler und Homestories von Freizeitwissenschaftlern vor allem detaillierte Anleitungen, wie man technisches Gerät, Apparate und Verfahren daheim selber herstellt, nachbaut, modifiziert oder zweckentfremdet. Der geläufige Warnhinweis »Don't try this at home« wird hier ins genaue Gegenteil verkehrt, egal ob es sich dabei um Destillieren von Wodka, Thermo-Spritzguss oder Magnetkartenleser handelt. Konventionelle Auto- und Motorradschrauber treffen auf Anhänger des »Case modding«, dem Frisieren von Computergehäusen. Die praktisch veranlagte Hacker-Szene findet sich in diesem Magazin ebenso wieder wie spleenige Erfinder vom Schlage Daniel Düsentriebs. Was Unternehmen können, können wir in unseren Garagen schon lange, lautet die ermunternde Botschaft. Und: Es gibt nichts, was sich mit Lötkolben, Schweißgerät, Flex, Phantasie und der richtigen Anleitung nicht selbst herstellen ließe.

Make: erinnert damit entfernt an die deutschen *Hobby*-Hefte, die die gesamte Nachkriegszeit hindurch hiesige Bastler mit Heimwerkertipps, Bauplänen und Neuigkeiten aus der Welt des Modellbaus, des CB-Funks, der Naturwissenschaft und der Science Fiction versorgten, bis die Reihe mit dem Untertitel »Das Magazin der Technik« 1991 wegen Erfolglosigkeit eingestellt wurde – mit dem Unterschied, dass *Make:* als trendige Neukonzeption erst Anfang 2005 ins Leben gerufen wurde, und zwar vom Verlag O'Reilly, der bis dahin ausschließlich mit Internet-Titeln in Erscheinung getreten war.

Verleger Tim O'Reilly, der schon den Begriff Web 2.0 geprägt und populär gemacht hat, ist überzeugt davon, mit dem Titel und der dahinter stehenden Szene die Vorhut einer mächtigen Bewegung der Selbermacher zu bilden. Anfang Januar 2008 freut er sich im verlagseigenen Weblog über die wachsende öffentliche Beachtung, die das »Maker Movement« erfährt, und prophezeit: »Was heute noch ›Do it yourself‹ heißt, ist das Big Business von morgen. Der Hacker, der in den eigenen vier Wänden Roboter zusammenschraubt, zeigt uns vielleicht die Zukunft der Robotik. Der Heimwerker, der neueste Technologie mit traditionellem Handwerk kombiniert, zeigt uns die allesdurchdringende Vernetzung des Alltags durch den Einsatz intelligenter Gegenstände. Und die Leute, die mit Laser-Schneidbrennern und 3D-Druckern herumexperimentieren, sind vielleicht das verarbeitende Gewerbe der Zukunft.«[11]

Seit Herbst 2006 erscheint im selben Verlag und in nahezu identischer Aufmachung auch noch ein Schwesterblatt namens *Craft:*. Während *Make:* sich mit seiner Techniklastigkeit an eine eindeutig männliche Klientel richtet, legt *Craft:* einen klaren Schwerpunkt auf die traditionell eher weiblich besetzten dekorativen und angewandten Künste und schöpft dabei aus der reichhaltigen Tradition alter Handwerks- und vor allem Handarbeitstechniken. Man beruft sich einerseits auf die angelsächsische Arts-and-Crafts-Bewegung aus der zweiten Hälfte des 19. Jahrhunderts, die eine Engführung

von bildender Kunst, traditionellem Handwerk und Produktdesign anstrebte und damit zu einem frühen Vorläufer des Bauhaus-
Gedankens wurde. Andererseits fließt vieles von dem ein, was in
den USA den weiten Bogen von der Hippie-Kultur der Westküste
zu Martha Stewart spannt, jener patenten Vorzeigehausfrau, die
bis zu ihrem jähen Sturz über Aktieninsidergeschäfte der Fernseh-
nation ein letztinstanzliches Vorbild in Sachen Kochen und Gärt-
nern, Heimdekor und Handarbeit war. Das Spektrum reicht von
Batik-T-Shirts und Ledersandalen zum Selbermachen über Deko-
früchte aus Filz bis zu klassischen Häkelarbeiten.

Die naheliegende Übersetzung des Titels wäre damit wohl am
ehesten »Handarbeit« beziehungsweise »Kunsthandwerk« – und
würde ziemlich exakt am Kern dessen vorbeizielen, wofür *Craft:*
steht, zumindest wenn man die landläufigen Vorstellungen vom
traditionellen Heimchen am Herd oder der Zahnarztgattin mit-
liest, die auf der Suche nach Selbstverwirklichung das Wartezim-
mer ihres Mannes mit Seidenmalerei ausstaffiert. Der Untertitel
von *Craft:* lautet »transforming traditional crafts« und deutet auf
eine Transformation des Traditionellen hin, die die Zeitschrift
nicht erfunden oder initiiert hat, sondern die in den USA seit spätestens Mitte der neunziger Jahre in vollem Gange ist. Sie betrifft
sowohl die Ästhetik der auf traditionelle Weise handgefertigten
Produkte als auch die Selbstwahrnehmung ihrer Schöpfer.

Damals entdeckten alternative und subkulturelle Kreise Betäti-
gungen wie Nähen, Sticken, Stricken und Häkeln als vielleicht zu
Unrecht vernachlässigte und geschmähte Kulturtechniken wieder.
Sie luden sie mit neuer Bedeutung auf als Mittel des eigenen Aus-
drucks und Praxis gemeinschaftlichen Produzierens, als Technik
der Alltags-Entschleunigung und politisches Statement gegen Fa-
shion-Diktat und Massenproduktion. Auf einmal bildeten sich in
den alternativen Cafés des East Village, in Berkeley und anderswo
regelrechte Handarbeitszirkel, die an die Darstellungen ländlicher
Idylle des 19. Jahrhunderts erinnern konnten. Allerdings wollten
die hippen jungen Frauen, die da zusammentrafen – oft fanden
sich auch ein paar Schwule darunter –, so gar nicht ins Schema des
Kulturkonservatismus passen. Einer der stärksten Impulse hin-

ter dieser Bewegung waren in der Tat post- und popfeministische Kreise, die sich in subversiver Absicht wieder aneigneten, was ihre feministisch sozialisierten Mütter gemieden hätten wie der Teufel das Weihwasser – und genau mit diesem Tabubruch Aufmerksamkeit erzielten.

»Wieso wird hier von Leftwingers und FeministInnen etwas gefeiert, das die Frauen aller vorherigen Generationen domestizieren sollte und viele von uns nur unter Fluchen und Krämpfen im Handarbeitsunterricht gelernt haben?«, fragt sich *Intro*-Autorin Sonja Eismann rückblickend noch 2004, rhetorisch entrüstet in einem Artikel über die »Handarbeitsrevolution« – und liefert auch gleich die historisch einordnende Erklärung: Die Tatsache, dass Handarbeit nur mehr aus freien Stücken und Vergnügen, und nicht aus gesellschaftlichem Zwang heraus entstehe, sei Ursache dieser neuen Lockerheit im Umgang. Damit einher »geht auch die positive Neubewertung klassisch weiblicher und damit von der Öffentlichkeit häufig gering geschätzter Tätigkeiten, die besonders von der dritten Welle der Frauenbewegung in den neunziger Jahren in Nordamerika vorangetrieben wurde. Aber auch eine wachsende Skepsis gegenüber Konsumwahn, Sweat-Shop-Labour und kapitalistischen Verwertungskreisläufen bringt immer mehr Leute dazu, selbst Schere und Nadel zu zücken.«[12]

Befeuert wurde die Crafting-Bewegung Ende der neunziger Jahre zusätzlich durch das aufkommende Internet, das damals noch (bzw. schon) starke Züge eines basisdemokratischen Mitmachmediums trug. Websites, Newsgroups und Foren schossen aus dem Boden, über die sich Gruppen mit Namen wie »Revolutionary Sewing Circle« oder »Church of Craft« austauschen und landesweit vernetzen konnten. Ein Urgestein dieser Szene ist Jean Railla, mittlerweile Ende dreißig. Schon 1998 rief sie ihre Website getcrafty.com ins Leben, um den versprengten »Craftistas« eine gemeinsame Heimstatt im Netz zu bieten. Das Herzstück der Site bildet ein Forum, in dem sich die – zumeist weiblichen – User über Strickmusterbögen und Rezepte für selbstgemachten Lippenstift austauschen und nebenher über Feminismus diskutieren können, zudem gibt es die Möglichkeit, Fotostrecken der eigenen Produkte hochzuladen. Mittlerweile wird die Website von der Community selbst verwaltet und weiter gepflegt. Railla, die in ihrer Jugend lange Zeit mit den Widersprüchen einer alternativ-feministischen Prägung und einer Neigung zum Häuslichen haderte, ist zu so etwas wie einer alternativen Martha Stewart aufgestiegen, zu einer Art Übermutter für alle, die sich als Craftistas fühlen. Ihr Buch *Get Crafty: hip home ec* (zu deutsch etwa: »hippe Hauswirtschaft«) aus dem Jahr 2004 ist eine Mischung aus Autobiografie, Manifest und Kochrezept-Sammlung und betont die Wichtigkeit des heimeligen Refugiums für das postfeministische Individuum.[13]

Unter der Überschrift »The Punk of Craft« zeichnet Railla in *Craft:* die verborgenen subkulturell-musikalischen Verbindungslinien und Einflüsse nach, die aus ihrer Sicht das Wesen der neuen Bewegung ausmachen. Während traditionelle Handarbeiten ihre musikalische Entsprechung in Led Zeppelin fänden, »perfekt arrangiert, talentiert, aber hoffnungslos altbacken«, erinnere das neue Crafting mehr an die Ramones, die mit ihrem aus drei Akkorden zusammengezimmerten Punkstücken nicht nur extrem gute Laune verströmten, sondern eine ganze Generation zum Ausprobieren und Selbermachen motiviert hätten: »Diese Ethik, der Do-it-Yourself-Ansatz, macht heutiges Crafting so attraktiv für Hipster (in Ermangelung eines besseren Begriffs). Praktiken wie Dumpster diving [das Stöbern auf Flohmärkten und im Sperrmüll] und Stricken bekommen etwas dezidiert Antiautoritäres in einer Zeit, da Billigprodukte überall verfügbar sind und der Konzernkapitalismus und die globale Konsumkultur alles dominieren. Vielleicht ist im Zeitalter des Hyper-Materialismus, in Zeiten von Paris Hilton und Tausend-Dollar-›It‹-Bags das Selbermachen von Dingen die ultimative Form der Rebellion.«[14]

Diese Form der soften Rebellion gegen die Massenproduktion hat sich in den USA bereits so weit ausgebreitet, dass inzwischen auch ihre ökonomische Relevanz erkannt und diskutiert wird. Die *Business Week* registrierte im Januar 2008 gar einen regelrechten »craft craze«, eine Handarbeitsbesessenheit, die die Vereinigten Staaten ergriffen habe.[15] Dass dem so ist, hat wiederum maßgeblich mit Robert Kalin zu tun. Kalin, knapp zehn Jahre jünger als

Jean Railla, absolvierte 2004 eher halbherzig ein Philosophie- und Geschichtsstudium an der New York Universität, als sich ihre Wege kreuzten. Damals wurden er und ein paar seiner Freunde, die sich bis dahin weniger für Handarbeit als für Web-Programmierung interessiert hatten, von Railla angeheuert, um die Website von getcrafty.com einem Redesign zu unterziehen. Sie waren die einzigen Jungs weit und breit und schwer beeindruckt von der Energie, die in diesem Netzwerk freier Produzentinnen steckte. Was, so fragte sich Kalin, könnte diese Community neben Websites und Diskussionsforen sonst noch brauchen? Bald hatte er die Idee: eine Handelsplattform nach dem Vorbild von eBay – jedoch ausschließlich bestimmt für das Kaufen und Verkaufen handgemachter Produkte.

Er verzichtete auf den Businessplan und machte sich an die Programmierung. Woher der Name »Etsy« stammt und was er bedeutet, liegt bis heute im Unklaren, außer dass er entfernt an eBay erinnert und irgendwie »edgy« klingt, also ziemlich weit vorne dran. Die Website etsy.com, die im Juni 2005 an den Start ging, war von Anfang an ein Musterbeispiel für eine geschmeidige Web-2.0-Plattform, die die Bedürfnisse der Zielgruppe nach Schnickschnack-freier Funktionalität mit großen Gestaltungsspielräumen kombiniert und obendrein Spaß macht. Jeder Anbieter hat die Möglichkeit, seine eigene Shop-Unterseite einzurichten und zu gestalten, auf ihren Profilseiten können sie sich persönlich vorstellen und ihren Werdegang, ihre bevorzugten Materialien und ihr Arbeitsethos ausbreiten. Funktionalitäten wie die psychedelische Farbsuche oder die spiralförmige Zeitmaschine machen das Stöbern auf etsy.com zu einem kurzweiligen Erlebnis und Webdesigner weltweit neidisch, weil sie nicht selbst auf so etwas gekommen sind.

Das Spektrum der Produkte reicht von Filztaschen für iPods über Kerzen, Schmuck, Stofftiere, Keramik und Textilien bis hin zu Aktfotografien und Dominapeitschen mit bunten Glasperlen an den Enden. Obwohl so etwas wie eine allgemeine Vorstellung von ornamentaler Ästhetik auszumachen ist, die nicht selten die Grenze zum Kitsch überschreitet, ist das einzig wirklich verbindende der Produkte, dass es sich um handgemachte Unikate oder Kleinserien handelt. Sprich: Jedes Produkt ist in der Regel genau einmal verfügbar. Für jeden zum Kauf eingestellten Artikel erhebt das Unternehmen mit Sitz in Brooklyn 20 Pence und behält von jeder getätigten Transaktion 3,5 Prozent Kommission ein. Nicht nur, weil die entsprechenden Gebühren bei eBay im Schnitt deutlich höher liegen, konnte Etsy seit seinem Bestehen in diesem speziellen Segment dem Weltmarktführer für Online-Privatverkäufe spürbar Marktanteile abgraben. Anfang 2008 können bereits über fünfzig Mitarbeiter davon leben. Im Herbst 2007 wurde ein zweites Büro in San Francisco eröffnet, mit dem erklärten Ziel, besser junge Talente von der Westküste anziehen zu können.

Etsys Erfolgsgeschichte in Zahlen liest sich wie die exponenziellen Wachstumskurven, die Biologen normalerweise als Muster für die Ausbreitung von Epidemien in Anschlag bringen. Schon in den ersten zwei Monaten lag die Umsatzwachstumsrate bei 250 Prozent und ist seitdem noch gestiegen. Am 29. Juli 2007 registrierte Etsy den einmillionsten Verkauf, Anfang 2008 waren es schon weit über zwei Millionen. Allein im Monat November 2007 wurden insgesamt 300 000 Transaktionen mit einem Gesamtvolumen von 4,3 Millionen Dollar abgewickelt. Die Zahl der registrierten Verkäufer lag da schon bei über 100 000. Und längst stammen sie nicht mehr nur aus den USA. Per Kreditkartenzahlung lassen sich Verkäufe von jedem Winkel der Welt in jeden anderen über Etsy abwickeln. Die lokale Shopsuche ergibt im Februar 2008 für Berlin immerhin 31 Anbieter, für Buenos Aires sind es 18, für Beijing sechs und selbst in Nairobi findet man noch einen Menschen, der traditionellen afrikanischen Schmuck im Angebot hat. Etsy ist auf dem besten Weg, der erste wirklich globale Marktplatz für Handgemachtes zu werden, der ohne Mittelsmänner auskommt und bei dem sich Käufer und Verkäufer von Gleich zu Gleich begegnen.

Natürlich gibt es mittlerweile unzählige lokale Nachahmer, die das Etsy-Modell kopieren oder leicht variieren. Als Social Commerce wird das Phänomen bezeichnet, um anzudeuten, dass im Gegensatz zum E-Commerce der New Economy nun auch beim Einkauf im Internet andere als rein materialistische Erwägungen und Motive eine Rolle spielen (vgl. Kapitel 6.2). Allerdings ist diese Bezeichnung reichlich unsauber – war doch Kommerz immer schon eine hochgradig soziale Veranstaltung, in der sich die gesellschaftlichen Produktionsverhältnisse auch ohne Tonspur mit Sozialgeräuschen widerspiegelten. Die Geschichte, wie Kalin sie in Interviews erzählt, klingt sehr viel simpler und aus seinem Mund auch irgendwie überzeugender, selbst wenn die historischen Details vielleicht nicht ganz akkurat sind: Bis vor 150 Jahren sei die Welt nur von unabhängigen Produzenten bevölkert worden, die ihre handwerklich hergestellten Produkte auf lokalen Märkten verkauften. Dann sei das Pendel in Richtung Massenproduktion ausgeschlagen und die Menschheit habe nur noch Massenprodukte gekauft. Jetzt schwinge das Pendel eben wieder zurück. »Diese Bewegung ist größer als alle Wal-Marts dieser Welt«, ist Kalin überzeugt. »Das hier ist viel mehr als ein kleiner Trend und auch keine vorübergehende Mode.«[16]

Mit »das hier« ist nicht nur Etsy gemeint, aber vieles verweist auf Etsy und zumindet in den USA führt kaum ein Weg an Etsy vorbei. Etsy bildet das Zentrum der neuen Handarbeitsbewegung im Netz. Die eigenen Websites und MySpace-Profile der Produzenten verweisen auf ihren Etsy-Shop, Etsy unterstützt derlei Aktivitäten ausdrücklich. Wie Google würde auch Etsy niemals etwas unternehmen, was dem Geist und Eigensinn des Internets zuwiderläuft, oder, wie Kalin es formuliert: »Das Internet ist für mich ein sehr subversives Medium, und es hat bereits begonnen – nach nur zehn Jahren – die Weltwirtschaft und Unternehmen fundamental zu verändern, dem Einzelnen Macht zurückzugeben.« Dabei ist die typische Etsy-Anbieterin – immer noch sind es zu 90 Prozent Frauen – gar nicht unbedingt Angehörige der MySpace-Generation: Das Durchschnittsalter liegt bei 34. Unaufgefordert machen sie Werbung für Etsy, indem sie Websites wie »We love etsy« (etsylove.ning.com) ins Leben rufen und dabei gleichzeitig auf ihre eigenen Shops aufmerksam machen.

Eine andere Website namens buyhandmade.org wiederum erscheint auf den ersten Blick wie eine Graswurzelinitiative aus der Mitte der Crafting-Communitiy, die im Namen der Umwelt für den Kauf handgemachter Erzeugnisse wirbt. Die Massenproduktion sei eine der Hauptursachen globaler Erwärmung, heißt es dort, und es gibt Links zu Anti-Sweatshop-Kampagnen. Das Kürzel ».org« deutet auf eine nicht-kommerzielle Veranstaltung hin. Bis Mai 2008 hatten über 18 000 Menschen mit ihrem Bekenntnis den Aufruf unterstützt, der bei Licht besehen die Gemeinschaftswerbeaktion eines »Handmade Consortiums« ist, dem neben der Zeitschrift *Craft:* und der »Craftster«-Community auch die Website burdastyle.com des deutschen Burda-Konzerns und zuallererst Etsy angehören. Bei anderen Unternehmen hätte diese Form des als unprofessionelle Privatinitiative getarnten Ambush-Marketings vermutlich Proteste hervorgerufen, Etsy lässt man es durchgehen. Übrigens hält Burda seit Juli 2007 eine Minderheitenbeteiligung an Etsy und richtet große Hoffnungen auf das Wachstum des Unternehmens. Damit ist Etsy der bislang wohl erfolgreichste Versuch über das Unmögliche: praktizierte Kapitalismuskritik in ein prosperierendes kapitalistisches Unternehmen zu gießen.

Vielleicht liegt aber in der Kapitalismuskritik schon ein viel größeres Missverständnis: Es geht mitnichten darum, den Kapitalismus abzuschaffen, es geht vielmehr darum, eine Gegenökonomie zu installieren und eine Alternative zur Produktionsweise der globalen Konzerne auch öknomisch tragfähig zu machen. Das Ziel ist, die Bedingungen der freien Produzenten zu verbessern, indem man sie aus der Bastelecke herausholt und ihnen die Infrastruktur für ein erkleckliches Einkommen baut. Etsy hat diesen Ansatz vielleicht nicht erfunden, aber doch um eine entscheidende Komponente bereichert, indem es bewiesen hat, dass es einen Markt für Handgemachtes gibt, in den USA und weltweit. Die Umsatzzahlen sind der Beweis dafür, dass es nicht nur Produzenten, sondern auch ausreichend Käufer für handgemachte Waren gibt.

Die Firmenvision von Etsy lautet dementsprechend: »Make a living making things«, verdiene deinen Lebensunterhalt mit Selbstgemachtem. In diesem Sinne unternimmt Etsy einiges, seine Klientel zu professionalisieren und sie dieselben Mechanismen anwenden zu lassen, die Etsy selbst erfolgreich gemacht haben. Eine Etage des New Yorker Firmensitzes in einem alten Brooklyner

Lagerhaus wurde zu Werkstätten, den »Etsy Labs«, ausgebaut. Hier können Interessierte unter fachkundiger Anleitung und an den entsprechenden Maschinen das Siebdrucken lernen, einen Kurs »Goldschmieden für Anfänger« belegen oder sich für 120 Dollar in vier Wochen das Klöppeln beibringen lassen. Dasselbe gibt es als »Virtual Labs« noch einmal gespiegelt im Netz. Das hauseigene Web-Magazin *The Storque* (etsy.com/storque) portraitiert in seiner Serie »Etsy Success Stories« regelmäßig die erfolgreichsten Verkäufer und versucht, deren Erfolgsrezepte zu entschlüsseln. Neben handfesten Anleitungen geht es immer häufiger auch um Professionalisierung in den Bereichen Online-Shopdesign, Buchhaltung und Marketing. Eine Lektion wie »The Global Microbrand« erklärt, wie man dank des Internets von den Strukturen her klein bleiben und dennoch einen weltweiten Markt bedienen kann – ziemlich exakt das, was wir unter Marke Eigenbau verstehen.

Ein weiteres Zukunftsprojekt von Etsy, das Robert Kalin bereits öffentlich angekündigt hat, besteht darin, so genannte »Micro Helpings« zu vergeben, eine Mischung aus Mikrokredit und Stipendum als Anschubinvestitionen und zur Weiterbildung von Existenzgründern. Keine Frage, Kalin meint es ernst mit seinem humanistisch-ökonomischen Bildungsauftrag. Man kauft ihm die Überzeugungstäterschaft ab, die Kombination aus vollmundigem Sendungsbewusstsein und Profitstreben stellt in diesem Fall keinen Widerspruch dar. Vielmehr deckt sie sich mit den Werten und Überzeugungen, die die Bewegung auch an der Basis vertritt und verfolgt. Rob Walker, der Konsumkolumnist der *New York Times* ging im Dezember 2007 in einem langen Artikel mit dem Titel »Handmade 2.0« der Frage nach, was das Wesen dieser neuen Handarbeitsrevolte ausmacht. Er kommt zu dem Schluss: »Obwohl man argumentieren könnte, dass es sich hierbei um eine Kunstströmung, ein ideologisches Sammelbecken oder eine Shopping-Bewegung handelt, ist es auch – und vermutlich am vorrangigsten – eine Arbeiterbewegung.«[17] Vielleicht trifft das am ehesten den Kern des Aufstands der Massen gegen die Massenproduktion: Produzenten und Konsumenten wollen beweisen, dass eine andere Arbeitswelt möglich ist.

1.3 Critical Mass: Von Massen und Marken

Wir leben in spannenden Zeiten, in denen das Verhältnis von Gesellschaft und Individuum, von Masse und Einzelnem völlig neu ausgehandelt wird. Konsumverhalten und die Funktion von Marken sind ein unmittelbarer Spiegel dieser gesellschaftlichen Verhältnisse. Wie die Marke als modernes Phänomen Ausdruck des Massenzeitalters war, so findet die kommende Ära der Individualität ihre Entsprechung in der Marke Eigenbau. Dabei gilt es zu bedenken, dass die Individualisierung als überragender Großtrend des 20. Jahrhunderts bisher an entscheidener Stelle stehen geblieben ist. Sie beschränkt sich weitgehend auf die Bereiche Konsum und Freizeit. Individualität im 21. Jahrhundert wird hingegen stärker davon handeln, wie wir arbeiten, produzieren, Geld verdienen und uns unseren Tag einteilen. Erst »wenn die Prinzipien des Konsums – Selbstbestimmung und freie Auswahl – sich auch in der Arbeitswelt vollends durchgesetzt haben werden, wird man von einer Individualisierung sprechen können, die den Namen verdient hat«[18] (vgl. Kapitel 2.2).

Es liegt auf der Hand, dass es nicht ganz reibungslos vonstatten gehen kann, wenn Türsteher und Top-Entscheider entmachtet, Institutionen in ihrer Autorität in Frage gestellt werden. Die Selbstermächtigung des Einzelnen geht zulasten von institutionellen Profis und Experten, die ihre Felle davonschwimmen sehen. Auf dem Terrain der Marke wird dieser Konflikt als Stellvertreterkrieg ausgetragen. Um ein Gefühl für die wahren Chancen der Marke Eigenbau zu entwickeln, müssen wir nicht nur die Stärken des Konzepts Marke in den Blick nehmen, sondern auch dessen Schwächen und Konstruktionsfehler erkennen – mithin die Gründe dafür, warum das Wort Marketing bei so vielen Menschen heute einen so schalen Beigeschmack hat. Wenn wir nach den Möglichkeiten der Marke Eigenbau suchen, müssen wir herausfinden, was eigentlich das Problem Massenmarketings ist. Wir müssen den Zusammenhang von Massenproduktion, Massenpsychologie und Markentechnik knacken und das etwas merkwürdige Menschenbild des Marketing offenlegen. Dabei wird sich zeigen, dass paradoxerweise über den Umweg der Massenpsychologie der Marke selbst eine insgeheime Verachtung für die Masse tief in die Fasern eingewoben ist, eine Verachtung für ihre Adressaten und Verwender also. Alles spitzt sich auf die zentrale Frage zu: »Wie hältst Du es mit der Masse?«

In den USA sorgte kürzlich ein Buch mit dem Titel *The Cult of the Amateur* für Aufsehen. Der Autor Andrew Keen, selbst ein Kind des Silicon Valley sprach aus, was viele Outsider schon längst wussten und hören wollten: »How today's internet is killing our culture«, so der Untertitel: wie das Internet unsere Kultur tötet. Durch die verführerischen Möglichkeiten des Webs, in Blogs zu veröffentlichen, Videos auf YouTube zu posten, Musik auf MySpace einzustellen oder eigenmächtig Einträge auf Wikipedia zu ändern, werde die Grenze zwischen ausgebildeten Experten und Amateuren auf gefährliche Weise verwischt. Dadurch nehme die gesamte Kultur Schaden, weil sie nicht mehr Höchstleistungen honoriere, sondern ein »endloses digitales Gestrüpp der Mittelmäßigkeit« erzeuge.[19]

Die Zeit scheint günstig für einen Rundumschlag gegen den neuen partizipatorischen Geist des Internet. Den deutschen Feuilletons brauchte man diese Idee jedenfalls nicht erst vorbuchstabieren. Die *Süddeutsche Zeitung* holte Anfang Dezember 2007 zur großen Publikumsbeschimpfung aus und geißelte den »Kult der Amateure« im Web 2.0 mit der jähen Erkenntnis: »Das Internet verkommt zu einem Debattierklub von Anonymen, Ahnungslosen und Denunzianten.«[20] Die *Frankfurter Allgemeine Zeitung* assistierte besorgt: »Die vom Netz hervorgebrachte Phantasie einer Gesellschaft der Amateure wirft die Frage auf, wovon diese denn leben.«[21] Man kann das abtun als die mittlerweile ritualisierten Scharmützel zwischen einer neu entstandenen Web-Öffentlichkeit der Blogs und den Vertretern der so genannten Mainstream-Medien – wobei rätselhaft bleibt, woher die dünnhäutige Empfindlichkeit der Medienprofis rührt, die das eigentlich gar nicht nötig hätten. Gleichzeitig scheint hinter ihren Äußerungen der Reflex einer alten Garde auf, die mental noch nicht angekommen ist in einer Welt ohne Zugangsbarrieren, in der jeder öffentlich seine

Haltung und Meinung kundtun kann, ohne dazu vorher einen Eignungstest absolviert oder jemanden um Erlaubnis gefragt zu haben. Auf beiden Seiten des Atlantiks hat dieser Reflex eine lange Tradition. Es ist die Haltung des konservativen Kulturpessimismus, die sich als Kulturkritik tarnt. Gern äußert sie sich im generellen Misstrauen gegenüber der Masse, die in der Phantasie immer noch die Züge des herandrängenden Pöbels aus feudalistischer Zeit trägt.

Dabei ist die Masse – genauer: die Beschreibung einer abstrakten Menge an Menschen als Masse – ein unmittelbares Produkt des Maschinenzeitalters; entstanden ist sie erst in der Moderne. Das Wort stammt ursprünglich vom griechischen *maza* ab, wo es den gestaltlosen Brotteig beschreibt, den man noch kneten muss. Die Verdichtung der Bevölkerung in den Städten und ihre Bewegung im öffentlichen Raum im Gleichtakt der Fabrikschichten brachte um die letzte Jahrhundertwende den Topos der »Vermassung« hervor. Im frühen 20. Jahrhundert war die Masse das intellektuelle Thema überhaupt. Für die USA artikulierte der US-Journalist und Theologe Gerald Stanley Lee in seinem impressionistischen Buch *Crowds* die zeittypische Mischung aus Faszination und Beklommenheit angesichts der Massen: »Das Problem, in dieser modernen Welt zu leben, ist das Problem, Platz darin zu finden. Das Prinzip der Masse ist durch das heutige moderne Leben so universell am Werk, dass die Geographie verändert wurde, um sich ihm anzupassen. Wir leben in der Masse. Wir verdienen unseren Lebensunterhalt in der Masse. Wir amüsieren uns in Herden. Die Zivilisation ist eine Liste von Städten. Städte sind die gewaltigen zentralen Dynamos allen Lebens.«[22]

Im Deutschland der Weimarer Zeit war es Siegfried Kracauer, der anhand von Stadionveranstaltungen und Kabarettrevuen *Das Ornament der Masse* als Zeitsymptom identifizierte, in dem sich das Vorbild der Maschinenproduktion in soziale Choreographien übersetze.[23] Erst der spanische Philosoph José Ortega y Gasset aber brachte das konservative Unbehagen im Angesicht des Massenzeitalters auf den Punkt mit dem Titel *Der Aufstand der Massen*. In dem berühmten Essay beklagt er das »Heraufkommen der Masse zur neuen sozialen Macht« und »die neue Tatsache, daß sich die Masse, ohne daß sie aufhörte, Masse zu sein, an die Stelle der Eliten setzt.«[24] Wenn man in diesem Text statt des Wortes Masse den Begriff Amateur und anstelle der Eliten die Experten einsetzt, landet man beinahe bei den aktuellen Debattenbeiträgen zum Thema Web 2.0.

Es gibt aber auch eine direkte Verbindung vom angeblichen Aufstand der Massen zur Massenproduktion und zum Markenartikel. Denn auf einmal wollen die Massen, wie Ortega y Gasset bestürzt feststellt, auch »an den Genüssen teilhaben und sich der Geräte bedienen, die von auserwählten Gruppen erfunden wurden und früher nur diesen zu Gebote standen. Sie haben Neigungen und Bedürfnisse erworben, die bisher für verfeinert galten, weil sie das Vorrecht der wenigen waren.«[25] Dieser Tatsache wiederum standen die neuen großbürgerlichen Eliten, die die Verachtung für die Masse prinzipiell teilten, weitaus aufgeschlossener gegenüber. Schließlich mussten sie die massenhaft hergestellten Produkte, die ihre Fabriken ausspuckten, irgendwie unter die Leute bringen. Um die Größenvorteile, die sich mit den neuen Verfahren der Massenproduktion realisieren ließen, auch tatsächlich auszuschöpfen, mussten sie mit der Produktion auch den Absatz steigern, einen Vertrieb organisieren und – erstmals in der Geschichte – Massenmärkte erobern. An die Stelle des persönlichen Verkaufsgesprächs mit einem vertrauenswürdigen Händler, der sich für die Qualität seiner Ware verbürgte, musste die Marke treten. Sie musste die Vertrauensarbeit des Verkäufers ersetzen. Gleichzeitig half sie dabei, Produktneuheiten durchzusetzen, deren Bedarf erst geweckt werden musste. Hans W. Brose, einer der frühen Verfechter der Markenidee, sah deshalb den Markenartikel als »Garant für das größte Glück der großen Zahl«, weil er als »Geburtshelfer« völlig neuer Lebensgewohnheiten fungierte: »Er hat, in einem bis heute noch kaum voll erkannten und gerecht gewürdigten Ausmaße völlig neue Bedürfnisse geweckt und befriedigt. Der Markenartikel hat die Menschen gelehrt, sich die Zähne zu putzen, – damit hat er der Volksgesundheit unschätzbare Dienste geleistet!«[26] Die Zivilisation somit ein gutes Stück vorangebracht zu haben, bleibt ein historischer Verdienst der Marke. Wie aber überzeugt man die Massen? Wie bringt man Menschen massenhaft dazu, Dinge zu kaufen, von denen sie noch nicht wissen, dass sie sie brauchen?

An dieser Stelle kam die Massenpsychologie als neue Wunderwaffe ins Spiel, die einer verqueren Idee von der Masse eine wissenschaftliche Grundlage lieferte und sie für die Werbung gefügig machte. Bis vor dem ersten Weltkrieg hatten für die Gestaltung von Waren und Werbung vor allem ästhetische Prinzipien gegolten, wie sie etwa der Werkbund mit seinem programmatischen Ansatz der Sachlichkeit propagiert hatte. Im Kern ging es dabei um die Heranführung der Kunst an die Warenwelt: »Die Mitglieder des Werkbunds versuchten, eine Welt zu schaffen in der Kunst und Ökonomie dieselbe Sprache sprechen würden.«[27] (Ein Gedanke, der bei der Marke Eigenbau heute wieder stark in den Vordergrund tritt.) Erst die industrielle Massenproduktion mit ihrem Paradigma der Verwissenschaftlichung und innerbetrieblichen Arbeitsteilung brachte jene zweifelhafte Professionalisierung mit sich, an der die Werbung bis heute laboriert.

Die Künstler und Grafiker in den Werbeabteilungen wurden abgelöst von so genannten Psychotechnikern, die ihre Dienste mit dem Wirkversprechen der Massenpsychologie anpriesen.[28] Sie stützten sich dabei hauptsächlich auf die Arbeiten des Arztes Gustav Le Bon, der seine Erkenntnisse über die *Psychologie der Massen* von 1895 aus historischen Fallbeispielen, hauptsächlich aus der Französischen Revolution, herleitete. Danach galten für die Masse und ihre Psyche eigene Regeln, die nicht mehr mit Mitteln der Individualpsychologie erklärbar sind: »Allein durch die Tatsache, Glied einer Masse zu sein, steigt der Mensch also mehrere Stufen von der Leiter der Kultur hinab. Als einzelner war er vielleicht ein gebildetes Individuum, in der Masse ist er ein Triebwesen, also ein Barbar.«[29]

Der verheerende und bis heute nachwirkende Kurzschluss bestand darin, nur weil man es mit Produkten aus der Massenproduktion zu tun hatte, die massenhaft vertrieben wurden, auch die Konsumenten nur noch als ominöse Masse zu begreifen. Dies obwohl diese selten – es sei denn bei Media Markt-Eröffnungen – in

Massen, sprich: als triebgesteuerter Mob, auftreten, sondern ihre Kaufentscheidungen letztlich immer noch individuell fällen. Die Psychotechniker der Werbung übertrugen die zweifelhaften Erkenntnisse der Massenpsychologie eins zu eins auf ihre Arbeit. Oberstes Ziel der Marke war es fortan, den kritischen Verstand des Verbrauchers zu unterlaufen und ihn bei seinem primitiven Reptiliengehirn zu packen. So schrieb etwa Hans Domizlaff, der als deutscher Erfinder der Markentechnik gilt und bis heute einen großen Einfluss auf die Disziplin ausübt, 1939 in seinem *Lehrbuch der Markentechnik*: »Wenn man zu einzelnen Menschen in Beziehung tritt, ist die Tatsache einer übergeordneten Massenpsyche kaum erkennbar. Sobald man aber an Stelle einzelner Menschen die Lebensäußerungen größerer Menschengruppen untersucht – und in der Markentechnik haben wir es nur mit Massen zu tun –, dann macht sich sofort die Existenz eines Massengehirns bemerkbar.«[30]

So ehrlich hat danach kaum ein Profi über das der Markentechnik und dem Massenmarketing zugrunde liegende Menschenbild gesprochen. Aber das Erbe der Massenpsychologie ist in der Branche ungebrochen wirksam und hat bis heute mehrere Stufen der Verfeinerung durchlaufen. Die Grundannahmen wurden dabei nie über Bord geworfen: Der Mensch als Konsument ist kein rational denkendes, sondern ein trieb- und instinktgesteuertes Wesen, dessen unbewusste Sehnsüchte adressiert werden müssen. Der Verstand kommt allenfalls als Instanz nachträglicher Rationalisierung (»reason why«) ins Spiel. Nach dem Zweiten Weltkrieg war es die Motivforschung, die im Unterbewusstsein der Konsumenten überraschende, verborgene Beweggründe zutage förderte, die dann in der Markenkommunikation zum Einsatz kamen. So fand man beispielsweise heraus, dass sich Hausfrauen, wenn sie einen Kuchen backen, insgeheim danach sehnten, schwanger zu sein. Auch mit subliminalen Botschaften, die in Sekundenbruchteilen direkt aufs Unterbewusstsein wirken sollten, wurde in jener Zeit experimentiert.

Seither wurde auch die so genannte Emotionalisierung kontinuierlich vorangetrieben. Spätestens in den achtziger Jahren begann

man mit dem Aufbau von Markenwelten: virtuelle und insze-
nierte Sehnsuchtsorte, die den Adressaten mehr über ihre Träume
und Wünsche erzählten als über das beworbene Produkt. Es ver-
festigte sich die wirkmächtige Metapher der lebendigen »Markenpersönlichkeit«, die die Person des Verbrauchers ausdeuten und
im bestmöglichen Licht widerspiegeln sollte.[31] Natürlich führt so
eine Markenpersönlichkeit ein komplexes Eigenleben und braucht
viel Aufmerksamkeit und Zuwendung durch professionelle Berater. Darauf baute auch die Idee, dass Werbeausgaben keine Kosten
waren, sondern Investitionen in den immateriellen Vermögens-
gegenstand Marke. So avancierte das Marketing zur Königsdisziplin der Betriebswirtschaftslehre. In den Unternehmen, die ihre
Produktionsabläufe weitgehend outgesourced hatten, waren die
Marken bald die wichtigsten Aktivposten der Bilanz und wurden
mit entsprechendem pseudowissenschaftlichen Aufwand gehegt
und gepflegt. Dadurch begannen die Marken, sich vom Produkt zu
lösen und in den Sphären der Kommunikation frei zu flottieren.[32]
Die Ära der Lifestylebrands erreichte ihren Höhepunkt in den
späten neunziger Jahren, als jeder Konsumgüterhersteller dem
Vorbild von Nike und Prada nacheiferte und mit allerlei tiefen-
psychologischem und mystischem Budenzauber zur »Kultmarke«
avancieren wollte.[33] Der neueste Schrei auf dem Markt nennt sich
»Neuromarketing«: Im Magnet-Resonanz-Tomographen werden
die Gehirne von Probanden durchleuchtet und Stimuli getestet,
die von Markenbildern ausgehen, um diejenigen Areale im Gehirn
ausfindig zu machen, die den Kaufimpuls geben. Endlich, so das
Versprechen, erhält das Marketing unmittelbaren Zugriff auf das
Entscheidungszentrum, ohne dazu den lästigen Umweg über die
Psyche nehmen zu müssen. Und »in den Agenturen tummeln sich
bereits zahlreiche vermeintliche Experten, die mit Vorträgen über
das Thema gutes Geld verdienen«.[34]

Es ist unbestreitbar, dass mit psychologischen Tricks bis heute
Milliarden Autos, Jeans, Küchengeräte und Waschmittelpackun-
gen verkauft wurden. Die Frage, ob sie nicht ohnehin verkauft
worden wären, ist müßig, denn wir können uns eine Welt ohne
Werbung nicht mehr vorstellen, auch wenn ihre Binnenlogik

rätselhaft bleibt. Selbst der Soziologe Niklas Luhmann, der sonst für alles eine Erklärung hatte, kapitulierte davor: »Im gesamten Bereich der Massenmedien gehört Werbung zu den rätselhaftesten Phänomenen. Wie können gut situierte Mitglieder der Gesellschaft so dumm sein, viel Geld für Werbung auszugeben, um sich den Glauben an die Dummheit anderer zu bestätigen? Es fällt schwer, hier nicht das Lob der Torheit zu singen, aber offenbar funktioniert es, und sei es in der Form der Selbstorganisation von Torheit.«[35] Diese ungelöste Frage führt auch bei vielen Werbeprofis zu einem verqueren Selbstverständnis, das nicht selten schizoide Züge annimmt: Eigentlich sehen sie sich als Künstler, müssen aber gegenüber ihren Kunden den psychologisch versierten Dompteur der Massenpsyche herauskehren.

Beim Publikum kam die sukzessive Raffinierung der Werbung zur elaborierten Psychotechnik sowieso nie gut an. Zu jeder Zeit hat die jeweilige Spielart des Marketings, den Kunden nicht als rational denkendes, sondern als manipulierbares Massenwesen zu begreifen, Gegenwehr und Einspruch hervorgebracht. 1957 deckte Vance Packard in seinem einflussreichen Buch *Die geheimen Verführer* die psychologischen Praktiken der Zunft auf und prangerte den »Griff nach dem Unterbewusstsein in Jedermann« an.[36] Die von Marx' Metapher vom »Fetischcharakter der Waren« inspirierte Kritik der siebziger Jahre, etwa Wolfgang Fritz Haugs Schriften zur Warenästhetik, arbeitete sich am Konsumterror und der »ungeheuren Macht von Reklame und massenmedialer Manipulation« ab.[37] Ende der neunziger Jahre veröffentlichten die vier einflussreichen Web-Vordenker Rick Levine, Christopher Locke, Doc Searls und David Weinberger das *Cluetrain Manifest,* um in 95 Thesen das verkorkste Weltbild der Werbung gründlich zurechtzurücken und den Gepflogenheiten des Internetzeitalters anzupassen. Die ersten drei Postulate, die den Ton vorgeben, lauteten: »(1) Märkte sind Gespräche. (2) Märkte bestehen aus Menschen, nicht aus demographischen Daten. (3) Gespräche zwischen Menschen *klingen* menschlich, sie werden mit menschlicher Stimme geführt«[38] (vgl. Kapitel 6.3).

Die fulminanteste Kritik am Geschäftsgebaren der Marken in

jüngster Zeit hieß *No Logo!*, stammte von der Kanadierin Naomi Klein und erschien im Jahr 2000.[39] Sie zielte nicht nur ins Herz des Ideenorganismus Marke, sondern darüber hinaus auf die globalen Produktionsbedingungen, die durch den Siegeszug der »Superbrands« etabliert wurden. Weil sich die Marken als eigentliche Treiber des Mehrwerts vom Produkt lösten, so argumentiert Klein, konnte die Produktion in Billiglohnländer verlagert werden. Sweatshops in der Dritten Welt mit unmenschlichen Arbeitsbedingungen sind demnach die dunkle Kehrseite der schillernden Markenimages in den Industrieländern. *No Logo!* wurde zur Bibel der Globalisierungskritiker und hat der Anti-Corporate-Bewegung weltweit wichtige Argumentationshilfen geliefert. Dabei wurde gern übersehen, dass selbst Naomi Klein Marken und Logos gar nicht grundsätzlich ablehnt: »Der Titel *No Logo!* ist nicht wörtlich gemeint im Sinne von ›Keine Logos mehr!‹« Vielmehr ging es ihr darum, dass »immer mehr Leute die dunklen Geheimnisse des globalen Markennetzes entdecken« sollten. Ihr Ziel war, eine Protestwelle auszulösen, »die sich frontal gegen die multinationalen Konzerne richtet, und zwar besonders gegen solche, die stark mit einer Marke identifiziert werden«.[40]

Das ist ihr durchaus gelungen. Aber auch in den Marketingabteilungen und Markenberatungsagenturen wurde *No Logo!* aufmerksam studiert. Die Erfolgsgeschichte der Bekleidungsmarke American Apparel etwa liest sich wie die Fortsetzung von *No Logo!* mit den Mitteln der Markentechnik (vgl. Kapitel 6.1). Dass auch etablierte Marken etwas dazulernen und sich Inspirationen aus der Gegenkultur holen, muss nicht zwangsläufig Anlass zu erneuter Kritik sein. Es ist ja tatsächlich etwas dadurch gewonnen, dass Konsumenten nicht mehr wie Idioten angesprochen werden und die Eigenschaften und Herstellungsbedingungen des Produkts wieder stärker in den Vordergrund treten. Aber die eigentlichen Gewinner der Entwicklung werden Marken sein, die schon aus dem Grund keine Verachtung für die Massen übrig haben, weil sie gar nicht auf die ominöse Masse abzielen, auch nicht auf tiefenpsychologisch beschreibbare Zielgruppen, sondern auf rationale Menschen wie du und ich.

Die Marke als solche ist dabei eine segensreiche Erfindung, weil sie in der Lage ist, solche Informationen kompakt zu bündeln und zu kommunizieren. Sie stiftet Wiedererkennbarkeit, Vertrauen und Orientierung. Sie hilft uns dabei, uns in einer immer komplexer werdenden (Waren-)Welt zurechtzufinden. Das gute Handwerk der Markentechnik besteht in der Praxis vor allem aus Komplexitätsreduktion, Verdichtung und Mustererkennung. Auch die Hersteller und Anbieter von Unikaten, Kleinserien und persönlichen Dienstleistungen können sich diese Mechanismen zunutze und ihre Marke Eigenbau dadurch zu einer echten Marke machen. Genauer: Sie können es besser. Sie stehen nicht unter Manipulationsverdacht, weil sie nicht mit dem sperrigen Gepäck der Massenpsychologie reisen. Der Werkzeugkoffer für die Marke Eigenbau ist, wie wir noch sehen werden, dennoch gut gefüllt. Einen Glaubwürdigkeitsvorsprung gegenüber den Massenherstellern hat die Marke Eigenbau allemal. Denn für sie gilt ganz unmittelbar der berühmte, oft verkürzt zitierte Satz von Domizlaff »Eine Marke hat ein Gesicht wie ein Mensch«. Auch die Crafting-Bewegung und die Amateure des Netzes haben sich diese Kulturtechnik längst angeeignet. Es deutet einiges darauf hin, dass die Kleinproduzenten und Mini-Markenartikler durch ihr massenhaftes Auftreten die gesamten Spielregeln im Reich der Marke modifizieren, auch für die so unangreifbar scheinenden Weltmarken.

Die Marke Eigenbau ist die praktisch umgesetzte Fortsetzung der *No Logo!*-Kritik an der vermeintlichen Übermacht der Superbrands und den dahinter verborgenen Produktions- und Ausbeutungsverhältnissen. Ihre wachsende Bedeutung ist ein positives Signal dafür, dass sich die Menschen nicht mehr für dumm verkaufen lassen und ihren Konsum anders reflektieren. Es ist eine Kritik, die die Markenverantwortlichen der Konzerne erstmals ernsthaft fürchten müssen, weil sie nicht auf dem Papier oder in Konferenzen stattfindet, sondern mit den Mitteln des Markts angreift. »Ich wäre nicht überrascht, wenn in Zukunft ein eigenes Label zu besitzen ähnlich selbstverständlich ist, wie es heute ein eigenes Blog ist«, prognostiziert Ulla Maaria Mutanen, Forscherin an der Universität von Helsinki und Web-Entwicklerin hinter thinglink.com, einem offenen Datenbank-Archiv für designte Dinge und deren Geschichten. Viele Anhänger und Sympathisanten der Crafting-Bewegung folgten der Argumentation von Naomi Klein inhaltlich durchaus, stellt Mutanen fest. Trotzdem entschieden sie sich statt für den Verzicht auf ein Logo lieber für das eigene: »Es scheint, dass anstelle von ›No Logo‹ eine andere mächtige Einflussgröße das Feld geentert hat, ich nenne sie die ›My Logo‹-Bewegung.«[41] Die Marke Eigenbau ist die produktive Antwort auf No Logo. Es ist die kollektive Antwort von vielen Individualisten auf das Diktat der Marken – so etwas nennt man wohl Dialektik.

1.4 Spätkapitalismus: Das Ende der Massenproduktion

Die 135 Beschäftigten der Fahrradfabrik Bike Systems im thüringischen Nordhausen fielen aus allen Wolken, als ihnen ihr Besitzer, der texanische Finanzinvestor Lone Star, Ende Juni 2007 mitteilte, er plane die Schließung ihres Werks. Jahrzehntelang hatten sie auf deutschem Boden täglich über 2000 Fahrräder produziert, früher einmal für den Markt, seit Lone Star die Firma 2005 angeblich mit dem »Ziel einer Sanierung« übernommen hatte, als Lohnfertiger für die börsennotierte Fahrradfabrik MIFA in Sangershausen, an der Lone Star ebenfalls mit 25 Prozent beteiligt ist. Hinter der Begründung für die Werkschließung, die MIFA werde künftig keine Aufträge mehr erteilen, vermuteten die Arbeiter ein abgekartetes Spiel mit dem Ziel einer künstlichen Marktbereinigung. Einen anderen ostdeutschen Fahrradhersteller hatte Lone Star auf diesem Weg ebenfalls geschlossen. Am 10. Juli begannen sie mit einer Betriebsbesetzung, die als durch das Arbeitsrecht gedeckte »andauernde Betriebsversammlung« ausgegeben wurde, um zu verhindern, dass die Produktionsanlagen demontiert werden. Mehrere Wochen gingen damit ins Land, dass die Arbeiter im Schichtbetrieb Wache schoben, ohne dass irgendjemand Notiz von ihnen nahm. Ein paar Anarcho-Syndikalisten der Freien Arbeiterinnen-

und Arbeiter-Union (FAU) aus Hamburg nahmen schließlich Kontakt mit ihnen auf und unterbreiteten einen interessanten Vorschlag: Warum nicht einfach wieder Fahrräder produzieren? Über eine zeitlich begrenzte selbstverwaltete Produktion ließe sich sowohl Loyalität bündeln, als auch ein Exempel statuieren, und besser als untätig herumzusitzen sei es allemal. Schnell standen die Entwürfe für das Strike Bike, ein robustes Alltagsrad mit Dreigangschaltung, Rücktritt und – besonderes Extra! – einem Nabendynamo in einer Damen- und einer Herrenvariante. Die Lackierung würde feuerwehrrot sein, vorn am Lenkerschaft sollte eine buckelnde und fauchende schwarze Katze prangen, das Symbol des Anarchismus.

Die Arbeiter schätzten, dass es bei deutschen Zulieferern noch Material für 1800 dieser Fahrräder geben müsse, die eigenen Lager waren leergeräumt. Also wurde über Nacht ein Verein »Fahrräder in Nordhausen e.V« gegründet und ein Treuhandkonto eingerichtet. Man taxierte den kostendeckenden Preis auf 275 Euro; wenn 1500 Bestellungen mit Vorabbezahlung zusammenkämen, könnte die Produktion starten. Die Hamburger richteten eine Website (strike-bike.de) ein und starteten eine Kampagne über das Internet, aber mit diesem Echo hätten auch sie nicht gerechnet: Nicht nur aus Deutschland und dem europäischen Ausland kamen Bestellungen und Solidaritätsadressen, auch aus Guatemala, den USA, Brasilien und Russland. Als die Medien das Thema aufgriffen, waren die Bikes schnell vergriffen, und die Liste musste geschlossen werden. Fünf Tage lang produzierte die Belegschaft in der letzten Oktoberwoche 2007 zum Einheitsstundensatz von zehn Euro insgesamt 1837 Strike Bikes, die über eine Spedition an die Besteller ausgeliefert wurden.[42] Am 31. Oktober wurde die Aktion mit einer Abschiedsfeier im Werk beendet. Die Hoffnung, doch noch einen Investor zu finden, der die Produktion aufrechterhielte, hatte sich zerschlagen. Das Gros der Mitarbeiter wurde in eine Transfergesellschaft überführt, der Betrieb vom Insolvenzverwalter ausgeschlachtet und größtenteils nach Ungarn verkauft. Vereinzelt sieht man das markante Strike Bike auf der Straße herumfahren, zumeist in den Szene-Bezirken der Großstädte.

Es sah so aus, als hätte am Ende doch die skurrile Logik des Finanzkapitals gesiegt, dessen Bewegungsgesetze uns für immer rätselhaft bleiben werden. Allerdings hat die Geschichte auch ein Happy End. Aus der Konkursmasse konnte eine ausgemusterte aber voll funktionstüchtige Produktionslinie erworben werden. Ende März 2008 gründeten 21 Mitarbeiter die Strike Bike GmbH. Ab Juni 2008 wird auf der Anlage in einer limitierten Stückzahl von 2000 Stück das auf dem Strike Bike basierende, aber technisch und qualitativ verbesserte schwarze Tourensportfahrrad namens »Black Edition« zum Preis von 349 Euro produziert. Die Einnahmen daraus sollen benutzt werden, um eine dauerhafte Produktion von Spezialfahrrädern mit Elektroantrieb und Fahrradanhängern aufzubauen. Aus der Not heraus, nur mit etwas ideologischem Beistand, haben die Arbeiter von Bike Systems bewiesen, was man ohne großes Kapital, dafür mit Eigeninitiative, den richtigen Leuten, den richtigen Werkzeugen und dem Internet heute erreichen kann. Aus einem soliden Produkt und einer guten Geschichte dahinter wird eine Marke mit großer Glaubwürdigkeit und ideellem Mehrwert. Die Produktionsmenge oder Losgröße von 2000 Stück entspricht dabei den in Zeiten der Manufakturproduktion gängigen Größenordnungen und steigert durch strukturelle Knappheit die Begehrlichkeit. Die selbstverwalte Organisation des Betriebs beinhaltet zumindest das Versprechen auf größere Arbeitszufriedenheit.

Im Fall von Strike Bike war die Selbstermächtigung zur Selbstorganisation aus der Not heraus geboren und bedurfte eines zusätzlichen Anstoßes von außen. Aber die Geschichte taugt doch insoweit zum Exempel, als sie den Möglichkeitssinn schärft: Wie lässt sich Produktion und Zusammenarbeit anders organisieren? Was können Einzelne und selbstorganisierte Gruppen heute aus dem Stand erreichen, wozu früher gewaltige Apparate und die Strukturen einer Großorganisation erforderlich waren? Wodurch kann der Aufstand gegen die Massenproduktion von Erfolg gekrönt sein? Um zu zeigen und zu begreifen, warum die industrielle Massenproduktion ihren Zenit überschritten hat und sich womöglich ihrem Ende zuneigt, müssen wir jedoch zunächst in ihre Geschichte eintauchen und verstehen, woher sie kommt und was in ihrer Blütezeit ihren Erfolg ausgemacht hat.

Bis zum Feudalismus war alle Produktion kleinteilig und dezentral, schon allein weil das nötige Werkzeug und Gerät zur massenhaften Produktion fehlte. Die Maschinen allein waren aber nicht Schuld an der Massenproduktion. Die erste rein mechanische Spinnmaschine, die »Spinning Jenny« von 1764, stand noch in einer kleinen unabhängigen Spinnerei in Nottingham. James Watt verkaufte seine 1796 patentierte Dampfmaschine nicht an Großunternehmen, sondern stellte sie auf Leasingbasis einer Reihe von Betrieben und Werkstätten zur Verfügung, teils zur gemeinschaftlichen Nutzung. Generell wurden die Maschinen, die zu Beginn der Industriellen Revolution in den Manufakturen Einzug hielten, nicht als Bedrohung empfunden, sondern als verbesserte Werkzeuge zur Arbeitserleichterung. Der qualifizierte Handwerker blieb der Souverän im Prozess der Produktion.

Das änderte sich erst durch eine organisatorische Umstellung, die es erlaubte, auch ungelernte Arbeiter, die damals in Scharen vom Land in die Städte drängten, in der Produktion einzusetzen. Die eigentliche Triebfeder der Industriellen Revolution und den Wandel von der Manufaktur zur Fabrik markiert die mechanisierte Arbeitsteilung, die Adam Smith gleich im ersten Satz seines Hauptwerks über den *Wohlstand der Nationen* von 1776 als die Quelle des Wohlstands schlechthin identifizierte: »Die Arbeitsteilung dürfte die produktiven Kräfte der Arbeit mehr als alles andere fördern und verbessern.«[43] Smith illustriert das am berühmt gewordenen Beispiel einer Stecknadelmanufaktur: Ein ungelernter Arbeiter könne allein pro Tag kaum 20 Nadeln herstellen, vermutlich brächte er nicht mal eine einzige zustande. Zerlegt man den Arbeitsprozess jedoch, wie in diesen damals neuen Manufakturen üblich, in 18 Schritte, wobei das Ansetzen des Kopfes, das Weißglühen der Nadel und selbst das Verpacken jeweils eine eigene Tätigkeit darstellte, dann waren zehn Arbeiter, die sich jeweils auf ein paar Handgriffe spezialisierten, ohne weiteres in der Lage, am Tag 48 000 Stecknadeln herzustellen. Allerdings musste auch Smith einräumen, dass diese Form der Arbeitsorganisation zu Stumpfsinn und Verblödung führen könne – später sollte man dies als »Entfremdung« bezeichnen.

Dementsprechend wurde die neue Art der Fertigungsorganisation von den betroffenen Handwerkern aufgenommen. In der ersten Hälfte des 19. Jahrhunderts zogen in England und Deutschland Maschinenstürmer handgreiflich gegen die Verschlechterung ihrer Lebensbedingungen zu Felde. Dabei handelte es sich nicht in erster Linie um spontane Verzweiflungstaten eines aufgekratzten Mobs. Vielmehr waren es konzertierte Aktionen eines bedrohten Standes, die sich nicht naiv gegen die neue Technik als solche richteten, sondern gegen die neuen Produktionsbedingungen und ihre Profiteure. In England erfreuten sich die »Luddites«, benannt nach ihrem fiktiven Anführer Ned Ludd, die zunächst in der Gegend um Nottingham und später im ganzen Land ihr Unwesen trieben, durchaus einiger Sympathie in der Bevölkerung.[44] Die romantisch-nostalgische Kritik an der neuen Massenproduktion verkörperte hingegen der »Ruskinismus«, benannt nach dem Kunsthistoriker und Philosophen John Ruskin. Der sehnte sich angesichts des raumgreifenden Manchester-Kapitalismus nach den Spuren menschlicher Individualität in den Produkten zurück und hielt generell das Maschinenzeitalter für eine einzige große Fehlentwicklung. Wäre es nach Ruskin gegangen, hätte man die Finger von dem Maschinen-Teufelszeug gelassen und den Rückweg in die vorindustrielle Vergangenheit angetreten.[45] Das ihm zugeschriebene und heute noch gern zitiert Ruskinsche Gesetz bringt die romantische Resignation angesichts der heraufdämmernden Moderne auf den Punkt: Es gibt kaum etwas auf dieser Welt, das nicht irgendjemand ein wenig schlechter machen und etwas billiger verkaufen könnte.

Genau so kam es. Diese Frühformen der Auflehnung gegen die Massenproduktion wurden im Ansatz begraben unter der gewaltigen Masse an erschwinglichen Artikeln des täglichen Bedarfs, die die Fabriken auszuspucken begannen. Die Maschinerie fing an mächtig zu schnurren, sodass Karl Marx und Friedrich Engels im ersten Satz des *Kapital* knapp ein Jahrhundert nach Adam Smith dessen Grundannahme Recht geben mussten: »Der Reichtum der

Nationen, in denen kapitalistische Produktionsweise herrscht, erscheint als eine ›ungeheure Warensammlung‹.«[46] Als erste beobachteten und beschrieben Marx und Engels in dem dreibändigen Werk, wie die mechanische Arbeitsteilung, die Eigentumsverhältnisse der Produktionsmittel und die innere Logik der Kapitalverzinsung zwangsläufig zu einem immer höheren Kapitaleinsatz pro Arbeiter und zur Herausbildung immer größerer Produktionseinheiten führen. Dahinter steckt die Dynamik des »Return on Investment«, die Peter Sloterdijk auch die »Bewegung der Bewegungen« im Kapitalismus nennt.[47] (Dieser weiter nachzugehen wäre sicher sinnvoll, würde allerdings den Rahmen unseres Buches sprengen. Im Folgenden konzentrieren wir uns deshalb lieber auf die realwirtschaftliche Perspektive, die kompliziert genug und für unsere Zwecke weitaus ergiebiger ist.)

Wir halten fest: Die gigantischen Mensch-Maschinen des Industriezeitalters sind aus den Größen- und Skalenvorteilen der Arbeitsteilung und der Logik der Kapitalverzinsung heraus entstanden. Jetzt brauchte es nur noch eine Betriebsanleitung. Die lieferte der Amerikaner Frederik Winslow Taylor mit seinen *Grundsätzen wissenschaftlicher Betriebsführung*, gestützt auf seine Reihenuntersuchung von Arbeitern. Die Grundprinzipien des Taylorismus lauteten: strikte Trennung von Hand- und Kopfarbeit, die fortan Management heißen sollte, hohe Arbeitsteilung mit kurzen Arbeitsvorgängen und präziser Anleitung und leistungsabhängige Vergütung im Sinne von Akkordlöhnen, um das Trödeln auszumerzen.[48] In Reinform zum Einsatz kamen diese Prinzipien erstmals 1913 für die Produktion des T-Modells im Ford-Werk Highland Park in Michigan. Das Fließband war die perfekte Umsetzung von Taylors Stoppuhr-Methode in Arbeitsabläufe. Die industrielle Massenproduktion war geboren, die den Rhythmus der Arbeit unter den Gleichtakt der vielen spezialisierten und koordinierten Maschinen stellte, die entlang der Fertigungsstraße aufgereiht waren. Die Maschinen waren endgültig vom dienstbaren Werkzeug zum unerbittlichen Moloch geworden, dem sich die Arbeiter unterzuordnen hatten, wie es Charlie Chaplin später im Film *Moderne Zeiten* in Szene setzte. Dafür senkte die Einführung des Fließbands den Preis eines Autos von 600 Dollar auf 360.[49]

Diese Methode der Produktivitätssteigerung kannte auf dem Papier keine Grenzen mehr, weil sie auf der optimierten Kombination der einzelnen Produktionsfaktoren basierte und sich – wie bei einem Kochrezept – theoretisch beliebig skalieren ließ. Zum limitierenden Faktor wurde jedoch die Aufnahmefähigkeit des Markts. Für den Ergänzungsband der *Encyclopedia Britannica* von 1925 – ein dreiviertel Jahrhundert vor der Erfindung von Wikipedia – ließ Henry Ford höchstpersönlich einen Artikel erstellen, der erklärte, was er unter »mass production« verstand: »Massenproduktion bedeutet nicht nur die Produktion großer Mengen, denn dies könnte man auch ohne die Erfordernisse der Massenproduktion haben. Massenproduktion bedeutet auch nicht nur Maschinenproduktion, die es auch ohne Ähnlichkeiten zur Massenproduktion geben könnte. Massenproduktion heißt, die Prinzipien Kraft, Genauigkeit, Wirtschaftlichkeit, Systematik, Kontinuität, Geschwindigkeit und Wiederholung zur Geltung zu bringen. Das übliche Ergebnis ist eine Betriebsorganisation, die zu niedrigen Kosten ein nützliches, vom Material, der Qualität und der Form her einheitliches Gut erzeugt. Die notwendige Vorbedingung der Massenproduktion ist eine latent oder offen daliegende Kapazität der Massenkonsumption, das heißt, dass diese in der Lage ist, die großen Produktionsmengen aufzunehmen. Die beiden gehen Hand in Hand.«[50]

Die auf Rationalisierung und Standardisierung ausgerichteten Organisationsprinzipien von atomistischer Arbeitsteilung und hierarchischer Entscheidungsstruktur wurden zur Blaupause des modernen Konzerns, der das gesamte 20. Jahrhundert dominieren sollte. Auch die Schwerpunktverlagerung der Wertschöpfung von der industriellen Produktion zur Dienstleistung überstand der Konzern unbeschadet, schließlich galten seine Prinzipien universell. Allerdings hielten sich in allen Industrienationen das gesamte letzte Jahrhundert hindurch auch Kleinbetriebe und mittelständische Unternehmen am Markt, die strenggenommen hätten aussterben müssen, weil sie den Konzernen nach Produktivität unterlegen waren. Ganz so weit her war es mit dem Effizienzvorsprung der Massenproduktion anscheinend also doch nicht. Die versteckten Kosten der Konzerne waren Schwerfälligkeit, Bürokratisierung von Abläufen und Herausbildung von Wasserköpfen. Gerade gegenüber konjunkturellen Krisen wie in den späten siebziger Jahren erwiesen sich die schwerfälligen und auf gleichmäßigen Absatz angewiesenen Großstrukturen als zumindest ebenso anfällig wie ihre kleinere und flexiblere Konkurrenz. Die Frage der optimalen Größe und Organisationsform erschien plötzlich in einem anderen Licht. Dies umso mehr, als Konzerne die strukturelle Massenunzufriedenheit der Arbeitenden als Resultat ihrer fragmentierten und vermachteten Arbeitsabläufe stets billigend in Kauf genommen hatten.

1984 veröffentlichten der Ökonom Michael J. Piore und der Sozialwissenschaftler Charles F. Sable, damals beide am Massachusetts Institute of Technology (MIT), eine epochale Analyse mit dem Titel *Das Ende der Massenproduktion*. Darin argumentierten sie, dass die Dominanz der Konzerne in der westlichen Welt, allen voran den USA, nicht allein mit deren Größenvorteilen erklärt werden könne, sondern ebenso sehr das Resultat politischer Interessen und des ordnungspolitischen Umfeldes gewesen sei: »Unter etwas anderen historischen Bedingungen, so unser Gedankengang, hätten Unternehmen, die sich einer Kombination von handwerklichem Können und flexibler Betriebsorganisation bedienten, eine zentrale Rolle im modernen wirtschaftlichen Leben spielen können. Stattdessen haben sie das Feld in fast allen Industriezweigen Großunternehmen überlassen, die auf Massenproduktion ausgerichtet sind. Hätte sich die Richtung der mechanisierten handwerklichen Produktion behauptet, dann wären die Industriefirmen heute vielleicht in das jeweilige Gemeinwesen eingegliedert und eingebettet – und nicht von ihrer Umgebung und ihren Nachbarn gänzlich unabhängige Organisationen, die – infolge der Massenproduktion – allgegenwärtig erscheinen.«[51] Ihre These war, dass die entwickelten Länder im Jahr 1984 an einer ähnlichen Wegscheide gestanden hätten wie in der Frühphase der Industrialisierung. Die Autoren eröffneten zwei Optionen: Entweder die bestehenden Massenproduktionstechnologien zu optimieren – oder sich deutlich von ihnen abzuwenden und auf dem Weg der flexiblen Spezialisierung wieder stärker zu handwerklich geprägten Produktionsverfahren zurückzukehren.

Kurz darauf passierte allerdings etwas Drittes, das Piore und Sabel nicht vorhersehen konnten: Der Kommunismus brach zusammen. Durch die Öffnung des Ostblocks und später Chinas erhielten die Konzerne Zugang zu riesigen Werkbänken zum Schnäppchenpreis. Die Konzerne zerlegten ihre Produktionsprozesse, verteilten sich nach Preiskriterien rund um den Globus und schufen so ein weltumspannendes System der Massenproduktion. Siehe zum Beispiel die Autoindustrie: »Heute beschränken sich die meisten Autohersteller auf die Endmontage; alle Innereien kommen von den Zulieferern.«[52] Mit dem Ergebnis, dass die Fertigungstiefe der Automobilhersteller am Endprodukt mittlerweile weniger als ein Viertel beträgt.[53] Selbst Flugzeuge wie der Airbus A 380 werden heute verstreut an verschiedenen Standorten produziert. Suzanne Berger vom Industrial Performance Center des MIT, wo man anhand von 500 Firmenbeispielen neue Formen globaler Wertschöpfung untersucht hat, nennt das »Lego-Wirtschaft«, weil sie sich nach dem Baukastenprinzip zusammensetzen und rekombinieren lässt. Äußerlich hat sie nur noch wenig Ähnlichkeit mit der alten Massenproduktion, aber ihre Produkte bleiben dieselben und auch die Abhängigkeits- und Ausbeutungsverhältnisse wurden nur einmal neu um den Erdball gewickelt. Das ist die Gegenwart.[54]

Unsere – und nicht nur unsere – These ist: Heute stehen wir erneut an einer Wegscheide. Eine Reihe von technologischen, wirtschaftlichen und sozialen Trends, die fast alle im Zusammenhang mit dem Internet stehen oder durch die Digitalisierung verstärkt werden, deuten in eine Richtung: Diesmal steht das System der Massenproduktion wirklich zur Disposition. Der Medientheoretiker Douglas Rushkoff vergleicht die derzeitige Situation mit der im Norditalien des 15. Jahrhunderts, wo sich eine Vielzahl naturwissenschaftlicher, technologischer, gesellschaftlicher und künstlerischer Neuerungen gegenseitig verstärkten und zu etwas verdichteten, das wir heute im Rückblick Renaissance nennen. Rushkoff sieht eine neue Renaissance heraufziehen, die ähnliche Umbrüche mit sich bringen wird: »Selbst wenn wir der neuen Renaissance aus dem Weg gehen wollten, hätten wir dazu keine Chance mehr. Denn mittlerweile sind wir tatsächlich am Ende des Industriezeitalters angekommen. Welchen Maßstab wir auch anlegen mögen, Massenproduktion, Massenmedien und Massenmarketing bringen nicht mehr die gewünschten Resultate.«[55]

Die Bastion der Massenproduktion steht aus mehreren Himmelsrichtungen unter Beschuss: Heute schon zu beobachten sind die veränderten Präferenzen der Konsumenten und die neuen Spielregeln auf den Long-Tail-Märkten (vgl. Kapitel 3.2). Hinzu kommen werden demnächst digitale Herstellungsverfahren, die eine individuelle Fertigung in kleiner Stückzahl ermöglichen und die Größen- und Skalenvorteile der Großen in der Produktion unterminieren. Generell ist der Kapitalbedarf für die Gründung eines Unternehmens in vielen Bereichen auf die Anschaffungskosten eines Laptops gesunken (vgl. Kapitel 4.1). Das Internet hat nicht nur die Kommunikation revolutioniert. Es hat auch die Möglichkeiten zur Koordination und Kooperation enorm erweitert. Dadurch sinken die Kosten für Abstimmung und Koordination, deren Höhe hierarchische Organisation bislang überlegen machte. Das alles hat die Handlungsspielräume von Individuen sowie selbstorganisierten und flexiblen Gruppenkonstellationen enorm erweitert (vgl. Kapitel 5.2). Die Macht großer Institutionen erodiert; hierarchische Systeme verlieren ihre natürliche Überlegenheit. Das Prinzip der Selbstorganisation schlägt in immer mehr Feldern die klassische Organisationsform von Kommando und Kontrolle. Diese neue Organisationsform der Wirtschaft jenseits des Systems Massenproduktion ist noch nicht als Ganzes erkennbar, und sie hat auch noch keinen verbindlichen Namen. Einige nennen sie »Peer Production«, um auf ihre Nähe zu dezentralen Peer-to-Peer-Netzwerken hinzuweisen. Andere sagen Wikinomics dazu, weil sie sich an die Zusammenarbeit auf Wiki-Websites erinnert fühlen. Wir bleiben bei Marke Eigenbau, weil sie ebenso umfassend wie zeitlos ist. Die industrielle Massenproduktion aber wird, um es mit Michel Foucault zu sagen, eines Tages verschwinden wie am Meeresufer ein Gesicht im Sand.

2. Arbeit Marke Eigenbau

2.1 Büro-Matrix: Milde Krankheit Erwerbsarbeit

Eine Marke Eigenbau bei der Arbeit: Olaf Bornemann sitzt in kurzen, auberginefarbenen Hosen hinter seiner Werkbank. Er schraubt eine Lampenfassung an ein Messingrohr, durch das er gleich ein Stromkabel ziehen wird. Bornemann arbeitet zügig und konzentriert, jeder Handgriff sitzt. Stress dürfte im Hinterzimmer seines Zwei-Mann-Produktions-Beratungs-Verkaufsbetriebs so oft vorkommen wie Besuche der Königin von England. Die Berliner Lampenmanufaktur nahe Kollwitzplatz im Bezirk Prenzlauer Berg gibt es seit gut fünf Jahren. Wollten wir uns einen Prototypen für die Gründung einer erfolgreichen Marke Eigenbau basteln, käme sie Bornemanns Mini-Unternehmen vermutlich sehr nahe.

2001 suchte der Bauingenieur Olaf Bornemann eine schöne, klassische Messinglampe für seine Wohnung. Die Originale waren für ihn unerschwinglich, die Nachbauten erschienen ihm von schlechter Qualität und überteuert. Altberliner Messinglampen bestehen aus ein paar Rohren, ein paar Scharnieren und Spann-schnüren, einem oder mehreren Keramikschirmen, einer oder mehreren Fassungen, dem Stromkabel und dem Schalter. Das war es. Einen Designklassiker nach einem alten Foto nachzubauen, kann nicht allzu schwer sein, dachte sich der gebürtige Franke. Und siehe da: Die nötigen Teile ließen sich selbst als Einzelstücke leicht und günstig im Internet bestellen. Ein paar Wochen später war die erste Lampe Marke Bornemann produziert – und die Idee für ein berufliches Experiment geboren, das der Mann mit den dichten grauen Haaren auf folgende Fragestellung bringt: »Kann man in Deutschland davon leben, mit guter Handarbeit ein solides und schönes Traditionsprodukt herzustellen und das im eigenen Laden zu vertreiben?« 2008 steht fest: Man kann sehr gut. Zumindest wenn man die Sache so angeht wie Olaf Bornemann.

Ein gutes Jahr hat er gebraucht, um seine autodidaktischen Bastelfertigkeiten auf professionelles Niveau zu heben. In die erste Lampe musste er ein paar Tage Handarbeit investieren. Heute beträgt die Produktionszeit ein bis zwei Stunden. Dutzende seiner Leuchten aus der Zeit nach der Jahrhundertwende hängen zur Anschauung in seinem Laden, der weder chaotisch noch glatt wirkt. 80 Euro kostet eine Schreibtischleuchte mit dunkelgrünem Glasschirm und dem Namen »Bankier«. Eine solide Stehlampe ist für rund 250 Euro zu haben. Bornemann berät freundlich und zurückhaltend. Und er arbeitet nur auf Bestellung. Der Käufer ordert und bezahlt. Am nächsten Tag kann er seine Lampe abholen oder gegen einen Zehner oder Zwanziger zusätzlich gleich vom Hersteller persönlich aufhängen lassen. Ein gutes Geschäft für alle Beteiligten. Das begreift man, wenn der Chef über seine Manufaktur redet: »Mindestens die Hälfte meiner Kunden sind junge Familien aus dem Viertel, die ihre Ikea-Leuchten aus der Studienzeit aussortieren«, sagt der Lampenbauer. 300 Euro für eine Nachttischleute – mindestens soviel würde das antike Original kosten – sind an der Eingangsschwelle zum bürgerlichen Lebensstil nicht drin. Bornemann macht dennoch seinen Schnitt. Die Geschäftskalkulation ist simpel und der Manufakteur legt sie ohne eine Sekunde zu zögern offen: »Ich rechne alle unsere Kosten für eine Lampe zusammen. Material, Arbeitsstunden, anteilig Miete, Berufsgenossenschaft, Honorar für Aushilfen und so weiter. Dann multipliziere ich mit 2,3.« Die Berliner Lampenmanufaktur produziert dennoch preiswert, denn sie kennt keinen Overhead, keine Vertriebskosten, keine gesonderte Händlerspanne, keine Transport- und Lagerkosten. Dafür kennt sie ihre Kunden fast immer persönlich. Und wenn ein Kunde einen Sonderwunsch hat – hier ein größerer Schirm, da den Arm etwas länger – ist das kein Problem. Es muss nicht einmal teurer werden als ein originalgetreuer Nachbau.

Über 90 Prozent der Produkte werden direkt im 30-Quadratmeter-Laden gehandelt. Die Kunden kaufen hier nicht nur Lampen, sondern ein Gefühl. Sie erwerben ein Produkt, das um die Jahrhundertwende in Berlin entworfen wurde, zum Stil ihrer Altbauwohnung aus der gleichen Epoche passt und heute von einem sympathischen Mann extra für sie angefertigt wird. Mit diesem regional verwurzelten Geschäftsmodell kann kein Art-Deco-Plagiat aus Vietnam konkurrieren. Zumindest nicht in einem Milieu von neubürgerlichen Konsumenten, die einen individuellen Lebensstil zu einem zentralen Bestandteil ihrer Identität gemacht haben.

Reich ist Bornemann bislang nicht geworden. Etwas über 1 000 Lampen verkauft er im Jahr. Ein Hotel, das dreißig Stück bestellt, gilt ihm als Großauftrag. Unter dem Strich kommt dabei raus: »Die Miete ist kein Problem, der Kühlschrank ist immer voll und in Urlaub fahren wir auch.« Mund-zu-Mund-Propaganda sorgt dafür, dass die Umsätze Jahr für Jahr ein Stück nach oben gehen. Aber Reichtum war ohnehin nie das Ziel. Wie so oft bei Eigenbau-Marken ist die Berliner Lampenmanufaktur das Ergebnis eines biografischen Befreiungsschlags. Die erste Lampe für den Eigenbedarf wies den Weg aus einem Angestelltendasein, in dem Olaf Bornemann zunehmend jene unangenehme Mischung aus Druck und Leere spürte, die so viele kennen.

Ursprünglich hat der Kleinunternehmer Jahrgang '58 Maurer gelernt. Dann begann eine klassische Fortbildungskarriere. Er hängte die Bautechniker-Schule an, bewies sich als fleißig wie zuverlässig und stieg auch ohne Abitur zum Bauleiter in einem größeren Ingenieursbüro auf. Zehn Jahre war er auf Großbaustellen in ganz Deutschland unterwegs. Das hat auch Spaß gemacht, am Anfang zumindest. Doch das Geschäft erschien ihm auch immer härter. Als Bauleiter stand er ständig zwischen irgendwelchen Fronten. Die Bauherren verlangten von ihm, bei den ausführenden Baufirmen möglichst viel Leistung für möglichst wenig Geld herauszuholen. Die Baufirmen wiederum versuchten, wann immer möglich, Zusatzkosten geltend zu machen. »Ich musste ständig aufpassen, dass mich nicht irgendeiner übers Ohr haut«, erinnert sich Bornemann. Und auch daran, dass es nicht jedes Wochenende zur Heimfahrt zur Familie reichte. »Wo ist da die Perspektive?«, fragte sich der Angestellte. »Und warum lasse ich eigentlich zu, dass mein Leben komplett fremdbestimmt ist?« Bornemann hat sich die Frage selbst beantwortet.

»Die meisten Menschen erleben ihre Erwerbsarbeit als milde Krankheit, als etwas, das man überlebt. Es ist ja schon Mittwoch, bis Freitag halte ich es gerade noch aus«, beobachtet Frithjof Bergmann, der in Sachsen geborene Vordenker von Formen neuer Arbeit, Professor für Philosophie an der Universität von Michigan, Ex-Fließbandarbeiter, Preisboxer und für zwei Jahre auch selbstversorgender Eremit in einer Waldhütte in New Hampshire. »Alle Arbeit prägt, besonders in unserer Kultur, in der Arbeit 90 Prozent vom Leben ist«, argumentiert Bergmann. »Wenn die Arbeit fürchterlich ist, verhunzt das den Menschen, ruiniert ihn, verkrüppelt ihn. Arbeit hat auch einen anderen Aspekt, der viel weniger gesehen wird: Arbeit, die man wirklich will, zu der man ja sagt, gibt einem Kraft. Das ist der Unterschied.«[1]

In deutschen Büros ist von dieser positiven Kraft nicht viel zu spüren. 17 Millionen Arbeitnehmer gehen jeden Morgen in »die Firma«. Dass sie ihren Arbeitsraum als Krisengebiet empfinden, kann man unter anderem an den Titeln der Bücher erkennen, die sie kaufen. Die lauten *Rache am Chef*, *Der Arschloch-Faktor* oder *Und morgen bringe ich ihn um*. Kooperation, Fairness und Kollegialität sind die Leitvokabeln einer proklamierten »Firmenkultur«. Nach oben kommt meist derjenige, der das Gegenteil praktiziert. Die *Wirtschaftswoche* fasst in einem »Überlebensführer« fürs Büro zusammen: »Diverse Management-Studien zeigen: Wer sich gegenüber Konkurrenten mittels subtiler Tricks und Seitenhiebe profiliert und ihre Schwächen gnadenlos ausnutzt, hat beim internen Postenwettbewerb oft die besseren Karten. Auch wenn keiner die Typen mag – die meisten Beschäftigten sehen im Narziss, im Egomanen, im Tyrannen nicht den psychisch deformierten, sondern vor allem eines: einen durchsetzungsstarken Boss. Und weil jeder solche Karrieren kennt, verfestigt sich das Klischee.«[2]

Serienheld Peter Stromberg liefert die Fernsehversion des Klischees und stellt treffsicher fest: »Büro ist wie unter lauter Haien schwimmen: Du brauchst nur einmal Nasenbluten kriegen, schon ist Feierabend.« Pointen wie diese zünden nur, wenn sie auf Wiedererkennung setzen können. Die *Stromberg*-Autoren scheinen da einen guten Realitätssinn zu haben. Darauf deuten zumindest zahlreiche Studien über die Zufriedenheit am Arbeitsplatz hin, zum Beispiel der DGB-Index Gute Arbeit. Die Definition der Gewerkschafter ist eingängig: »Gut ist eine Arbeit, die den Ansprüchen der Beschäftigten gerecht wird.« 6 000 Arbeitnehmer hat der DGB befragt. Nur 12 Prozent sind zufrieden mit ihrer Arbeit – einer unter acht Beschäftigten. Der Rest vermisst Wertschätzung und Kollegialität, sieht kaum berufliche Entwicklungschancen und fühlt sich von Vorgesetzten alleingelassen.[3]

Im Detail fällt die Bilanz der Studie so aus: 34 Prozent der Beschäftigten stufen ihre Arbeitssituation als schlecht ein. »Arbeitnehmerinnen und Arbeitnehmer, die dieser Gruppe angehören, haben in der Regel hohe Belastungen (wie Mangel an Respekt, körperliche Schwerarbeit, einseitige Belastungen oder emotionale Überforderung) auszuhalten, dabei aber kaum Entwicklungsmöglichkeiten in ihrer Arbeit«, heißt es im Text. Mehr als die Hälfte, nämlich 54 Prozent, bewerten ihre berufliche Lage als mittelmäßig. Auch hier haben die Forscher nach den Gründen gefragt: »Häufig sind den Einflussmöglichkeiten der Beschäftigten enge Grenzen gezogen, dafür sind sie etlichen belastenden körperlichen und emotionalen Anforderungen ausgesetzt. Die Arbeitsbedingungen bergen wenig Entwicklungs- und Lernförderliches, es fehlt an einem unterstützenden Führungsstil, die Einkommensbedingungen sind unzureichend, auch die Ungewissheit über ihre berufliche Zukunft belastet die Beschäftigten.« Nicht zuletzt: Selbst das Gros der mittelmäßig zufriedenen, also die Mehrheit der 54 Prozent, sieht sich deutlich dichter an der »schlechten Arbeit« als an der guten.

Wer unmotiviert ist, arbeitet schlechter, und bei der Motivation steht es ebenfalls nicht zum Besten in der deutschen Arbeitswelt. Eine Engagement-Studie des Marktforschungsunternehmens Gallup aus dem Jahr 2004 kommt zu dem Ergebnis, dass 87 Prozent der deutschen Beschäftigten keine echte Verpflichtung gegenüber ihrer Arbeit empfinden. 19 Prozent davon haben gar innerlich gekündigt. Im Umkehrschluss heißt das: Gerade einmal 13 Prozent der deutschen Arbeitnehmer fühlen sich ihrer Arbeit wirklich verbunden. Den gesamtwirtschaftlichen Schaden durch mangelnde Motivation beziffert Gallup mit 220 Milliarden Euro. Die Frustration schleicht sich aus zwei Richtungen an: Überforderung und Unterforderung. Für die Folgen permanenter Überforderung kennt die Medizin seit 1974 einen eingängigen Begriff. Damals nannte der Psychoanalytiker Herbert Freudenberger berufsbedingte chronische Erschöpfung erstmals »Burn-out-Syndrom«. Das Phänomen ist weithin bekannt, nicht nur bei Managern und Großkanzleianwälten mit 80-Stunden-Wochen. Zu den ausgebrannten Depressiven gehören Krankenschwestern wie Lehrer, Programmierer wie Journalisten und, siehe Sebastian Deisler oder Sven Hannahwald, auch hochbezahlte Sportler. Hohe Arbeitsbelastung spielt beim Burn-out-Syndrom natürlich eine wichtige Rolle. Aber nicht nur. »Oft führt die Kombination aus hohen Anforderungen und einem Mangel an Möglichkeiten, den Wechsel von Belastung und Entspannung selbst zu steuern, zum Burn-out. Man muss entscheiden können: Wann bin ich gefordert, wann bin ich überfordert?«, erklärt Götz Mundle, Ärztlicher Direktor der auf Burn-out-Patienten und Suchtkranke spezialisierten Oberbergkliniken.[4] Mit anderen Worten: Wer immer nach dem Takt tanzt, den andere vorgeben, läuft ein deutlich höheres Risiko, in der berufsbedingten Erschöpfungsdepression zu landen.

Auch das in Unternehmenshierarchien allgegenwärtige Statusdenken spielt in diesem Zusammenhang eine verheerende Rolle. Wenn der Status zum entscheidenden Ziel wird, schrumpft die Arbeit zu einem Mittel zum Zweck, den nächsthöheren Status zu erreichen. Wenn dann irgendwann die fällige Beförderung ausbleibt, wird die Arbeit zur sinnlosen Quälerei. Das heißt dann in der Folge: Wenn die Karriere ins Stocken gerät, geht die innere Kündigung fließend in Resignation, Selbstaufgabe, Zynismus und innere Leere über. Als Ausweg bleibt da oft nur die Reißleine.

Die *Süddeutsche Zeitung* beschwor schon 2006 das »Ende des Rattenrennens« und stellte fest: »Das Phänomen ›Downshifting‹ elektrisiert das Milieu der einstigen Karrieristen.«[5] Als Beleg diente den Autoren eine Reihe von ex-gestressten Erfolgsmenschen, die vom Porsche in den Kleinwagen umgestiegen sind und damit bestens fahren. Der Begriff »Downshifting« – also beruflich einen oder mehrere Gänge runterschalten – stammt vom irischen Wirtschaftswissenschaftler und Mitgründer der London Business School Charles B. Handy. Er meint damit ganz simpel: Auf Gehalt zugunsten von Freizeit verzichten. Ganz neu ist der Ursprungsgedanke freilich nicht. Diogenes, der Philosoph in der Tonne, sah mit Freude, wie viele Dinge es gab, die er nicht benötigte. Viele Alternativkulturen des 20. Jahrhunderts propagierten Askese als Weg zur Sinnentfaltung. Bei Downshifting geht es nicht um den radikalen Ausstieg im Hippiestil. Das Ziel ist der behutsame, ausbalancierte Rückzug aus übermäßigem Stress zugunsten von sinnstiftenden Tätigkeiten. Oft wird hinterher die berufliche Expertise dazu eingesetzt, weniger zermürbende und dafür erfüllendere Betätigungsfelder zu entwickeln (vgl. Kapitel 7.2).

Wer nicht rechtzeitig runterschaltet, wird krank. Das ist wörtlich gemeint. Die Krankenkassen beobachten seit Jahren, dass Krankschreibungen und Frühverrentungen wegen psychischer Erkrankungen massiv zunehmen. Nach einer Erhebung der DAK ist die »Zahl der Erkrankungsfälle« aus diesen Gründen zwischen 1997 und 2004 um 70 Prozent gestiegen. Fachleute schätzen, »dass psychische Erkrankungen bis zum Jahre 2020 die zweithäufigste Ursache für Arbeitsausfälle und verminderte Arbeitsfähigkeit sein werden«.[6] Die Endstation nennt man dann Frührente, und die ist nicht einmal der schlimmste der Fälle. In französischen Großkonzernen gab es 2007 eine Serie von Selbstmorden am Arbeitsplatz. Ein Renault-Mitarbeiter ertränkte sich gar im Teich auf dem Firmengelände. In Abschiedsbriefen machten die Opfer allesamt darauf aufmerksam, dass es überzogene Belastung, gemeine Chefs, Mobbing, fehlender Respekt und andere Arbeitsalltäglichkeiten waren, die sie in den Freitod trieben.

Soviel zum Thema Überforderung. Auch für das gegenteilige Phänomen – die vermutlich in deutschen Büros noch sehr viel weiter verbreitete Folter durch Langeweile, verbunden mit chronischer Unterforderung – gibt es mittlerweile ein griffiges Label. Es ist deutlich jünger als »Burn-out« und gleichzeitig der Titel eines Buches der beiden Schweizer Coaches Phillipe Rothlin und Peter R. Werder: *Diagnose Bore-out*.[7] Gemeint ist der Kollege, der den ganzen Tag seine Reise minutiös im Internet plant, aber stets ein minimiertes Excel-Sheet parat hat, das er großklicken kann, wenn der Chef reinkommt. Nicht gemeint sind fröhliche Drückeberger, die sich auf Kosten der Kollegen einen Lenz machen. Das Problem ist ein wenig komplexer, das Excel-Sheet oft tatsächlich fertig und der Lenz alles andere als angenehm. Burn-out ist in gewisser Form noch mit Prestige verbunden, nach dem Motto: Der hat einfach zu stark rangeklotzt. Bore-out ist der Burn-out der Kollegen, die erst gar nicht beachtet werden. Nach der aktuellen Erwerbstätigenbefragung der Bundesanstalt für Arbeitsschutz und des Bundesinstitutes für Berufsbildung fühlt sich jeder siebte Mitarbeiter in Deutschland systematisch unterfordert.[8] Anfangs mag sich Unterforderung ein bisschen nach Freiraum anfühlen. Als Dauerzustand macht auch sie krank und das hat plausible Gründe. Nichtstun geht einher mit dem Gefühl, überflüssig zu sein. Das ist an sich schon belastend. Hinzu kommt, dass Menschen mit Bore-out permanent dabei sind, ihre Unterforderung zu überspielen. Sie simulieren Arbeit, in der Angst aufzufliegen. Und natürlich haben sie häufig und zu Recht Angst um ihren Arbeitsplatz. Der Weg in den Bore-out folgt oft folgendem Muster: Unterforderte bitten darum, mehr und anspruchsvollere Aufgaben übertragen zu bekommen. Vielleicht bitten sie auch zweimal. Wenn nichts passiert, geraten sie immer stärker in eine psychologische Zwickmühle. Je länger das Wenigtun andauert, desto leichter kann ihnen daraus ein Strick gedreht werden. Was haben Sie eigentlich die ganze Zeit gemacht? Das Abstellgleis wird zur Abschussrampe in die berufliche Entsorgung. Hieraus wird leicht nachvollziehbar, warum die körperlichen Folgen von Bore-out oft die gleichen wie beim großen Bruder Burn-out sind. Depressionen, Schlaflosigkeit, Herzprobleme und Gewichtsverlust gehören zu den häufigsten und sie treten oft auch in gleicher Intensität auf wie bei der Erschöpfung durch Überlastung.

Burn- und Bore-out-Syndrom mögen als Extreme erscheinen. Aber die Dunkelziffer ist hoch. Ihre Vorstufen sind in den Büros so weit verbreitet wie mittelmäßiger Filterkaffee. Warum ist Arbeit in großen Organisationen so unerfreulich? Meist sind es gar nicht die vielen kleinen Ärgernisse, die das Arbeitsleben nun einmal notwendigerweise mit sich bringt, die so sehr frustrieren. Wirklich belastend ist das ständige Gefühl, nicht Herr seiner selbst zu sein und eigentlich nichts selbst entscheiden zu können. Es gilt der Satz von Tom Hodgkinson, Herausgeber des Magazins *The Idler* und Autor der *Anleitung zum Müßiggang*: »Trotz aller Versprechungen der modernen Gesellschaft, dem Menschen Freizeit, Freiheit und Selbstbestimmung zu schenken, sind die meisten von uns nach wie vor Sklaven eines Stundenplans, den wir uns nicht ausgesucht haben.«[9]

Die Modernisierung des Westens und der Wertewandel der Nachkriegszeit schlugen sich in einem veränderten Erziehungsideal nieder, dessen Spätfolgen Personalchefs erst allmählich, Werteforscher schon länger registrieren: Nicht erst seit 1968 wird das Erziehungsziel »Selbstständigkeit und freier Wille« immer wichtiger. Die Bedeutung von »Gehorsam und Unterordnung« war demgegenüber stark rückläufig.[10] Die Wirklichkeit in den Unternehmen entspricht nicht mehr dem Selbstbild des Personals und längst nicht den vollmundigen Job-Beschreibungen von Handlungsspielräumen, Entscheidungsbefugnissen oder gar Eigenverantwortung. Die aufstrebende Führungskraft möchte Verantwortung übernehmen. Verantwortung ist im Kontext großer Organisationen ein schwammiger Begriff. Realistisch betrachtet entscheidet kaum jemand etwas von Bedeutung. Selbst dann nicht, wenn es einmal möglich wäre. Die Organisations-Matrix verlangt nach Absicherung in alle Richtungen. Wer das missachtet, könnte der eigenen Karriere schaden. Das geht natürlich auf keinen Fall. Aber die wachsende Gratifikationslücke lässt die Arbeit in Hierarchien einer wachsenden Zahl von Menschen immer unattraktiver erscheinen.

»Ich kann doch heute weniger selbst entscheiden als meine Sekretärin vor zehn Jahren.« Mit diesem Satz kam der Geschäftsführer einer großen Tochter eines sehr großen Münchner Elektronik-Konzerns vor ein paar Monaten zu Michael Kroheck. Kroheck coacht Führungskräfte auf dem Weg in die Selbstständigkeit. Warum wollen Menschen, denen Arbeitgeber monatlich 15- oder 20- oder

30 000 Euro überweisen, selbstständig werden? »Weil sie gemerkt haben, dass die Spielregeln in Konzernen zum Selbstzweck geworden sind. Weil sie die Schnauze voll haben von Ränkespielen, deren einziges Ziel es ist, den eigenen Stuhl nach unten und nach oben zu verteidigen«, weiß der Berater Kroheck aus Dutzenden Gesprächen. Die Mehrzahl der Führungskräfte aus Unternehmen denken an Selbstständigkeit, wenn sie entlassen wurden und das Arbeitsamt ihnen sagt: »Für Menschen wie Sie können wir nichts tun. Sie sind leider überqualifiziert.«

Besonders bei den unfreiwillig Selbstständigen fällt Kroheck immer wieder auf: Wer zu lange in großen Untenehmen gearbeitet hat, weiß gar nicht mehr, was er eigentlich besonders gut kann. Was sind deine Stärken? Diese Frage stellt der Karlsruher Berater und Mitgründer des Selbstständigen-Vereins 20prozent e. V. – Gründungsziel: die Selbstständigenquote in Deutschland von heute 10 auf 20 Prozent im Jahr 2020 zu steigern – immer als erste. Die ehemaligen Festangestellten aus den mittleren und oberen Etagen der Unternehmen brauchen oft eine Woche, um die Frage für sich zu beantworten. Und kommen dann immer wieder mit Eigenschaftslisten, die auf jeden und niemanden zutreffen könnten.

Unter den Gründern sind ehemalige Führungskräfte bislang eine radikale Minderheit. Auch von ihren Subalternen, mittlere Angestellte, die mit anständigen Sozialleistungen, Urlaubs- und Weihnachtsgeld versehen unglücklich jeden morgen ins Büro pendeln, wagen wenige den Schritt in die Selbstständigkeit. Es ist wie im Film *Matrix*. Viele ahnen sehr wohl: Es gibt ein anderes, vermutlich freieres Leben da draußen, aber das wird überlagert von der Zweitrealität im Unternehmen. Vom warmen und dennoch unbequemen Plätzchen in der Zentrale aus scheint der Ort der freien Arbeit unendlich weit entfernt und unerreichbar. Sie finden einfach nicht den Ausweg aus der Matrix. Die Exit-Strategie, auf die sich die Sehnsüchte projizieren, bleibt verdammt langfristig und heißt Rente. Nicht einmal die ist mehr sicher und muss um das staatlich geförderte Präfix »Riester« ergänzt werden. Aber die Matrix selbst bekommt immer mehr Risse. Und immer mehr Insassen merken es.

Die auf Gegenseitigkeit beruhende Loyalität zwischen Arbeitgebern und Arbeitnehmern ist einseitig seitens der Arbeitgeber aufgekündigt worden. Soziologen registrieren einen bemerkenswerten Umbruch bei den Arbeitsbiografien: Auch auf bis dato gradlinige Karrieren in der Festanstellung lässt sich keine verlässliche Lebensplanung mehr aufbauen. Welche Sicherheit hat ein Angestellter eines großen Unternehmens heute, wenn ein Vorstand beschließt, dass sein Buchhaltungsjob in Prag deutlich günstiger einzukaufen ist? Drei Monate Vorwarnzeit und zwölf Monate Arbeitslosengeld I, für das er jahrelang teuer einzahlt. Schlimmstenfalls treffen der gescheiterte Angestellte und der gescheiterte Freiberufler sich bei ALG II, vulgo Hartz IV, im 13. Monat auf Augenhöhe wieder.

Schon 1970 hat der Organisationssoziologe Albert O. Hirschman darauf hingewiesen, dass es grundsätzlich nur drei Verhaltensmöglichkeiten in Organisationen gibt, die sich im Niedergang befinden: *Exit, Voice and Loyalty*.[11] Da Loyalität kaum mehr belohnt wird, und auch das Aufbegehren in aller Regel nichts bringt, werden sich immer mehr Menschen für die Exit-Option entscheiden. Gerade ehrgeizige Talente, die irgendwo im Organigramm feststecken, werden wie Neo die blaue Pille schlucken und aus der Matrix auschecken. Sie werden in einer kleinteilig organisierten, kooperativen Ökonomie landen. Sie werden feststellen, dass auch dort nicht alles rosig ist, denn die Arbeit Marke Eigenbau hat mächtige Feinde. Aber sie werden davon profitieren, dass die Chancen, außerhab der Matrix zu reüssieren, in den letzten Jahrzehnten drastisch gestiegen sind.

2.2 Free Agent Nation: Selbstverwirklicht Geld verdienen

1956 veröffentlichte ein bis dato wenig bekannter Redakteur des US-amerikanischen Wirtschaftsmagazin *Fortune* ein großartiges Buch mit einem großartigen Titel. Der Autor hieß William Hollingworth Whyte, Jr. Der Titel machte über Nacht als geflügeltes

Wort Karriere: *The Organization Man*.[12] Whyte hatte erkannt, dass der Durchschnittsamerikaner der fünfziger Jahre so gar nichts mit den Pionieren der Gründerzeit – noch immer Vorbild des kollektiven Gedächtnisses – gemein hatte. Der Organization Man war der Antipode zum Selfmade Man; für ihn »galt der Unternehmer als egoistischer Typus, den die Gier antreibt und der im Grunde ein unglücklicher Mensch ist.«[13] Er selbst dagegen ignoriert, vergisst oder begräbt seine eigene Identität und seine eigenen Ziele und stellt seine ganze Kraft in den Dienst einer großen Organisation, die ihn zum Dank für seine bedingungslose Unterordnung mit einem festen Platz in der Welt belohnt. Der Organization Man gehorcht für Whyte einer Sozialethik, einer säkularen Religion, in der die Organisation das Glaubenszentrum bildet. Sein Arbeitskatechismus sagt, dass Loyalität mit Loyalität belohnt wird, dass Zugehörigkeit wichtiger ist als Selbstdarstellung und Gruppenharmonie wichtiger als eigenständiges Denken. Das Schlimmste an all dem war für Whyte, dass der Organization Man seine Unterordnung nicht als notwendiges Übel versteht, das finanzielle Stabilität ermöglicht. Der Organization Man hält sie für die (einzig) richtige und ehrbare Art zu leben.[14]

Durch die Flure der noch intakten Deutschland AG dürften anteilig noch mehr Organisationsmenschen (in der überragenden Mehrzahl tatsächlich Männer) gelaufen sein als durch die Flure von Corporate America. Und es gibt noch immer genug von ihnen. Aber auch am Heer der deutschen Angestellten ist die Individualisierung in der zweiten Hälfte des 20. Jahrhunderts nicht spurlos vorübergegangen, zumindest was sein Selbstbild und sein Werteset anbetrifft. Der FAZ-Redakteur Jürgen Kaube hat für den zeitgenössischen Typus von Hans Mustermann einen schönen Begriff gefunden: »Otto Normalabweichler«[15]. Kaube wendet die Individualisierungstheorien von Ulrich Beck ins Konkrete und kommt zu dem Schluss, dass es den »Otto Normalverbraucher« nicht mehr gibt. Und auch die »Otto Normalfamilie« und den »Otto Normalwähler« nicht. Früher konnte man aus wenigen Merkmalen eines Bürgers noch recht zuverlässige Schlüsse auf seine Weltanschauung und sein Verhalten ziehen. Zwischen Beruf und politischer

Einstellung, Religion, Familienstand und Freizeitverwendung hat es ziemlich enge und ziemlich stabile Beziehungen gegeben. »Heute ist das alles anders«, stellt Kaube fest.[16]

Das klingt nach einem großem Durcheinander der Lebensstile in den Büroetagen. In der Tat haben große Unternehmen heute Diversity-Beauftragte und drucken in ihre Jahresberichte, wie wichtig es dem Vorstand ist, dass sich im Unternehmen alle Facetten der Gesellschaft wiederfinden, denn nur so könne das Unternehmen künftig in Märkten erfolgreich sein, die ebenfalls immer diverser werden. Vermutlich ist die Toleranz von Arbeitgebern tatsächlich gewachsen, Abweichungen von sexuellen Durchschnittspräferenzen inklusive. Und die Pluralisierung der Lebensstile ist der Motor hinter dem Erfolg von Marken, die sich damit verbinden. In Weltanschauung, Freizeit und im Konsum ist es normal geworden, nicht dem Durchschnitt zu entsprechen. Nur ein Bereich des Lebens stemmt sich hartnäckig gegen die Individualisierung: die Arbeitsorganisation. Hier gilt immer noch flächendeckend das 9-to-5-Schema mit Anwesenheitspflicht in der Kernzeit. Gleitzeitarbeit ist da schon das maximale Zugeständnis, zu dem sich hiesige Unternehmen in der Lage sehen. Auch wenn der Umgangston in den Unternehmen lockerer geworden ist, bleibt Eigenverantwortung in einem umfassenden Sinn nach wie vor eine Ausnahmeerscheinung.

Zwar erreichen uns positive Signale aus Amerika. Dort hat Best Buy, das US-Pendant zu Media Markt, in seinem Hauptquartier bei Minneapolis ein mutiges Experiment gewagt und »ROWE« eingeführt. ROWE steht für »Result only work environment« und bedeutet, dass den 4000 Mitarbeitern freigestellt ist, wann, wo und so viel zu arbeiten, wie sie wollen – so lange sie ihre Aufgaben erledigen. Es gibt keinerlei Vereinbarungen über die Arbeitszeit mehr – in den USA passenderweise »Facetime« genannt –, Teams organisieren sich selbst, Mitarbeiter können von zu Hause aus oder per Laptop aus dem Café arbeiten. Die Ergebnisse sind bislang sehr ermutigend und die Mitarbeiterzufriedenheit ist deutlich gestiegen.[17]

Vielen geht diese Entwicklung aber zu langsam. Beziehungsweise: Sie haben keine Lust mehr, auf die Einsicht ihres Arbeitgebers zu hoffen, und nehmen ihr Schicksal selbst in die Hand. Daniel H. Pink, ehemaliger Redenschreiber für Al Gore hat ein Buch über die *Free Agent Nation* geschrieben, das diese Alternative systematisch erfasst. Es ist all jenen zu empfehlen, die sonntags spätestens um vier Uhr nachmittags diese unangenehme Mischung aus Melancholie und Übellaunigkeit befällt, die unzweifelhaft in engem Zusammenhang mit der Tatsache steht, dass man am nächsten Morgen spätestens um neun Uhr auf irgendeiner Matte zu stehen hat. *Free Agent Nation* erzählt davon, warum dieser Sonntagnachmittag-Blues »Free Agents« – also Selbstständige, Freiberufler, Solounternehmer, Minipreneure und Artverwandte – selten bis nie ergreift. Pink beschreibt eine Arbeitswelt, die auch bei uns öffentlich zu wenig wahrgenommen wird und die statistisch kaum erfasst ist. Wir nennen sie freie Arbeit. Sie gewinnt an Bedeutung, seitdem ein Schreibtisch, ein Stuhl und ein Computer die wichtigsten Produktionsmittel sind und es nicht mehr Kapitalisten vorbehalten ist, diese zu besitzen. Die Welt der freien Agenten ist bislang schlecht kartografiert, denn sie entwischt den Parametern, mit denen Statistiker für gewöhnlich arbeiten. Daniel Pink sieht das so: »Freie Agenten, und eigentlich arbeitende Menschen ganz allgemein, passen immer schlechter in die Kategorien Unternehmer und Angestellte. Freie Agenten sind weder Unternehmer noch Angestellte. Freie Agenten sind beides. Das mag sich nach einem seltsamen Zen-Spruch anhören, doch es ist ein zentrales Charakteristikum dieser neuen Ökonomie.«[18]

Die neue Ökonomie, die Pink beschreibt, ist Realität und hat nichts mit der ersten Internetblase zu tun. In Kalifornien, wo die Zukunft ein bisschen früher beginnt, haben bereits zwei von drei Arbeitnehmern etwas anderes als einen unbefristeten Vollzeit-Arbeitsvertrag mit Urlaubsanspruch, für den man jeden Morgen das eigene Haus verlässt. Alles Zeitarbeitssklaven, die keinen guten Job gefunden haben? Natürlich gibt es Prekarisierung von Arbeitsverhältnissen und sie ist ein Problem. Selbstständigkeit ist kein Allheilmittel für alle ökonomischen Lebenslagen und es gibt Menschen, die als Scheinselbstständige ausgebeutet werden. Doch viele Studien belegen, wie groß die Chancen selbstbestimmter Arbeit sind und zeigen die positiven Effekte für Ökonomie und Psychologie.

Für Deutschland sind die statistischen Lücken für freie Arbeit groß. Wir wissen: Die Zahl der Selbstständigen ist laut Statistischem Bundesamt in den letzten 15 Jahren um rund eine Million auf 4,5 Million gestiegen.[19] Die Selbstständigenquote liegt hierzulande bei knapp über 10 Prozent. Das ist im internationalen Vergleich unteres Drittel. Laut Gründerreport der Kreditanstalt für Wiederaufbau (KfW) machen sich jährlich gut 450 000 Menschen hauptberuflich selbstständig. Dennoch stagniert die Selbstständigenquote, weil ebenso viele Gründungen Pleite gehen. Darüber, wer wie gründet und welche Art von Unternehmen Bankrott anmelden, sagen diese Zahlen nichts aus. Immerhin stellt der KfW-Report qualitativ fest: »Tendenziell neigen Personen mit besseren formalen Qualifikationen und damit höherem Humankapital überdurchschnittlich stark zu Gründungen.« Doch viele freie Agenten werden von den Radarschirmen der Statistiker gar nicht erfasst, denn oft sind sie keine Gründer im juristischen Sinn. Sie gründen keine GmbH. Sie melden kein Gewerbe an. Sie fragen nicht bei Banken nach Krediten und schreiben sich auch nicht für ein Gründerseminar bei der örtlichen Handelskammer ein. Sie holen sich eine Umsatzsteuernummer (oder auch nicht), und los geht es.

Gründerberichte von Arbeitsagentur, DIHK oder KfW ignorieren weitgehend den Arzt, der die 36-Stunden-Schichten gestrichen satt hat, und künftig lieber für 600 bis 1200 Euro Tagessatz für eine Contract Research Organisation (CRO) Studien für die Arzneimittelzulassung durchführt. Die Statistik erfasst nicht den jungen Anwalt einer Großkanzlei, der nach ein paar Jahren merkt, dass 95 000 Euro Einstiegsgehalt gar nichts wert sind, wenn sich das »Bei-uns-lassen-sich-Beruf-und-Familie-sehr-wohl-verbinden«-Versprechen aus dem Vorstellungsgespräch wie erwartet als dreiste aber nicht justiziable Lüge entpuppt und er fortan lieber von zu Hause aus Schriftsätze für die völlig überlasteten Ex-Kollegen wegarbeitet. Und der selbst überrascht ist, dass er netto bei menschenwürdigen und selbstbestimmten Arbeitszeiten gar nicht schlechter dasteht. Und auch von der Grafikerin, die von den großen, tollen Werbeagenturen immer nur mit unbezahlten Praktika hingehalten wurde und plötzlich selbstbewusst genug ist, die eigene Arbeitskraft nur noch auf Tagessatzbasis zu verkaufen und dann mit fünf Buchungen im Monat bei niedrigen Fixkosten gut hinkommt, ist verdammt selten die Rede. Die Wirtschaftskammer Österreich hat bei diesen Fällen etwas genauer hingeschaut. Sie kommt zu dem Ergebnis, dass inzwischen jedes zweite Unternehmen im Land ein Ein-Personen-Unternehmen ist.[20]

Der Begriff »Gründung« ist in der Welt der freien Arbeit aber noch aus einem zweiten Grund irreführend. Er impliziert, dass Gründer traditionell möglichst schnell möglichst groß werden wollen und möglichst viele Angestellte haben, die abhängige Arbeit leisten. Das kann natürlich passieren, wenn es wider Erwarten zu gut läuft. Es wird aber die Ausnahme sein und auch nicht die Antriebsfeder der meisten freien Agenten. Auf die Größe kommt es an, aber eben auf die richtige. Nicht größer ist besser, besser ist besser. So lautet eine wichtige Grundregel der Free-Agent-Ökonomie. Wenn die halbwegs komfortable Existenz gesichert ist, wird Erfolg zu einer subjektiven Größe. Das heißt wir können selbst für uns entscheiden, was ökonomischer Erfolg bedeutet. Erfolg bedeutet neben Subsistenz eben vor allem auch Verfügung über freie Zeit.

Der erfolgreiche und damit zumeist gestresste Organisationsmensch hat seit einigen Jahren ein neues Mantra, und das heißt Work-Life-Balance. Da werden also zwei unterschiedliche Dinge miteinander ausbalanciert, die in ein Ungleichgewicht gerutscht sind. Viele freie Agenten haben sich für freie Arbeit entschieden, weil sie diesen Balance-Akt nicht hinbekommen und erkennen, dass dies unter gegebenen Umständen auch nicht möglich ist. Für viele besteht die Lösung gerade darin, dass sie die Trennung von Arbeit und Leben endlich aufheben können. Hier spielen mindestens zwei Faktoren eine wichtige Rolle. Erstens suchen sie sich ihre Arbeit selbst aus. In der Regel werden sie sich für die Aspekte ihres vermarktbaren Könnens entscheiden, die ihnen am sinnvollsten erscheinen – und damit ihrer Arbeit wiederum Sinn verleihen.

Sie arbeiten zweitens zu Hause oder möglichst nahe an ihrem Zuhause. Sie können sich ihr Büro selbst suchen und sparen damit die Stunde oder mehr, die sie zuvor in öffentlichen Verkehrsmitteln oder im Stau verbracht haben. Das ist Zeit, die für Familie oder Freunde zur Verfügung stehen kann. Oder für jede Form der Selbstverwirklichung. Dabei entdecken viele Kleinunternehmer auch das aus der Immigrantengastronomie bekannte Modell des Familienunternehmens wieder: Mutti kocht, Vati liefert, Sohn macht das Marketing online wie offline. (Siehe etwa die Delikatessenmanufaktur donfinesse.de.)

»Wenn die Arbeit sinnlos ist, nähert sich auch das Leben der Sinnlosigkeit.« Dieser Satz stammt von dem amerikanischen Sozialpsychologen Abraham H. Maslow.[21] Er schrieb ihn, nachdem er einen Sommer lang die Arbeit in einer Fabrik in Südkalifornien beobachtet hatte. Maslow entwickelte die Bedürfnispyramide, an deren Spitze die Selbstverwirklichung steht, nachdem Grundbedürfnisse, Sicherheit und Anerkennung gewährleistet sind (vgl. Kapitel 6.1). Die Kurzfassung von Maslows Arbeitstheorie liest sich so: Der Mensch kann sich mit Arbeit selbst verwirklichen, wenn er seine Talente voll einsetzen kann und dabei merkt, dass er sein persönliches Potenzial ausschöpfen kann. Damit wäre ziemlich genau beschrieben, was die meisten Gründer von Eigenbau-Marken auftreibt. Das heißt freilich nicht, dass Geld keine Rolle spielt. Natürlich wollen auch Freiberufler, Minipreneure, E-Lancer etc. anständig Geld verdienen. Mehrere Studien belegen, dass ihre Chancen, zu Millionären zu werden, viermal so hoch sind wie die von abhängig Beschäftigten.[22] Gleichzeitig belegen zahlreiche Studien: Geld ist dabei aber nicht der wichtigste Motivationsfaktor. Für neun von zehn Selbstständigen ist die wichtigste Triebfeder ihres ökonomischen Handelns, eigene Prioritäten zu setzen und unabhängig handeln zu können. Mindestens genauso viele Untersuchungen zeigen, dass Selbstständige mit ihrem Leben insgesamt zufriedener sind als Menschen in Arbeitsorganisationen.[23]

»Es gibt in Managementpositionen praktisch niemanden, für den Selbstverwirklichung kein Thema ist. Sehr viele hindert nur die Angst am Scheitern daran, den Absprung zu wagen.« Das sagt nicht Abraham Maslow, sondern Kerstin Franz. Kerstin Franz war Marketingleiterin bei BMW, bei Jaguar und beim Küchenhersteller Bulthaup. Auch sie hatte Angst, bevor sie sich an ihrem vierzigsten Geburtstag entschied, die Welt der Großorganisationen hinter sich zu lassen und aus ihrer Leidenschaft ein Geschäft zu machen. Die Leidenschaft heißt Schokolade, das Geschäft Schokoladen-Kontor, es befindet sich im Internet und in München. Auch Kerstin Franz traf bei Freunden und Familie auf viele Widerstände, als sie von ihrem Traum vom edlen Schokoladengeschäft mit Internet-Outlet erzählte. Insofern hatte sie Glück, als bei ihrem Plan wenigstens ein emotionales Produkt im Spiel war. Schokolade mag und versteht jeder. Banker zu Krediten zu überreden fiel ihr nicht schwer, denn Powerpoint-Präsentationen mit schlüssig wirkenden Zahlen gehören zu ihren erlernten Stärken. Im Nachsatz gibt Franz unumwunden zu, dass die Zahlen alle nicht eingetreten sind und der Erfolg deutlich länger auf sich warten ließ als vorhergesagt. Aber er kam, dosiert in kleinen Packungen, und damit auch das Gefühl, alles richtig gemacht zu haben mit der Selbstverwirklichung. Zwei Faktoren haben nach Franz' Selbsteinschätzung ihre Zufriedenheit mit Arbeit und Leben deutlich gesteigert. Zum einen die gute Stimmung im Geschäft. Kaum ein Kunde verlässt das Kontor ohne Lob. Für die gute Beratung, für die tollen Produkte, für die schöne Einrichtung oder für die geschmackvollen Verpackungen. Positives Feedback hat sie in ihren »verantwortlichen« Positionen nie bekommen. Zum zweiten seien die Stressspitzen aus ihrem Leben verschwunden. »Es fließt bei der Arbeit, und das macht glücklich«, sagt die Ex-Managerin. Der Verdacht liegt nahe: Der Flow, also nach Mihaly Csikszentmihalyi der Zustand, wenn alles um einen herum reibungslos funktioniert, wenn man selbstvergessen in eine Tätigkeit versunken ist und alles um sich herum vergisst, stellt sich leichter ein, wenn ein Mensch den Rhythmus seiner Arbeit selbst bestimmt.

Douglas Rushkoff mahnt in diesem Kontext in seinem Buch *Die neue Renaissance* an, dass der Faktor Spaß bei der Arbeit sträflich vernachlässigt wird: »Jede spielerische Herangehensweise entfacht unsere kreativen Kräfte, vereinfacht unsere Kommunikation, schafft eine Haltung des guten Willens und der Loyalität. Und trotzdem glauben wir immer noch, Spaß sei nicht vereinbar mit der Ernsthaftigkeit, mit der wir uns Geschäft und Beruf widmen zu müssen glauben.«[24] Das gilt zwar für Freiberufler und Festangestellte gleichermaßen. Der Gründer einer Eigenbau-Marke hat allerdings einen großen Vorteil: Er bestimmt selbst, welche »Firmenkultur« sein Kleinunternehmen künftig hat. Das garantiert vielleicht nicht jeden Tag beste Laune, bietet aber die Möglichkeit, Faktoren für schlechte Laune zu reduzieren. Gute Laune allein ist freilich kein Garant für hohe Motivation. Darauf legt Richard Sennett in seinem neuen Buch *Handwerk* besonderen Wert und beschreibt, wie sowohl der Sozialismus als auch der Konzernkapitalismus dabei scheitern, Menschen zur Arbeit zu motivieren: »Die moderne Welt kennt zwei Rezepte für die Weckung des Wunsches, hart und gut zu arbeiten. Das eine ist der moralische Imperativ, für das Wohl der Gemeinschaft zu arbeiten. Das zweite verweist auf den Wettbewerb. Es unterstellt, dass der Wettbewerb mit anderen dazu motiviere, eine gute Leistung zu bringen, und verspricht statt des Zusammenhaltes der Gemeinschaft individuelle Belohnungen. Beide Rezepte haben sich als unsicher erwiesen. In nackter Form dient keines von beiden dem handwerklichen Streben nach Qualität.«[25]

Sennett versteht dabei unter »Handwerkern« nicht nur Dachdecker, Elektriker oder Fliesenleger. Ausdrücke wie »handwerkliche Fertigkeiten« oder »handwerkliche Orientierung« ließen vielleicht an eine Lebensweise denken, die mit der Entstehung der Industriegesellschaft verschwunden sei. Doch das wäre aus Sicht Sennetts falsch, denn: »Sie verweisen auf ein dauerhaftes menschliches Grundstreben: den Wunsch, eine Arbeit um ihrer selbst willen gut zu machen. Und sie beschränken sich keineswegs auf den Bereich qualifizierter manueller Tätigkeiten. Fertigkeiten und Orientierungen dieser Art finden sich auch bei Programmierern, Ärzten und Künstlern.«[26] Die Triebfeder guter Arbeit ist gute Arbeit. Selbstbestimmte Arbeit um ihrer selbst willen gut zu machen, dürfte den meisten Menschen leichter fallen als Arbeit, die in einem engen Korsett hierarchischer Befehlsstruktur und unter ständiger und direkter Kontrolle geleistet werden muss. Genau hier liegt einer der wichtigsten Motivationsfaktoren für freie Arbeit. Daniel Pink ermittelte in hunderten Gesprächen mit freien Agenten vier Kategorien, mit denen Freiberufler begründen, warum sie frei arbeiten:

1. Der Wunsch nach Freiheit. 2. Der Wunsch, man selbst sein zu können, also nicht nur im Privaten, sondern auch bei der Arbeit authentisch zu handeln. 3. Der Wunsch, tatsächlich die Verantwortung zu tragen. Das bedeutet, die Früchte der eigenen Leistung selbst ernten zu können und natürlich auch für die Folgen eigener Fehler zu haften. 4. Die Möglichkeit selbst zu definieren, was Erfolg eigentlich bedeutet.[27]

Viele Selbstständige haben subjektiv den Eindruck, dass sie vieles davon erreichen. Die Zeitschrift *stern* befragte Anfang 2008 für ein Titelthema zu Selbstständigkeit in Deutschland hundert Freiberufler nach ihren Zielen und Erfahrungen. Das Ergebnis der Recherche: »Die Selbstständigen arbeiten länger als Festangestellte, ihre Einkommen klaffen weiter auseinander, sie gehen höhere Risiken ein – und sind trotzdem glücklicher.«[28] Wissenschaftlich fundierter kommt eine Befragung der Universität München zu folgendem Schluss: Auf einer Skala von eins (sehr unzufrieden) bis fünf (sehr zufrieden) machten tausend Freiberufler ihr Kreuz beim Durchschnittswert 3,96. Überwältigende 96 Prozent würden den Weg in die Selbstständigkeit wieder gehen.[29] Zur Erinnerung: Bei den Festangestellten sind 12 Prozent zufrieden mit ihrem Job.

2.3 Coworking SOHOs: Risikomanagement in der neuen Arbeitswelt

Der Nachteil an der Chance ist das Risiko. Da macht freie Arbeit leider keine Ausnahme. Die Angst vor Unsicherheit ist für viele, die über die Gründung einer Eigenbau-Marke nachdenken, eine der größten Hürden. Dafür gibt es gute Gründe. Die Schätzungen, wie viele Unternehmensgründungen scheitern, variieren zwischen 30 und 80 Prozent. Dennoch gibt es an dieser Stelle ein paar Dinge zu relativieren. Zunächst einmal gibt es für denjenigen, der etwas kann, fast immer einen Weg zurück in die Festanstellung. Denn auch Personalchefs haben erkannt, dass eine Zeit als Selbstständiger nicht zwingend schlecht für den Lebenslauf sein muss. Zum zweiten wird Unsicherheit vor allem dann unkontrollierbar, wenn sich ein freier Agent auf einen einzigen Auftraggeber konzentriert. Erfolgreiche Freiberufler arbeiten systematisch darauf hin, sich ein Portfolio verschiedener Stammkunden zu schaffen. Gelingt dies, kann eine freiberufliche Existenz deutlich sicherer sein als die vermeintlich sichere Festanstellung.

»Zwanzigjährigen muss man heute ohnehin nicht mehr erzählen, dass sie keine Stelle auf Lebenszeit bekommen«, weiß der Publizist Peter Felixberger aus zahlreichen Beratungsgesprächen mit Schülern und Studenten. Die heute 35- bis 45-Jährigen waren vermutlich die letzten, die mit dieser Vorstellung sozialisiert wurden und haben jetzt Mühe, sich von ihr zu verabschieden. Oft wird dabei vergessen, dass der »brüchige« Lebenslauf zum Kapital werden kann, denn er signalisiert: Dieser Mensch kann Verschiedenes und ist tatsächlich flexibel, also genau das, wonach viele Arbeitgeber suchen. Das Portfolio beschränkt sich in diesem Sinne nicht nur auf den Versuch, verschiedene Auftraggeber zu Stammkunden zu machen, sondern beinhaltet auch die Fähigkeit, mit verschiedenen Tätigkeiten Geld zu verdienen. Morgens Reisebüro, mittags Kinderbetreuung, abends Schmuck-Design kann ein sehr erfüllendes Berufsbild sein.

Historisch gesehen waren Formen der schweifenden Existenzsicherung ohnehin lange Zeit verbreitet, bevor die Industrialisierung die Menschen in feste Berufe auf Lebenszeit zwang. Der britische Wirtschafts- und Sozialphilosoph Charles Handy nannte diese Lebensform, von der er schon 1995 überzeugt war, dass ihr die Zukunft gehört, »Portfolio life«, um deutlich zu machen, dass sie ein breites Spektrum abdeckt ohne einem klassischen Karrierepfad zu folgen. Die räumliche Organisation des Portfolio-Lebens erinnert ihn an seine Jugend in einem irischen Dorf: »Ich kannte niemanden, der zur Arbeit in ein Büro ging. Die Bauern arbeiteten auf dem Feld, Ärzte hatten ihr Behandlungszimmer in einem Zimmer zur Straße, Krämer ihre Wohnung über dem Geschäft, Lehrer lebten in der Schule, Pastoren wie mein Vater im Pfarrhaus. Heimstatt und Arbeitplatz, Karriere und Hobby, Kollegen und Freunde, alles fiel zusammen.«[30] Charles Sabel und Michael Priore steuern wirtschaftsgeschichtliche Empirie zum stabilisierenden Wesen der Hauswirtschaft bei: »Sogar die spezialisierten Schuhmacher in Lowell, Massachusetts, arbeiteten im frühen 19. Jahrhundert noch zu Hause, wo sie zugleich auch einen erheblichen Anteil ihrer Nahrungsmittel und Kleidung erzeugten. Auch in der schlimmsten Wirtschaftsdepression, in der die Nachfrage nach Schuhen so stark zurückging, dass Schuhmachermeister ›arbeitslos‹ waren, konnte sich der Haushalt noch immer der Landwirtschaft, dem Spinnen, Weben und Instandsetzungsarbeiten zuwenden.«[31]

Paradoxerweise sind es gerade die moderne Technik und das Internet, die uns dieser idyllischen Lebensform wieder ein gutes Stück näherbringen, indem sie die Handlungsspielräume erweitern, die Ortsbindung von Beruf und Arbeit aufheben und lukrative Nebenerwerbsquellen erschließen. Man könnte das Lebensmodell auch ganzheitlich nennen, wenn das nicht so esoterisch klänge. Fest steht jedenfalls, dass es uns zu kompletteren Menschen macht, wenn wir das Portfolio unserer Neigungen, Begabungen und versteckten Talente ausleben und bei Gelegenheit professionalisieren, anstatt diese einem einzigen Beruf und einer Karriere unterzuordnen.

Es gibt neben der Überbewertung von Unsicherheit noch weitere falsche Vorstellungen über freiberufliches Arbeiten, die sich in der Welt der Angestellten hartnäckig halten. Letztere glauben, dass die Arbeit der anderen ein unerbittlicher Kampf aller gegen alle ist. In freier Arbeit sehen sie einen extrem belastenden Gegenentwurf zur Teamarbeit, die große Organisationen in der Regel als Arbeitsstil propagieren. Natürlich gibt es Konkurrenz. Wir reden hier von Marktwirtschaft. Doch die meisten Freiberufler haben längst verstanden, dass sich in Netzwerken Wertschöpfung hervorragend organisieren lässt. Die meisten Jobs bekommen Freiberufler und Organisationen über persönliche Kontakte. Das weiß die Arbeitssoziologie spätestens seit der richtungsweisenden Studie von Mark Granovetter aus dem Jahr 1974.[32] Eine aktuelle Untersuchung der Unternehmensberatung Vend Consulting kommt zu vergleichbaren Ergebnissen für IT-Freiberufler.[33] Die Studie betont zudem die wachsende Bedeutung von Netzwerkplattformen bei der Auftragsakquise. Es ist gelebte Erfahrung unter Freiberuflern: Unterhalb der Konkurrenzebene hat sich herumgesprochen, dass reziproker Altruismus allen nützt. Oder etwas klarer formuliert: Ich reiche dir einen Job weiter, den ich gerade nicht erledigen kann, weil ich weiß, dass es beim nächsten Mal anders herum laufen wird. Es gibt sehr wohl kollegiale Kollegen in der Arbeitswelt des Eigenbaus. Das sind diejenigen, die ungefähr das Gleiche machen – und oft komplementäre Kompetenzen haben. Organigramme zeigen, wie sich freie Arbeit organisiert: Diese sind nur nicht vertikal nach den Prinzipien der Weisungsbefugnis strukturiert, sondern horizontal. Jeder Geschäftsführer einer Eigenbau-Marke hat sein eigenes Organigramm, in dem sich alle Kontakte wiederfinden, die er für seinen Geschäftsbetrieb braucht. Einige sitzen in Organisationen. Viele, oft die wichtigeren, Kontakte sind freie Kollegen, also diejenigen, von denen die Organisations-Menschen glauben, dass sie natürliche Feinde sein müssten. Das Organigramm des freien Arbeiters ist zudem extrem flexibel. Denn natürlich kennt die freie Arbeitswelt sehr wohl Hierarchien: für einzelne Aufträge oder für einzelne Projekte. Viele freie Jobs werden von Freiberuflern arbeitsteilig zerlegt. Wer den Auftrag an Land zieht, hat dann in der Regel die Federführung.

Ein Beispiel aus der Wissensgesellschaft: Ein Medienberater unterstützt Konzerne bei moderierten Chats für interne Kommunikation. Ein Freund von ihm, von Haus aus Programmierer, hat die passende Software geschrieben. Organisiert der Berater einen Chat für Kunden, kauft er in der Regel die Software und technische Kompetenz des Programmierers ein. Der hat aber auch eigene Kunden, die oft eher in den IT-Abteilungen sitzen. Auch bei diesen Chats sind immer wieder Moderatoren gefragt. Für den Fall kauft der Programmierer immer wieder den Medienberater ein. Der Tagessatz kann abhängig vom Budget des Auftrags variieren, aber da beide Seiten immer mit offenen Karten spielen, gab es bislang nie Konflikte.

Die Loyalität ist aus der Welt der Eigenbau-Marken nicht verschwunden. Das Gegenteil ist der Fall. Sie besteht nur nicht gegenüber einer Organisation, die Sicherheit suggeriert. Oder gegenüber einem Chef, der das eigene berufliche Fortkommen befördern könnte. Loyalität wirkt in der Welt der freien Arbeit horizontal in das eigene Netzwerk hinein, in Richtung von Projekten oder Kunden, die fair sind und mit denen sich gut zusammenarbeiten lässt, auch gegenüber Ex-Kollegen oder Organisations-Menschen, die einem in der Phase der Existenzgründung einen lukrativen Auftrag zugeschustert haben. Für Daniel Pink resultiert aus diesem Loyalitäts-Geflecht eine zumindest in der Breite bislang neue Form eines Sozialvertrags: »Der freie Agent stellt Talent zur Verfügung (Produkte, Dienstleistung, Beratung) und bekommt dafür Chance (Geld, Erfahrung, Verbindungen).«[34] Dieser Sozialvertrag führe in der Praxis nicht zur Verrohung der Arbeitssitten in einem Kampf jeder gegen jeden, sondern dazu, dass sich die freien Agenten der Eigenbau-Arbeitswelt ziemlich gut benehmen. Ausnahmen freilich eingeschlossen. Dabei sind sie oft gar nicht so einsam, wie die Organisations-Arbeiter gerne denken.

Freiberufler kämpfen ständig gegen ihre Isolation. Die meisten Vorurteile haben einen wahren Kern. So auch dieses. Zunächst gilt festzuhalten, dass eine gewisse Abgeschiedenheit für das Arbeiten manchmal gar nicht so schlecht ist. Zahlreiche Studien belegen, dass Büroarbeiter vor lauter Ablenkung, mal willkommen mal nicht willkommen, kaum noch effizient arbeiten können. Sehr genau hingeschaut hat ein Team von Computerwissenschaftlern der University of California in Irvine unter Führung von Gloria Mark. »Examining the Nature of Fragmented Work« lautete ihre selbst gestellte Aufgabe. Das Team schaute 24 Angestellten aller Hierarchiestufen einer Hightech-Firma an der Westküste vom Hochfahren des Computers bis zum Verlassen des Firmengebäudes jede Minute über die Schulter.[35] Gegen den fragmentierten Arbeitsalltag der 24 Probanden erinnert das Arbeitsleben von Charlie Chaplins Fließbandhelden im Filmklassiker *Moderne Zei-*

ten an einen erholsamen Spaziergang. Elf Minuten konnten sich die Wissensarbeiter im Schnitt mit einer Aufgabe beschäftigen, bevor ihre Aufmerksamkeit durch einen Anruf, eine Mail, eine Nachricht im Instant Messenger oder einen anklopfenden Kollegen zwangsweise einem anderen Thema zugeführt wurde. Dann dauerte es durchschnittlich 25 Minuten, bevor sie sich wieder der alten Aufgabe widmen konnten. Die Gedanken erneut zu sammeln dauerte im Schnitt acht Minuten. Unter dem Strich heißt das: drei Minuten bis zur nächsten Unterbrechung. Effizienz geht anders, und hierin liegt ja gerade einer der Wettbewerbsvorteile von freien Agenten, die nicht in die Kommunikationszwänge der Organisationen eingebunden sind. Weil sich die Organisation ständig kommunikativ um sich selbst dreht, braucht sie Leute von außen, die endlich die Arbeit erledigen. Abgeschiedenheit, die der Konzentration der Solisten dient, ist damit zum Teil gewollt und oft Voraussetzung für Leistung. Freiberufler werden ja in aller Regel nach Ergebnis bezahlt und nicht nach Zeit wie abhängig Beschäftigte.

Das heißt nicht, dass Einsamkeit in SOHO-Land – dem Land der Small Offices/Home Offices – nicht tatsächlich eine Belastung sein kann und vielfach auch ist. Aber auch hier gibt es Lösungen. Die erste und für viele die wichtigste heißt: gemeinsame Mittagspause beim 5-Euro-Lunch. Das mag nicht besonders originell sein, wird aber sehr oft praktiziert. Man geht, weil man Hunger hat. Und man kommt mit einem neuen Kontakt oder einer neuen Idee oder beidem zurück nach SOHO. Zum zweiten entscheidet der Chef der Eigenbau-Marke selbst, mit wem er essen geht. Wer die Gespräche an den Tischen der deutschen Unternehmenskantinen täglich durchmacht, mag selbst einschätzen, wie dieser Hinweis einzuordnen ist. Freie Zeit-, Orts- und Gesprächspartnerwahl gilt übrigens auch für die Kaffeepause, die freie Agenten gerne dort machen, wo es freien WLAN-Zugang gibt. Das Berliner Café-Restaurant St. Oberholz hat als kommunikativer Hub der digitalen Bohème nationale Aufmerksamkeit auf sich gezogen. Vergleichbare Orte, in denen sich digital vernetzt arbeitende Freiberufler zum hybriden Arbeitsplausch treffen, gibt es mittlerweile in jeder größeren Stadt. Mit dem Preisverfall von UMTS-Zugängen dürfte die Laptop-Dichte bald auch in Parks deutlich zunehmen. Es soll Menschen geben, die bei gutem Wetter im Grünen besser denken können als zwischen Betonwänden.

Das sind die kleinen Fluchten aus der Einsamkeit, die die Individualisierung der Arbeit mit sich bringen kann. Die große Lösung hat – wie sollte es anders sein – einen englischen Namen: Coworking Space. Zugegeben, die Idee der Bürogemeinschaft ist nicht brandneu. Doch neu sind Dimension und Systematik. Auf Websites wie coworking.pwiki.com treffen sich Menschen, die vom Schreibtisch im eigenen Wohnzimmer genug haben, um sich gemeinsam auf die Suche nach einem geeigneten Raum zu begeben. Sie entwickeln die Idee der Bürogemeinschaft grundlegend weiter. Coworking Spaces sind mehr als der Versuch, gemeinsam zu mieten, weil das pro Quadratmeter günstiger wird. Das natürlich auch. Doch Coworking Spaces sind Arbeitsraum, Sozialraum, Kontaktraum, Wirtschaftsraum, Informationsraum, Spielraum, Entwicklungsraum, Besprechungsraum, Großraum, Ideenraum, Veranstaltungsraum, Schauraum in einem. So steht es zumindest auf der Website der Berliner Goldleistenfabrik, einem Verein mit zwei angemieteten Fabriketagen im Bezirk Weissensee.

Ein Schreibtischarbeitsplatz in der Goldleistenfabrik kostet 80 Euro im Monat, ein Einzelbüro 150, Internet und nationale Telefon-Flat inklusive. Es gibt den obligatorischen Kicker und die anständige Espresso-Maschine und Sofas zum Lümmeln. So weit, so normal. Die Kündigungsfristen sind mit zwei Monaten auf große Flexibilität für alle Beteiligten ausgelegt. Der vermietende Verein leistet sich den Luxus, selbst zu entscheiden, wer hier arbeiten darf. Bei der Auswahl achtet der Vorstand unter Führung von Tina Tacke darauf, »dass die Mischung stimmt«. Die Mischung stimmt, wenn sich die rund vierzig Mieter »in ihren Kompetenzen und Geschäftsmodellen gegenseitig ergänzen«. Das heißt, wenn sie voneinander profitieren können. In der Weissenseer Ex-Fabrik haben Kunsthandwerker ihre Schreibtische neben Modeleuten, neben freien Werbern, neben Webdesignern, neben Journalisten, neben Coaches, neben Webshop-Gründern. Es mag den einen oder anderen überraschen, aber Synergien gibt es tatsächlich. Über sie wird nicht nur im Vorfeld von Konzernfusionen geschwafelt. Die Self-Hubs in London, Brüssel, Mumbai, Sao Paolo und Berlin denken die Idee vom flexiblen gemeinschaftlichen Arbeiten noch einen Schritt weiter. In den Gründerzentren kann man tageweise Schreibtische mieten. Oder für eine kleine monatliche Pauschale – wie im Fitness-Studio – auf einen begrenzten Schreibtischpool zurückgreifen. Ist gerade keiner frei, bietet die Café-Lounge Platz für Gespräche mit anderen Gründern. Und jede Menge Raum für neue Ideen, gemeinsam Geld zu verdienen. Oder die Welt sonstwie nach vorne zu bringen.

2.4 Volks-Entrepreneurship: Das globalisierte Individuum

Der große Angstgegner vieler Mitteleuropäer trägt nach wie vor den Namen Globalisierung. Doch für Menschen, die selbstbestimmt arbeiten wollen, ist Globalisierung ein Freund und Helfer. Günter Faltin, Professor für Wirtschaftspädagogik und Entrepreneurship an der Freien Universität Berlin, illustriert das an folgendem Beispiel: Wenn vor wenigen Jahrzehnten ein deutscher Kaufmann ägyptische Baumwolle kaufen wollte, musste er nach Kairo fahren. Oder eine Person seines Vertrauens finden, die die Qualität der Ware vor Ort prüft. Dann musste er die Bezahlung organisieren, den Transport, die Zollangelegenheiten bei Ausfuhr und Einfuhr – und hoffen, dass die Baumwolle tatsächlich der Bestellung entsprach. Die Einfuhr von Baumwolle aus Ägypten war ein mühsamer Prozess mit vielen Risiken, den deshalb nur spezialisierte Unternehmen ökonomisch sinnvoll abwickeln konnten, die Erfahrung auf diesem Gebiet hatten. Um im internationalen Handel erfolgreich mitspielen zu können, war zudem erhebliches Kapital notwendig. Das bekam, zumindest von Banken, nur, wer über Expertise im Baumwoll-Handelsmarkt verfügte.

Nun wäre es heute ohnehin deutlich einfacher und günstiger, nach Kairo zu reisen, um Ware vor Ort zu prüfen, als noch vor 15 Jahren. Oder nach Bangkok. Oder nach Shanghai. Oder an fast jeden anderen Ort der Welt, an dem in größerem Stil Handel betrieben wird. Low-Cost-Airlines, Billighotels und günstige Mietwagenflotten machen die Geschäftsreise für jedermann erschwinglich. Nur: Heute muss ein Einzelunternehmer gar nicht mehr reisen, wenn er Baumwolle kaufen möchte. Er kann einfach einen »Cotton-Contract« an der Warenbörse in Chicago kaufen. Der Kontrakt definiert genau Menge, Qualitätsstufe und Lieferbedingungen. Globale Logistik-Unternehmen sorgen für problemlosen Transport und die Zollabwicklung. Der Zahlungsverkehr ist mit drei Klicks geregelt. Und das Beste: Man kann sich zu annähernd 100 Prozent darauf verlassen, dass nichts schiefgeht. »Damit, und das ist das Entscheidende, hat auch ein Gründer Zugang zum gleichen Markt und zwar praktisch zu den gleichen Bedingungen wie die großen Unternehmen«, resümiert Günter Faltin. Und propagiert in seinem Labor für Entrepreneurship eine einfache wie bestechende Gründerlehre. Baue dein Unternehmen auf einer guten Idee. Und lagere (fast) alle Prozessschritte, die zur Umsetzung nötig sind, an spezialisierte Dienstleister aus. Man könnte diesen Prozess »modulares Gründen« nennen.

Das ist bei Professor Faltin mehr als Theorie. Bereits vor zwanzig Jahren trat er den Praxisbeweis an und gründete aus dem Homeoffice heraus die Firma Teekampagne. Auch deren Geschäftsmodell basierte auf einer sehr einfachen Idee: Tee ist in Erzeugerländern sehr billig und in Europa sehr teuer. Faltin kaufte Darjeeling-Tee in bester Qualität in großer Menge ein und vertrieb ihn ohne Zwischenhandel direkt in großen 1-Kilo-Packungen an Verbraucher, die nur teure 50- oder 100-Gramm-Packungen aus dem Laden kannten. Trotz anständiger Marge konnte die Teekampagne Darjeeling zu unschlagbar günstigem Preis anbieten. Sie ist heute der größte Einzelabnehmer von Darjeeling-Tee weltweit – größer als Lipton oder Unilever und all die anderen – und mit Abstand das größte Teeversandhaus in Deutschland. 2007 verkaufte das Unternehmen 420 000 Kilo seines einzigen Produktes. Derweil kommt es mit einem guten Dutzend Mitarbeitern aus. Und heute wäre es noch sehr viel leichter, eine vergleichbar gute Idee umzusetzen. Als Faltin anfing, gab es noch kein Internet, um das gute Angebot viral bekannt zu machen. Die Zahlung erfolgte oft über zugeschickte Schecks. Und es gab auch noch keine Callcenter, die auf Auftragsannahme von kleineren Firmenkunden spezialisiert waren.

Wie flach die Welt geworden ist, weiß der *New York Times*-Kolumnist Thomas L. Friedman seit einem Interview mit einem indischen Manager vom IT-Lösungsanbieter Infosys. Der sagte ihm den schönen Satz ins Diktiergerät: »The playing field is being leveled.« Will heißen: Das ökonomische Spielfeld ist nicht mehr abschüssig und alle Spieler haben plötzlich vergleichbare Vorraussetzungen für ökonomischen Erfolg. Friedman beschreibt in seinem Weltbestseller *Die Welt ist flach*, wie es wachsende Unternehmen in Indien und China verstehen, die Chancen der flachen Welt zu nutzen.[36] Er beschreibt auch den Aufstieg von »super-empowered« Individuen vom Schlage Bill Gates oder auch Osama Bin Ladens, die neue Spielregeln globalen Handelns – auf ihre höchst unterschiedliche Weise natürlich – zum eigenen Vorteil entdecken. Man muss Friedmans Euphorie mit ein wenig Vorsicht betrachten und nach den faktischen Barrieren und sozialen Zugangsvoraussetzungen zum Weltmarkt fragen. Es überrascht aber eher, wie wenig bei Friedman darüber zu lesen ist, dass nicht nur das kreative und unternehmerisch veranlagte Individuum in Bangalore profitiert, sondern auch das in Seattle, Kopenhagen oder Rengsdorf im Westerwald.

Heute können alle Gründer mit einer guten Idee auf ein enorm gewachsenes Angebot an arbeitsteilig organisierten Dienstleistern zugreifen. Märkte sind transparent geworden und die einzelnen Glieder von Wertschöpfungsketten so standardisiert, dass sie der kreative Unternehmer weitgehend problemlos neu zusammensetzen kann. Aus der Prozessinnovation kann er dann Mehrwert schöpfen, wie Rafael Kugel, ein Schüler von Günter Faltin, der das Teekampagnen-Modell aktualisiert auf den Vertrieb von gesundem Kern-Rapsöl in Bioqualität. Das gab es bis vor kurzem nur teuer in kleinen Flaschen im gut sortierten Einzelhandel. Auf kernrapsoel.info gibt es die 3-Liter-Bag-in-Box-Packung für die Hälfte des Ladenpreises von drei Literflaschen. Die Webseite hat Kugel noch selbst programmiert. Internetbestellungen werden

von der Projektwerkstatt GmbH verarbeitet, die eine Abwicklungsplattform für viele im Kontext des Instituts für Entrepreneurship
entstandene Unternehmungen bildet. Telefonische Bestellungen
nimmt die Ebuero AG an, auch eine Gründung eines Faltin-Stu-
denten. Abgefüllt wird das Öl bei einem Packer in Hamburg, der
die Bestellung versandfertig macht und der Post übergibt. Kosten
fallen für den Gründer nur an, wenn ein Produkt bestellt wird.
Die sind durch dessen Bezahlung gleich wieder abgedeckt. Bereits
zehn Tage nach dem Start hatte kernrapsoel.info bereits 700 Bestellungen erhalten – und damit die Gewinnzone erreicht. Das Risiko, an zu hohen Fixkosten bei zu wenigen Bestellungen zu scheitern, besteht deshalb von vornherein nicht. Das Gründungskapital
im Vorfeld betrug weniger als 4 000 Euro. Seinen Zeitaufwand – er
sieht seine Rolle hauptsächlich als »Ohr zum Kunden« – schätzt
Kugel auf eine Viertelstunde pro Tag. In die klassische Wachstums-
falle des Mittelstands kann das Ein-Personen-Unternehmen nicht
tappen. Sollte das Öl mit dem hohen Anteil ungesättigter Fettsäu-
ren zum Renner werden, muss zunächst vor allem die (externe) Infrastruktur mitwachsen und nicht das Gründungsunternehmen.
Der Chef konzentriert sich auf Pressearbeit, profitiert vom Trend
zu gesundem Essen und macht einen rundum zufriedenen Eindruck.

Die Botschaft lautet: Jeder kann Unternehmer werden. Modulares Gründen eröffnet dem globalisierten Individuum plötzlich
die Möglichkeit, als Ein-Personen-Unternehmen bei Preis und
Vertrieb mit den Großen mithalten zu können. Und das ohne den
schwerfälligen Verwaltungsapparat, der die Dickschiffe so unbe-
weglich macht und ihre Kosten in die Höhe treibt. Das gleiche gilt
für den Umgang mit »personellen Ressourcen«, wie es in der Kon-
zernsprache hieße. Bis vor kurzem war der persönliche Assistent
ein Tool von Konzernhierarchen und »vom Chef« im Mittelstand.
Die Dienstleistungs-Modularisierung – also die fortschreitende
Arbeitsteilung – hat auch hier kräftig zugeschlagen. Das globalisierte Individuum der westlichen Welt kann sich zum Beispiel für
29 bis 99 Dollar im Monat einen persönlichen Assistenten leisten.
Der sitzt 8 000 Kilometer entfernt – meist in Neu Dehli, Mumbai

oder Bangalore – passt sich im Lebensrhythmus der eigenen Zeitzone an und übernimmt viele der lästigen kleinen Aufgaben, die im Alltagsgeschäft soviel Zeit fressen. Anzeigen für »virtual personal assistents« von indischen Firmen ebenso wie von Firmen wie GetFriday, AskSundy oder Brickwork fehlen zurzeit in keinem englischsprachigen Wirtschaftsmagazin. Zum Entlastungsangebot für Einzelunternehmer – und auch für Privatleute – zählen Reisebuchungen oder der Kampf mit Fluglinien um verlorenes Gepäck. Updates von Internetseiten oder aufwändige Internetrecherchen, deren Ergebnisse sauber sortiert in Excel-Sheets per E-Mail kommen, aber auch Restaurantreservierungen oder die Organisation der Geburtstagsparty der Tochter. Kurz: Persönliche virtuelle Assistenten übernehmen alle Aufgaben, die sich mit Telefon und Rechner erledigen lassen. Also fast alles. Am Ende einer Schicht hat ein Mitarbeiter von GetFriday Lebensmittel bestellt und zum Kunden liefern lassen, einen günstigen Anbieter für Glasperlen in Portugal ausfindig gemacht oder für einen frustrierten Diplomaten in Pakistan einen Übersetzer gefunden, der einer ausschließlich einen bestimmten Uru-Dialekt sprechenden Hausangestellten erklärt, wie man die Katze richtig füttert.

Die Berichterstattung über virtuelle Assistenten rückt gerne solche Kuriositäten in den Mittelpunkt. Wer sich die Websites der Anbieter anschaut, versteht schnell: Persönliche Assistenten sind im Wesentlichen« eine professionelle Geschichte. Sie arrangieren Termine, übernehmen Rechnungsstellung und Mahnverfahren, organisieren Konferenzen und erledigen Geschäftskorrespondenz. Der *Esquire*-Journalist Al Jacobs hat es im Selbstversuch einmal ausprobiert[37] und war bass erstaunt ob der fachlichen Qualifikation und Motivation seiner Assistentin »Honey« in Bangalore, deren Leistungsstärke und -willen ihn umgehend in tiefe Sorge um Amerikas Collegestudenten stürzte.

Zurzeit macht die wenige Jahre junge Branche 200 Millionen Dollar Umsatz im Jahr. Die Analysten von Evalueserve rechnen damit, dass der Markt bis 2015 auf zwei Milliarden Dollar wachsen wird.[38] Das Geschäftsmodell ist für beide Seiten rentabel. Persönliche Online-Assistenten können eine Reihe Kunden betreuen, und da rechnen sich auch günstige Tarife. Der Kleinunternehmer in Europa oder den Vereinigten Staaten könnte sich nie einen Vollzeitassistenten leisten und in der Regel braucht er ihn ja auch nicht. Für den cleveren Händler von Nahrungsergänzungsmitteln Timothy Ferriss ist seine indische Assistentin einer der Schlüssel für sein hypereffizient organisiertes Arbeitsleben, das er in seinem Bestseller *Die Vier-Stunden-Woche* beschreibt.[39] Vermutlich arbeitet auch Ferriss mehr als vier Stunden, aber das ändert nichts daran: Für Eigenbau-Marken mit Geschäftssprache Englisch dürften virtuelle Assistenten bereits heute eine echte Entlastung sein. Es wird nicht lange dauern, bis eine vergleichbare Dienstleistung in deutscher Sprache verfügbar ist. Die wird vielleicht etwas teurer sein, aber die Kernkompetenz von indischen Organisationstalenten ist Flexibilität. Und davon können auch globalisierte Individuen in Mitteleuropa profitieren, wenn sie selbst flexibel sind.

Natürlich kann das Kleinunternehmen bei Forschung und Entwicklung auch weiterhin nicht mithalten. Und natürlich ist es nach wie vor so, dass sich Produkte in großen Stückzahlen günstiger herstellen lassen als in Kleinserie. Doch in einer Weltwirtschaft, in der sich die technischen Daten von Produkten ohnehin immer schneller annähern und jede Innovation sehr rasch kopiert wird, verlieren diese Faktoren relativ an Gewicht. Plötzlich zählen andere Variablen. Zum Beispiel Kundennähe, die Fähigkeit, einen maßgeschneiderten Service zu bieten, oder attraktive Nischen zu erkennen, die Konzerne erst gar nicht auf dem Radar haben. Minipreneure schaffen, erkennen und bedienen Gegentrends, während die großen mit Mühe versuchen, beim Trend Schritt zu halten. Auch das hat einen relativ einfachen Grund: Kleine Unternehmen hören Tag für Tag, in persönlichen Gesprächen oder E-Mails, was ihre Kunden wollen, und was sie zwischen den Zeilen sagen. Marktforschung liest nicht zwischen den Zeilen. Markforschung aggregiert Daten. Große Unternehmen müssen – wenn sie es denn wollen – besonders interessierte und qualifizierte Kunden erst einmal kennen lernen, bevor sie ihre Lead User in nutzergetriebene Innovationsprozesse einbinden können. Minipreneure sind mit ihren Lead Usern meistens per du und können, wenn sie ihr

Geschäft oder ihr Produkt oder ihre Dienstleistung gut machen, oft auf hohe Hilfsbereitschaft und Loyalität setzen. Das sind die strukturellen Vorteile der Kleinen.

Die Hürden, vom Kunden zum Anbieter zu werden, sind so niedrig wie nie. Noch vor fünf Jahren war die Einrichtung eines Webshops außerhalb der eBay-Struktur eine aufwändige Sache. Heute gibt es Dutzende Anbieter von leicht anpassbaren Standardtools. Und es ist auch kein Wunder, dass Konsumenten, die Jahrzehnte damit verbracht haben, sich zu Experten auf ihren Interessensgebieten zu qualifizieren, jetzt Lust bekommen, diese geringen Hürden zu nehmen. Für Eigenbau-Marken, deren Geschäftsführer englisch spricht, ist es heute kein Problem, einen günstigen Hersteller für jedes denkbare Produkt zu finden. Alibaba.com, eine business-to-business-Plattform mit Sitz in Hangzhou im Osten Chinas, ist darauf spezialisiert, kleinen Firmen vor allem chinesische Designer und Produzenten zu vermitteln. Ein amerikanischer Student, dem die weißen iPod-Ohrhöhrer zu langweilig waren, fand auf alibaba.com Designer und Produzent für bunte, die er fortan auf amazon.com erfolgreich vertrieb – und als amerikanische Eigenbau-Marke aus dem Zimmer des Studentenwohnheims heraus profitabel eine globale Lieferkette knüpfte.

Der neue Volkskapitalismus hat viele Facetten, zum Beispiel erlebt der Teilzeitunternehmer eine Renaissance. In den fünfziger Jahren trieben Not und Mangel Menschen zum selbstständigen Nebenverdienst. In den folgenden, fetten Jahrzehnten war für die meisten der Lohn der Organisation ausreichend, sicher und steigend. Mit dem Ende der Industriegesellschaft kehrt der Teilzeitunternehmer zurück. Nach Angaben des KfW-Selbstständigen-Reports machen sich pro Jahr rund 650 000 Menschen nebenberuflich selbstständig, probieren also meist aus finanzieller Absicherung heraus (sei es BAFöG, Festanstellung oder Rente) freie Arbeit aus. So lassen sich risikoarm Geschäftsmodelle testen. Manchmal wird mehr daraus, manchmal nicht. Außer Zeit gibt es wenig zu verlieren, und die ist ja oft eher im Überfluss vorhanden. Die niederländische Unternehmensberatung trendwatching.com rät, beim Massenphänomen »Minipreneur« in den kommenden

Jahren besonders die Altersgruppe 50plus im Auge zu behalten, also Menschen, deren Nester leer sind und die ihre Rushhour des Lebens hinter sich gelassen haben. Sie haben die Zeit, gute Ideen zu Ende zu denken – und oft mit reichlich Berufs- und Lebenserfahrung und gut gefüllten Sparbüchern im Rücken auch beste Voraussetzungen, diese erfolgreich umzusetzen.

Seniorpreneure sind auch die Vorhut auf dem Weg, das industriegesellschaftliche Konzept der starren Rente mit 62, 65 oder 68 endlich zu entrümpeln. Die Durchschnittsbiografie der Industriegesellschaft sah vor: zwei Jahrzehnte Ausbildung, vier Jahrzehnte Arbeit bis zum Umfallen; wenn noch Kraft übrig blieb, war der Rest dann Kampf gegen Langeweile. Das Konzept ist nicht nur Vergangenheit, weil unproduktive Rentner in einer alternden Gesellschaft von immer weniger Jungen immer schwerer zu finanzieren sind – und natürlich schon gar nicht nach dem Modell des Generationenvertrags. Das Konzept ist tot, weil es diskriminierend ist und der Natur des Menschen zuwiderläuft. Im Grunde ist es ein wirtschaftshistorisches Intermezzo. In der intakten Großfamilie hatten die Alten immer ihre Aufgabe, und in Agrarwirtschaft und Familienbetrieben blieben sie involviert, bis es nicht mehr ging. Industriekapitalismus und Kleinfamilie haben die rüstigen Rentner ihrer Aufgaben beraubt und zudem sozial isoliert. Seniorpreneure nehmen sich die Freiheit, sich ihre Aufgabe selbst zu suchen. Das hat zudem den Vorteil, dass sie sich für ihre Aufgabe besonders interessieren, was keine unwichtige Voraussetzung für ökonomischen Erfolg sein soll.

3. Märkte Marke Eigenbau

3.1 Prosuming: Es gibt keine Endkonsumenten mehr

CD-Spindel ist nicht nur – worauf uns Max Goldt aufmerksam macht – eine interessante Wortkombination, die sich aus einem neuen und einem uralten Wortbestandteil zusammensetzt, der es ohne diese neuzeitliche Verbindung wohl kaum bis in die Gegenwart geschafft hätte. Eine CD-Spindel ist auch ein völlig neuartiger Gegenstand, den es vor gut zehn Jahren noch nicht gab, weil jede CD damals noch ihre eigene Verpackung mitbrachte und man nicht so viel mit CD- oder DVD-Rohlingen hantierte. Auf eine kleine CD-Spindel passen 25 Rohlinge. Wenn die aufgebraucht sind, bleibt die leere Spindel übrig, bestehend aus einer Trägerplatte mit Dorn in der Mitte und einer Haube aus transparentem Kunststoff. Man kann sie wegwerfen, wie es die meisten Leute tun. Man kann sie aber auch benutzen, um einen belegten Bagel formstabil und gut geschützt zu transportieren. Entdeckt hat diesen eingebauten Zusatznutzen, den die Hersteller von CD-Spindeln ihren Kunden bislang unterschlagen hatten, ein Engländer, der sich auf der Fotosharing-Website flickr.com »pwka« nennt. Am 8. Februar 2007 lud er die Fotodokumentation seiner Erfindung auf Flickr hoch, von wo aus sie sofort zigfach verlinkt, in Blogs kommentiert und weltweit nachgeahmt wurde.

Die Bagel-Transport-CD-Spindel ist ein schönes Beispiel für eine produktiv-subversive Grundhaltung, die vorgefundenes Material und vermeintliche Endprodukte nur als Ausgangspunkt für kreative Umnutzung und völlig neue Zwecke begreift. Auf Websites wie instructables.com oder lifehacker.com finden sich etliche weitere Beispiele für genialische Zweckentfremdungen und Produktverbesserungen Marke Eigenbau. In der Computerwelt wird diese Praxis als »Hacking« bezeichnet, wobei sich bis heute viele Missverständnisse an diese Begrifflichkeit knüpfen. Im allgemeinen Verständnis sind Hacker immer noch jene zerstörungswütigen Freibeuter, die Computerviren programmieren, in fremde Firmennetzwerke eindringen, um dort alles lahmzulegen und bei sich bietender Gelegenheit den Dritten Weltkrieg anzuzetteln. Dabei zielt die Hacker-Ethik auf das fast genaue Gegenteil, wie schon das erste *Hacker's Dictionary* von 1983 klarmacht: Ziel des Hackings neben dem Spaß an der Sache ist es, konstruktiv das überschüssige Potenzial auszuloten, das in Programmierung und Hardware steckt, und dabei etwaige Mängel oder Sicherheitslücken aufzudecken. »Der wahre Hacker sorgt dafür, dass niemand zu Schaden kommt.«[1] Gern wird der Sozialtypus des Hackers auch als Nerd oder Geek beschrieben; über die trennscharfe Abgrenzung streiten sich die Experten. Ausgewiesene Hacker mögen auch heute noch eine verschwindende Minderheit sein, der Chaos Computer Club, der die Deutsche Hacker-Szene seit über 25 Jahren organisiert und zu Kongressen versammelt, zählt um die 1 800 Mitglieder. Sie bilden aber die Speerspitze einer gesellschaftlichen Praxis, die für die historische Entwicklung der Produktionsmittel und Produktivkräfte auf heutiges Niveau maßgeblich mitverantwortlich war. Der Berliner Medientheoretiker Friedrich Kittler geht sogar so weit, die gesamte Entwicklung der heutigen Kommunikations- und Computertechnologie auf den »Missbrauch von Heeresgerät«, also auf die Umnutzung und Zweckentfremdung ursprünglich zu rein militärischem Gebrauch entwickelter Technologien zurückzuführen.

Auch im Alltag ist diese Kraft am Werk, seit Produktion und Konsum in der arbeitsteiligen Gesellschaft auseinandergefallen sind. Im Jahr 1980 beschreibt der französische Philosoph Michel de Certeau in seinem Hauptwerk *Die Kunst des Handelns*, wie Konsumenten durch die Auswahl und den Gebrauch von Produkten ihre Lebenswelt und ihre Identität buchstäblich herstellen. Darin findet sich auch der explizite Hinweis darauf, dass Konsum per se ein produktiver Akt ist: »Das Gegenstück zur rationalisierten, expansiven, aber auch zentralisierten, lautstarken und spektakulären ist eine andere Produktion, die als ›Konsum‹ bezeichnet wird: diese ist listenreich und verstreut, aber sie breitet sich überall aus, lautlos und fast unsichtbar, denn sie äußert sich nicht durch eigene Produkte, sondern in der Umgangsweise mit den Produkten, die von einer herrschenden ökonomischen Ordnung aufgezwungen werden.«[2] Der an der Berliner Universität der Künste lehrende Marketingprofessor Franz Liebel knüpft mit seinem Begriff vom »Cultural Hacking« unmittelbar an de Certeau an und präzisiert: »Das heißt, erst in der Verwendung geschieht die – praktische und symbolische – Interpretation des jeweiligen Produktes. Diese Einsicht ist außerordentlich brisant, denn die Konsumenten verwenden die Dinge oftmals ganz anders, als es in der Gebrauchsanweisung steht. Die Zweckentfremdung, das heißt der kreative Missbrauch und die Umdeutung eines Produkts oder einer Marke, ist eine gängige Strategie der Verwender, um mit den Widrigkeiten des Alltags oder der Einfallslosigkeit der Hersteller umzugehen. Hier agieren die Kunden letzten Endes wie Bastler, die ideenreich mit ihren begrenzten Möglichkeiten operieren müssen.«[3] Unternehmen könnten, ist Liebl überzeugt, enorm profitieren, indem sie diese Form des alltäglichen Hackings nicht nur aufmerksam beobachten, sondern bewusst herbeiführen, um Ideen und Inspiration für Produktinnovationen zu erhalten.

Nicht nur in der theoretischen Beschreibung, auch in der Praxis verschwimmt die Grenze zwischen Produktion und Konsum, wie es der US-Zukunftsforscher Alvin Toffler in seinem Buch *Die dritte Welle* aus dem Jahr 1980 vorausgesagt hat. Angesichts von mit Standardprodukten zunehmend übersättigter Märkte, so seine These, bestehe die einzige Möglichkeit, zukünftig Mehrwert zu erzeugen, darin, dass Wertschöpfungsketten zu Wertschöpfungskreisläufen würden, wobei der Konsument nicht nur Geld, sondern Markt- und Designinformationen beisteuert. Für den damals noch visionären Typus, der aus der Wiedervereinigung von seit der Industriellen Revolution strikt getrennt voneinander gehaltenen Produzenten und Konsumenten hervorgehen würde, prägte er den Kunstbegriff »Prosument«, um den kategorialen Unterschied zu verdeutlichen.[4] Der Prosument werde jenen sprichwörtlichen Endverbraucher ablösen, der das gesamte Industriezeitalter hindurch Ziel und Endpunkt einer jeweiligen Wertschöpfungskette darstelle. Von Wiedervereinigung spricht Toffler deshalb, weil dieser Endverbraucher, obwohl er uns quasi naturwüchsig erscheint, historisch gesehen eine relativ junge Erscheinung ist. Vor der Industrialisierung und noch bis ins letzte Jahrhundert hinein gehörte ein gewisses Maß an Eigenbedarfsproduktion zu den Leistungen jedes Haushaltes.

Langsam schließt sich der Kreis tatsächlich: Wir haben gelernt, unsere Bankgeschäfte am Bankingterminal abzuwickeln und unsere Reisen online zu buchen, ohne dafür die Beratungsleistung von Reisebüros in Anspruch zu nehmen. Selbst dem Staat nehmen wir Arbeit ab, indem wir selbst (oder der Steuerberater) die Steuererklärung im Elster-Verfahren online erledigen. Es ist legitim, darauf hinzuweisen, dass vielen Verbrauchern diese übertragenen Aufgaben in der Summe lästig sind – sie vielleicht auch gelegentlich überfordern. Doch umgekehrt gilt: Wären diese Verfahren als Kulturtechniken nicht erlernbar, hätten sie am Markt keine Chance. Selbst der anleitungsgemäße Zusammenbau von Ikea-Regalen gehört heute zu den zivilisatorischen Standards. Der springende Punkt ist: Menschen sind bereit, Planung, Transport und Aufbau von Möbeln zu übernehmen, wenn sie dafür mit niedrigen Preisen belohnt werden und von zudringlichen Beratungsgesprächen verschont bleiben. Beflissene Beratung und Betreuung erscheint dem Prosumenten zunehmend als verzichtbarer Überaufwand, wenn nicht gar als Bevormundung. Man kann dem Tankwart, dem Beamten am Bahnschalter oder der Bedienung an der Käsetheke nostalgisch nachtrauern, aber richtig vermissen werden wir sie nicht. Nach vorne blickend ist viel interessanter, welche neuen Dienstleistungsangebote entstehen, für die wir gern bereit sind, mehr zu bezahlen, weil sie eine echte Hilfestellung bieten. Unternehmen profitieren von Kunden, die bereit sind, einen Teil der Arbeit zu übernehmen. Das ist richtig. Besonders interessant im Kontext der Marke Eigenbau erscheint uns, dass Unternehmen die Verbraucher dadurch dazu erziehen, sich intensiv mit Produkten auseinanderzusetzen, und darüber nachzudenken, was sie besser machen können (vgl. Kapitel 5.3). Damit ist der Schritt zur Gründung einer Eigenbau-Marke – zunächst semiprofessionell oder gleich professionell – nicht mehr allzu groß. Prosuming ermächtigt dazu, auf die andere Seite der Ladentheke zu springen.

Die stärksten Implikationen hat Prosuming auf das Design der Produkte, auf ihre Ausgestaltung und Anpassbarkeit. Wo der klassische Endverbraucher sich gern von Lifestyle-Insignien und symbolischem Mehrwert ködern ließ, oder aber preissensibel mit der billigsten Discount-Offerte vorlieb nahm, spielt beim Prosumenten weniger die Marke oder der Preis eine Rolle, als vielmehr das Produkt, das sich seinen Bedürfnissen anpassen lassen und ihm als Werkzeug bei seiner Arbeit assistieren muss. Ein gutes Beispiel für diese Art von Werkzeug-Design, wenn auch im etwas übertragenen Sinne, ist der Internetbrowser Firefox (vgl. Kapitel 5.2). Im Open Source-Verfahren programmiert, kommt das Programm in einer schlanken und geschmeidigen Basisvariante auf den Rechner und kann anschließend mittels mehrerer hundert separat erhältlicher Erweiterungen und Add-ons jedem noch so entlegenen Benutzerwunsch angepasst werden. Diese Software-Ergänzungen werden größtenteils von den Nutzern selbst anhand ihres Eigenbedarfs programmiert und anschließend der Weböffentlichkeit zur Verfügung gestellt. Eine Generation, die mit diesen Möglichkeiten der Kontrolle und Einflussnahme im Digitalen aufgewachsen ist, wird nur schwer verstehen können, warum in der physischen Welt nicht längst ähnlich umfangreiche Mitbestimmungsoptionen bei Produkten herrschen.

Der Ansatz ist natürlich nicht für alle Marktsegmente gleich geeignet – die klassischen Low Interest-Güter, schnelldrehende Artikel des täglichen Bedarfs, bleiben bis auf Weiteres ausgeklammert –, aber in vielen Märkten wird sich diese Logik bemerkbar machen. Neben Pfennigfuchserei und statusorientiertem Luxuskonsum tritt in immer mehr Bereichen die Nachfragemacht des Prosumenten zutage, dessen Beschaffungsverhalten eher dem Profieinkäufer eines Unternehmens ähnelt. Als Semiprofis sind sie Experten auf ihrem Gebiet und grenzen sich bewusst gegen die Amateure ab. Wie Prosumenten ein eigenes Marktsegment begründen, weil Hersteller auf ihre spezifischen Bedürfnisse reagieren, lässt sich vorbildlich am Markt für Digitalkameras aufzeigen. Zwischen den idiotensicheren Kompaktkameras für Hobbyknipser und dem High-End-Equipment der Profis hat sich in den letzten Jahren das boomende Segment der so genannten »Bridgekameras« für Semiprofis etabliert. Sie sind optisch von der Profi-Spiegelreflexkamera kaum zu unterscheiden, bieten vollautomatische Alltagstauglichkeit, bei Bedarf aber auch alle Optionen für die kunstvoll ambitionierte Einzelaufnahme, die vom professionellen Bild kaum noch etwas trennt. Auch preislich bewegen sich semiprofessionelle Kameras in mittleren Regionen zwischen Amateur- und Vollprofiausstattung.

Die auf Trendkonferenzen und in Managerzeitschriften häufig anzutreffende Binsenweisheit vom »Tod der Mitte« – die Märkte würden sich in Luxus- und Discountsegment ausdifferenzieren, die Mitte würde wegbrechen – erscheint dadurch in anderem Licht, wenn sie nicht schlicht falsch ist. Zwischen Amateur- und Profisegment eröffnet der Prosument neue Nischen und Spielräume für Anbieter, die seine Bedürfnisse verstehen. Prosuming verändert alles: Produktdesign, Markenstrategie, Ansprache in der Werbung, Ausgestaltung des Services. Nicht nur für Hersteller, auch für Händler zeichnen sich neue Chancen ab, wo ein wachsendes Heer an Semi-Profis nachfragewirksam auf den Plan tritt. Der Elektonikhändler Gravis, 1986 von zwei passionierten Elektrobastlern gegründet, trotzt mit über dreißig Standorten in Deutschland und zweistelligem Umsatzwachstum erfolgreich der Billigkonkurrenz von Media Markt und Saturn. Der Schlüssel dazu ist die weitgehende Spezialisierung auf Apple-Produkte, die von kreativen Selbständigen favorisiert werden, fachkundiges Beratungspersonal und umfangreiche Service- und Garantieleistungen. Wessen Einnahmesituation von der Verfügbarkeit digitaler Technik abhängt, der weiß diese Rückfallebene durchaus zu schätzen und gibt im Zweifel lieber etwas mehr Geld aus. Komplettiert wird die Kundenbindung durch kostenlose Fachvorträge und Lehrgänge in speziellen Anwendungsfeldern, die von externen Experten gehalten werden. Eine weitere Erfolgsgeschichte aus dem Bereich Prosuming ist die Expansion des Großhändlers für Künstlerbedarf Boesner. Lange Zeit war Boesner mit seinem Sortiment an Leinwänden, Staffeleien, Farben und Werkzeugen ein Insidertipp unter Kunstschaffenden und nur auf der grünen Wiese oder in der Nachbarschaft der Kunstakademien vertreten. Neuerdings eröffnet das Unternehmen auch Filialen inmitten von Wohngebieten mit entsprechender Klientel. Als registrierter Kunde erhält man personalisierte Rechnungen an der Kasse und Informationen über neue Angebote ins Haus geschickt. Die Lektüre des kiloschweren und über 1000 Seiten dicken Kataloges ersetzt ein halbes Kunststudium. Auf der Website boesner.tv findet sich ein wöchentliches Videomagazin zu Maltechniken, Materialkunde und zum Selbstverständnis des Unternehmens. Zum einen profitiert Boesner als Großanbieter für Kunsthandwerk unmittelbar vom Crafting-Trend. Zum anderen schwimmen Händler wie Gravis und Boesner auf einer Welle, die mit dem Verschmelzen von Business-to-Consumer-Bereich (B2C) und Business-to-Business-Bereich (B2B) zu tun hat und von den Prosumenten getragen wird. Sie begünstigt Anbieter, die aus einer professionellen Tradition heraus kommen und diese Ansprache und Umgangsweise auch gegenüber Semiprofis und ambitionierten Amateuren beibehalten.

Wir dürfen davon ausgehen, dass der Grad der gesellschaftlichen Arbeitsteilung auch im heraufdämmernden Zeitalter des Prosumings nicht ab-, sondern eher noch weiter zunehmen wird. In gleichem Maße wie wir Dinge praktischerweise selbst erledigen, die zuvor von Servicepersonal, Sekretärinnen oder sonstigen Mittelsleuten ausgeführt wurden, werden wir die Unterstützung von Dienstleistern in Anspruch nehmen, die uns wirksam entlasten. Auch der einzelne Prosument steht immer häufiger vor der Frage »Make or buy?«, sprich: selber machen oder zukaufen beziehungsweise outsourcen? Denn auch sein Arbeitstag hat bekanntlich nur 24 Stunden. Er baut sich ein – lokales und zunehmend auch globales – Support-Netzwerk auf, das von der Kinderbetreuung auf Stundenbasis bis zum nach Indien ausgelagerten persönlichen

Assistenten reicht, und das es ihm erlaubt, sich auf sein Kerngeschäft zu konzentrieren. Man könnte auch von Entlastungsstrategie sprechen.

Denn wie angedeutet hat Prosuming auch eine Schattenseite, nämlich die Überforderung von Kunden, die einfach nur eine gute Dienstleistung oder ein gutes Produkt wollen. Der Chemnitzer Industriesoziologe G. Günter Voß und seine Schweizer Co-Autorin Kerstin Rieder unterziehen in ihrem Buch *Der arbeitende Kunde* die Methode des Outsourcing an Kunden einer Generalkritik. In ihren Augen wird der Prosument in erster Linie als Ressource für unbezahlte Mitarbeit ausgenutzt, und Ikea ist ihr Lieblingsbeispiel für ein Unternehmen, das erfolgreich abermillionen Arbeitsstunden an seine Kundschaft weitergibt.[5] Problematisch wird es, wenn der Markt keine Alternative für Kunden bietet, die nicht arbeiten wollen.

Unter dem Strich greift diese Kritik – bei allem Verständnis für Ärger über schlechten Service – zu kurz. Es gilt zwar: Prosumenten wollen nicht alles selber machen und selbst gestalten, das wäre auf Dauer auch viel zu anstrengend. Aber sie wollen in ihrem Impuls zur individuellen Anpassung und Ausgestaltung nicht ausgebremst werden. Sie wollen die Marken, die ihnen als Werkzeug für ihre Arbeit und die Bewältigung eines zunehmend komplexen Alltags dienen, mitregieren. Profitieren davon werden Anbieter, die dem Auszug ihrer Kunden und Verwender aus der Unmündigkeit keinen Riegel vorschieben, sondern diesen nach Kräften unterstützen. Die Selbstermächtigung des Endverbrauchers zum Prosumenten hat gerade erst begonnen und wird von selbst nicht wieder verschwinden. Was die Hacker-Szene mit ihrer kompromisslosen Unterwerfung der Produkte unter die eigenen Bedürfnisse vorexerziert, wird mit den Prosumenten zum Massenphänomen. Dazu passt, dass mittlerweile auch Ikea eine eigene Hacker-Szene hervorgebracht hat. Auf der Website ikeahacker.blogspot.com tauschen sie ihre Eigenbau-Anleitungen für zu Särgen zweckentfremdete Regale oder Deckenlautsprecher aus Plastik-Salatschüsseln aus. Mei Mei Yap, ein 37-jähriger Ikea-Hacker aus Malaysia, beschreibt in der *New York Times* den Reiz an der Sache und liefert nebenbei eine gute Zusammenfassung des Prosumenten-Ethos als Verlängerung der Hacker-Ethik: »Ikea befördert den D. I. Y.-Gedanken, weil es schon über ein eigenes System des Mixens und Kombinierens von dem Rahmen mit jener Verblendung und diesem Türknauf verfügt. Das Hacking dreht die Schraube ein Stück weiter, indem man es kompromisslos den eigenen Bedürfnissen unterwirft. Und vielleicht gibt es den Geek-Nerds in uns Hackern erst den richtigen Kick, das Ikea-System auszutricksen, indem wir es uns buchstäblich zu Eigen machen.«[6] Wir halten fest: Auch eine Eigenbau-Marke wie Ikea ist vor dem »unfriendly takeover« durch die Marke Eigenbau nicht mehr sicher.

3.2 Long Tail: Die Nischen werden mächtiger als die Hits

Der Aufstand gegen die Massenproduktion kennt viele Motive. Eines ist fehlende Vielfalt. Zwar ist es heute längst nicht mehr so wie zu Zeiten Henry Fords oder in der Ära des Organization Man, dass Produkte und Menschen qua äußerlicher Gleichförmigkeit und Uniformität eine urbane Monokultur bilden. Das Gegenteil ist der Fall, zumindest was die Oberflächen angeht. Der postfordistisch entfaltete Kapitalismus hat sich als sehr kreativ darin erwiesen, seine Produkte für unterschiedliche Zielgruppen, Milieus und Geldbeutel auszudifferenzieren. Aber der kulturell aufgeladene und aufgefächerte Kapitalismus von heute ist nicht nur eine gewaltige Differenzierungsmaschine, sondern auch ein großer Gleichmacher. Massenkultur »schlägt alles mit Ähnlichkeit«, wie schon die Väter der Kritischen Theorie Max Horkheimer und Theodor W. Adorno zum Auftakt ihres berühmten Kapitels über die »Kulturindustrie« bemerkt hatten.[7] Hinter den bunten Kulissen der Konsumkultur, so die kulturpessimistische Analyse, greift ein Mechanismus der Vereinheitlichung, der globale Einfalt mit sich bringt – die Wiederkehr des Ewiggleichen in neuer Verpackung. Woher kommt diese gefühlte Gleichschaltung? Kapitalismuskritiker, die irgendwann einmal etwas über den »Fetischcharakter der Waren« gelernt haben, würden sagen, sie entspringt aus der Warenform selbst, aus der Tatsache, dass jedes ordinäre Ding sich als Ware über seinen Tauschwert allen anderen Waren gegenüber ins Verhältnis setzt. Wenn man die Warenform knacken, den Privatbesitz an Produktionsmitteln und am besten gleich das Geld mit abschaffen würde, wäre die Welt eine bessere.

So weit würden wir nicht gehen, stattdessen lieber genauer hinschauen. Tatsächlich existiert eine vereinheitlichende Kraft hinter den bunten Oberflächen, die ganz ohne Metaphysik auskommt, und dafür mit Marktmacht und Größenvorteilen zu tun hat. Die »economies of scale« der standardisierten Massenproduktion schlagen auch auf die Distribution durch, wo sie als das Recht des Größeren und Stärkeren wirksam werden. Zwar ist in Deutschland per Gesetz gegen den unlauteren Wettbewerb die vertikale und horizontale Behinderung von Wettbewerbern verboten, allerdings gibt es jede Menge strukturelle Barrieren und Schikanen, die diesen Grundsatz de facto aushebeln und den Wettbewerb verzerren. Die Nadelöhre, Flaschenhälse und Türsteher des Vertriebs stellen für Kleinanbieter oft unüberwindbare Hürden dar und begünstigen die Großkonzerne. Was einmal funktioniert, wird multipliziert und überall hin verpflanzt. Lokale Besonderheiten und gewachsene Strukturen werden dadurch eingeebnet.

Die ECE-Projekt-Management GmbH, die als Europa-Marktführer in Deutschland und Osteuropa über neunzig Shopping-Center unterhält und etliche weitere in Planung hat, setzt auf die bewährte Mischung der immer gleichen Filialisten. Sie ist der Grund dafür, dass sich jede innerstädtische Shoppingmall zwischen München und Neubrandenburg gleich anfühlt. Die Kritik, ECE kultiviere die bunte Langeweile, prallt an den Machern ab, solange der Umsatz mit über 11 Milliarden Euro stimmt und stetig wächst.[8] International vollzieht sich Vergleichbares auf den großen Einkaufsboulevards der Metropolen. Wo früher einzigartige Läden, Kaufhäuser, Handwerker und Restaurants den Charakter prägten, macht sich die weltweite Monokultur der immer gleichen Fashion-Label von Adidas bis Zara breit, die von Filialrestaurants der gängigen Fastfood-Ketten flankiert werden. In vielen Städten regt sich mittlerweile Widerstand gegen den Niedergang der einstigen Prachtstraßen. Allen voran versuchte Paris Anfang 2008 ein Exempel zu statuieren und mit allen bürokratischen Mitteln zu verhindern, dass H&M sich auf den Champs Elysées ansiedelt. Die schwedische Kette geht jedoch weiterhin davon aus, 2009 dort ein Flagshipstore zu eröffnen.[9]

Mit ähnlich harten Bandagen wird um die Regalmeter im Supermarkt, in Drogerien, generell im stationären Handel gekämpft. Um überhaupt im Sortiment der meisten Supermarktketten gelistet zu werden, sind happige Einkaufspreise fällig. Mächtige Groß- und Zwischenhändler verlangen Sonderrabatte, die sich wiederum nur die Volumenhersteller leisten können. Die besten Plätze im Buch- und Zeitschriftenhandel gibt es nur gegen als »Werbekostenzuschuss« titulierte Sonderprämien oder -rabatte. So werden kleinere Hersteller systematisch vom Markt ferngehalten oder herausgedrängt; die kritische Masse macht's. Hinzu kommen bürokratische Hürden, die bei der Marktzulassung eines Produkts in vielen Bereichen genommen werden müssen. Ursprünglich zum Schutz der Verbraucher gedacht, bewirken die Berliner und Brüsseler Regulierungen häufig das genaue Gegenteil: eine Dezimierung der zur Auswahl stehenden Vielfalt, die uns oft gar nicht bewusst wird, weil wir sie nicht mehr kennen gelernt haben. Der Kampf um die Kartoffelsorte Linda, die trotz einer breiten Protestfront 2005 aus der Bundessortenliste genommen wurde, um den Weg für angeblich verbessertes Saatgut der Firma Europlant frei zu machen, hat diesen Sachverhalt exemplarisch deutlich gemacht.

In der Summe führen diese Mechanismen zum Beispiel dazu, dass uns von den weltweit bekannten 20 000 Apfelsorten – europaweit sind es noch 1 600 – nur die ewig gleiche Auswahl von Cox Orange, Elstar, Gloster, Pink Lady und Golden Delicious vertraut ist. Wer kennt heute noch so schöne Sorten wie Schafsnasen oder Hasenköpfe? Um sie kennen zu lernen, muss man schon in die Apfelgalerie in Berlin-Schöneberg pilgern, wo Thomas Bröckers und Claudia Schernus diese und andere seltene Sorten vorhalten, die sie selbst auf Brandenburgischen Wiesen angepflanzt haben. Allerdings muss der Käufer den richtigen Zeitpunkt wählen, denn im Gegensatz zu den EU-reglementierten hochgezüchteten Standardsorten sind diese Raritäten nicht lange lagerfähig und bekommen schnell Druckstellen.[10]

Man braucht nicht viel Phantasie, um sich auszurechnen, dass ein Projekt wie die Apfelgalerie eher mit Liebhaberei als mit schnellem Geld zu tun hat. Die Zahl der bekennenden Apfelafficionados dürfte sich im Rahmen halten und weit verstreut sein. Einer stochastisch zufällig verteilten Laufkundschaft steht ein fixer Kostensockel für Ladenlokal, Lagerhaltung und Logistik gegenüber. In dieser Hinsicht sind die Limitationen der Apfelgalerie die Strukturprobleme des stationären Einzelhandels generell und der Marke-Eigenbau-Produzenten im Besonderen. Hier bietet nicht einmal das Internet eine Lösung, zwar gibt es unter apfelgalerie.de einen »Online Apfelberater«, aber der Vertrieb auf dem Postweg scheidet aus, und Schafsnasenäpfel kann man sich auch nicht so ohne weiteres herunterladen.

Bei vielen digitalen, hybriden oder physischen Produkten ist das anders. Von daher ist das Internet neben allem anderen ein machtvolles Werkzeug, vertriebliche Nadelöhre zu umgehen, Mittelsmänner auszuschalten und die gesamte Vielfalt menschlichen Schaffens nicht nur abzubilden, sondern auch verfügbar zu machen. Der virtuelle Lagerplatz für digitale Produkte (oder Abbildungen und Beschreibungen physischer Produkte) ist nahezu unbegrenzt, die Abwicklung ist standardisiert, die Kosten liegen nahe Null und beim Vertrieb fallen sie nur an, wenn tatsächlich etwas gekauft wird.

Aus dieser im Prinzip simplen Beobachtung und ein paar weiterführenden Untersuchungen leitet *Wired*-Chefredakteur Chris Anderson ein neues ökonomisches Paradigma von erstaunlicher Reichweite und Durchschlagskraft ab. Es nennt sich »The Long Tail«, zu deutsch etwa: der lange Rattenschwanz, wurde im angelsächsischen Raum in Buchform nicht nur zu einem der meistdiskutierten Wirtschaftsbücher seit Jahren, sondern ist dort nahezu in den allgemeinen Sprachgebrauch übergegangen. In Deutschland ist das merkwürdigerweise nicht so richtig registriert worden. Die Form der Long Tail-Nachfragekurve leitete Anderson aus Kundendaten der Internet-Anbieter von Musikdownloads, Videos und Büchern ab, indem er die einzelnen Produkte entlang der x-Achse nach der Häufigkeit ihrer Abverkäufe gruppierte. Auf der y-Achse ist die Höhe der Umsätze verzeichnet, die der jeweilige Artikel generiert. Bei Bestsellern liegt dieser Wert naturgemäß hoch, fällt aber schnell stark ab und erstreckt sich dann als flach abfallende Kurve sehr weit nach rechts zu den absoluten Ladenhütern, die sich nur alle Jubeljahre einmal verkaufen. Auffällig daran ist, wie lang sich diese Kurve zieht, bevor sie tatsächlich auf Null abfällt, weil sich auch für das abseitigste Liebhaberprodukt irgendwann ein Käufer findet. Die Fläche unter dem langen Ende der Kurve, die die Gesamtumsätze anzeigt, wächst dadurch auf ein Maß, das dem Abschnitt mit den Hits nahe kommt. Im Klartext: Den Umsätzen ist es egal, ob sie durch wenige Hits zustande kommen oder dadurch, dass man sehr viele Artikel selten verkauft – »selling more of less«, wie es im englischen Orignal heißt. So fand Anderson heraus, dass diese Anbieter wie Amazon, Netflix oder Rhapsody je nach Markt heute bereits ein Drittel bis die Hälfte der Umsätze mit Produkten generieren, die im stationären Einzelhandel gar nicht verfügbar wären, weil die Lager- und Logistikkosten ihren Deckungsbeitrag übersteigen würden. Wo durch virtuelle Lagerhaltung und intelligente Datenbankstrukturen die Sortimentstiefe ins Unermessliche gesteigert werden kann, wird die Summe der Ladenhüter zusammengenommen auch ökonomisch interessanter als die wenigen Hits und Schnelldreher, auf die unsere gesamte Kultur und das Wirtschaftsleben bislang fixiert waren. Sprich: Am langen Ende der Nachfragekurve wird zukünftig die Musik spielen.

Eine weitere wichtige Erkenntnis aus Andersons Analysen ist die Tatsache, dass selbst Menschen, die bei den Hits einsteigen, sich allmählich in eine Nische vortasten, wenn ihnen mittels Empfehlungssystemen und kollaborativen Filtern entsprechende Hilfestellung geboten wird – man denke an Amazons Funktion »Kunden, die dieses Buch gekauft haben, haben auch ...« –, und sich dort ganz offensichtlich wohler fühlen. Die meisten Menschen wollen anscheinend mehr als nur die Hits. An der ein oder anderen

Stelle weicht der Geschmack eines jeden vom Mainstream ab. Je besser die Alternativen erforschbar werden und die Vielfalt navigierbar wird, desto mehr Menschen zieht es in Richtung ihrer persönlichen Nischen. Dort sind sie keineswegs isoliert, sondern treffen auf andere Menschen gleicher Neigung, was eher stärkere als schwächere Bindungen stiftet: »Bisher waren wir dank oberflächlicher massenkultureller Überschneidung mit anderen Menschen nur ganz lose verbunden. Jetzt haben wir die Möglichkeit, mit genau so vielen, wenn nicht sogar noch mehr Menschen eine weit engere Bindung einzugehen, mit denen man die Affinität zu einer Nischenkultur teilt.«[11] Wenn der Trichter des so genannten Mainstreams, von dem wir bislang annahmen, dass er den Massengeschmack abbildet, wegfällt, wird der Weg frei für Vielfalt und Nischenkulturen: »So sehr die Ära der Blockbuster als der natürliche Zustand der Dinge gewirkt haben mag, so war sie doch zu großen Teilen nur eine Auswirkung der Übertragungstechniken des späten 20. Jahrhunderts. Vorher war ein Großteil der Kultur rein lokal; in der Zukunft wird er weitgehend auf gemeinsamen Interessen beruhen und massiv parallel sein.«[12] War das späte 20. Jahrhundert noch wie gebannt auf die linke Seite der Kurve mit den Hits, Superstars und Bestsellern fixiert, so könnte das 21. ein Jahrhundert eines der Nischen, des Nebeneinanders und des langen Endes der Nachfragekurve werden.

Die Pointe des Ganzen ist: Was für digitale kulturelle Erzeugnisse gilt, gewinnt auch für physische Produkte – siehe eBay und Etsy – und Dienstleistungen an Bedeutung, die über Internetplattformen angeboten oder bekannt gemacht werden. Weblogs bieten jedem passionierten Zeitgenossen die Möglichkeit, sich zu einem bestimmten Thema als Experte zu positionieren, ohne vorher jemanden um Erlaubnis zu fragen oder an den Torwächtern in Redaktionen und Verlagen vorbei zu müssen. Dadurch steigen die Chancen, dass aus obskuren Sonderbegabungen, skurrilen Talenten und abseitigen Geschäftsideen, die bislang stets ins Reich des Hobbys und der Liebhaberei verbannt waren, ein veritabler Beruf oder zumindest ein erklecklicher Nebenverdienst werden kann. Anders ausgedrückt: Durch das Internet erhält jeder Einzelne die

Möglichkeit, seinen ganz persönlichen Long Tail zu realisieren, indem er neben einem Hauptberuf eine Reihe von Nebentätigkeiten ausübt oder sein ohnehin passioniert gepflegtes Hobby mit einer kommerziellen Schnittstelle versieht.

Ein spektakuläres Beispiel aus den USA ist der Rechtsanwalt und Hobbyjongleur Stephen Volz, der zusammen mit seinem Freund Fritz Grobe im Sommer 2006 entdeckte, dass es zur Spontanentleerung kommt, wenn man Mentos-Kaubonbons in Diet-Coke-Flaschen wirft. Zusammen entwickelten die beiden eine artistische Performance daraus, bei der sie 200 Liter Coke mit 500 Mentos in eindrucksvolle Fontänen verwandeln. Seither touren sie damit über Land, waren schon bei David Letterman zu Gast und haben unter dem Label Eepybird eine Markenberatungsfirma gegründet – natürlich spezialisiert auf virales Marketing (eepybird.com). Weniger spektakulär, dafür umso nützlicher ist die Literatur-Datenbank Litlink, die Philipp Sarasin, im Hauptberuf Geschichtsprofessor an der Uni Zürich, zusammen mit den beiden Partnern Nicolaus Busch und Peter Haber entwickelt, um Geistes- und Sozialwissenschaftlern das Leben zu erleichtern. Im Gegensatz zu marktüblichen Programmen erlaubt die Datenbank die assoziative Verknüpfung von bibliographischen Informationen, Zitaten, Exzerpten, Textauszügen und eigenen Notizen (litlink.ch). Noch ist die Software, die mittlerweile in der Version 3.0 vorliegt, als Freeware gratis zu beziehen und finanziert sich über Spenden, aber die Netzwerklizenz soll verkauft werden, und vielleicht wird irgendwann einmal ein einträglicher Standard daraus.

Das Agieren in den Nischen am langen Ende der Nachfragekurve muss keineswegs eine brotlose Veranstaltung sein, auch wenn es dem Einzelnen schwerlich gelingen dürfte, über die Long-Tail-Mechanik ein breites Spektrum abzuschöpfen. Die Strategieempfehlung »Selling more of less« – im Einzelfall weniger, aber dafür von einem breiten Sortiment zu verkaufen – richtet sich eher an Großunternehmen und Internetplattformen. Umgekehrt ist aber die intime Kenntnis einer bestimmten Nische häufig Voraussetzung dafür, dass eine Marke Eigenbau diese Nische verlässt und zu einem Hit wird. Und wer, wenn nicht Eigenbau-Marken soll die Nischen bedienen, die keine großen Hits werden, aber dennoch ausreichend Nachfrage generieren? Auch die Amsterdamer Experten von trendwatching.com haben diesen Trend erkannt, ihn auf den Namen »Nouveau Niche« getauft und sind überzeugt, dass »die neuen Reichen daher kommen werden, neue Nischen zu bedienen«. Zu ihren Beispielen zählen die britische White Company, die in ihren Läden ausschließlich weiße Accessoirs und Textilien für den Wohnbereich führt, das New Yorker Label Rice to Riches mit über zwanzig Sorten des Traditionsgerichtes Reispudding und der Versender Oil & Vinegar, der 25 Sorten hochkarätiges Olivenöl über das Internet vertreibt.

Ein schönes Beispiel aus Deutschland ist das hölzerne Kinderlaufrad Like A Bike. Mitte der neunziger Jahre suchte Rolf Mertens aus Aachen ein Fahrrad für seinen zweijährigen Sohn, der mit seinem großen, bereits radelnden Bruder mithalten wollte. Da Mertens für so kleine Kinder nichts Passendes fand, baute er aus Holz ein einfaches Minilaufrad ohne Pedale. Bei den ersten Fahrversuchen des Jüngeren stellte er fest, dass sich mit den Minilaufrädern der Gleichgewichtssinn von Kleinkindern bestens trainieren lässt. Auf der Straße wurde die Familie zudem immer wieder auf das originelle Gefährt angesprochen. Zunächst baute Mertens für den eigenen Bekanntenkreis. Dann gründete er eine kleine Firma. Heute verkauft seine Kokua GmbH pro Woche hunderte Like A Bikes – und die Idee wurde von mehreren großen Herstellern kopiert. Die Nische dafür ist inzwischen groß genug, und das Eigenbau-Marken-Original gehört trotz kapitalstarker Konkurrenz weiter zu den Marktführern.

Die Long-Tail-Ökonomie ist eine Marktmeritokratie im strikten Sinne, das heißt: Qualität, die von den – noch – Endkonsumenten erkannt wird, bei ihnen einen Nerv trifft oder in ihrem Leben eine Lücke schließt, setzt sich durch und schlängelt sich entlang der Nachfragekurve nach oben. Dies zeigen auch Geschichten von Bands und Musikern wie Arctic Monkeys oder Lily Allen, die ihre Songs auf MySpace eingestellt haben und dadurch quasi über Nacht zu Weltstars wurden. Das Berliner Modewunder hat kleine Labels wie Bless, Kaviar Gauche oder C.Neeon, die in Privatwohnungen und kleinen Ladenlokalen begannen, binnen weniger Jahre auf die internationalen Laufstege gebracht. Eine Fülle von Zeitschriften und Magazinen wie *Jungle World, Monopol, Dummy, Monocle* oder *Liebling* ist in den letzten Jahren entstanden, meist ohne Startkapital und einen Großverlag im Rücken. Viele bedienen als so genannte »Microzines« eine Very-Special-Interest-Nische und finden ihr Auskommen durch zielgruppengenaue Ansprache und entsprechenden Vertrieb. Andere profilieren sich durch einen neuen Zugriff auf allgemeinere Themen und dadurch als Talentschmiede für junge Autoren. Die Erfolgsgeschichte von *brand eins* mit einer tatsächlich verkauften Auflage von deutlich über 100 000 Exemplaren zeigt, dass ein Nischenmagazin zur Lieblingszeitschrift für ein Milieu mittlerer Größe werden kann.

Selbst im Buchmarkt macht sich die neue Chancengleichheit bemerkbar, wo außerplanmäßig mitunter Titel vorbei an der verknappenden Marktmacht der großen Verlage und Buchhändler auf einmal zu Millionenbestsellern avancieren. Der Literaturkritiker Dirk Knipphals souffliert als Deutung für diese »freak sells«, wie derart unvorhersehbare Überraschungserfolge in Anlehnung an die »freak waves« der Ozeane genannt werden, darin melde »sich eine Instanz kraftvoll als Akteur zu Wort, die im Literaturbetrieb gelegentlich übersehen wird: die Leserschaft«.[13] Die Türsteher verlieren an Macht, Qualität setzt sich durch – für die Türsteher selbst und diejenigen, die sich ihrer bedienen, ist das eine schlechte Nachricht. Für die Marke Eigenbau eine gute.

3.3 One of a Kind: Unikate, Editionen und limitierte Auflagen

Wie der Künstler häufig als Prototyp für den kommenden Arbeitskraftunternehmer herhalten muss, kann auch der Kunstmarkt als Anschauungsobjekt für die kommende Gestalt und Dynamik anderer Märkte dienen. Bildende Künstler waren schon immer Entrepreneure in eigener Sache und auf eigene Rechnung, spätestens seit sie sich in der Rennaissance von den Handwerkern abspalteten und eigene Werkstätten und Schulen gründeten. Dabei ist der Künstler als Unternehmer keine Erfindung der Gegenwart. Schon die Malerwerkstätten von der Gotik bis zum Barock trugen den Charakter mittelständischer Betriebe, in denen die Werke arbeitsteilig entstanden.[14] Kunstwerke sind prototypische Marke-Eigenbau-Produkte, und der Kunstmarkt war schon immer ein Long-Tail-Markt, geprägt durch eine enorme Vielzahl von Anbietern ohne nennenswerte Größenvorteile oder Skaleneffekte in der Produktion. Die steil abfallende und langgezogene Long Tail-Kurve entspricht dabei den Preisen, die für die Werke einzelner Künstler gezahlt werden und bildet damit die große Amplitude der Einkünfte ab, die sich im Kunstmarkt erzielen lassen.

Dabei werden die lebenden Starkünstler – in den Fußstapfen der Meister des Mittelalters – zu Managern, die die Produktion nur noch überwachen oder um den Globus jetten, um Ausstellungen und Werkschauen vorzubereiten, während Assistenten und Subunternehmer die eigentlichen Kunstwerke produzieren. Jeff Koons ist nicht nur einer der teuersten lebenden Künstler, sondern ein mittelständisches Unternehmen mit Sitz im New Yorker Stadtteil Chelsea und, je nach Auslastung, bis zu vierzig Angestellten. Der international erfolgreiche Fotokünstler Wolfgang Tillmans, einstiger Chronist subversiver Jugendkulturen, erklärt im Interview, dass er London als Arbeitsort dem Standort Deutschland vorziehe wegen der Möglichkeit, »Assistenten zu beschäftigen, ohne Bürokratie, ohne eine Steuererklärung zu machen«.[15] Das sind Töne, wie man sie sonst eher von larmoyanten Wirtschaftsbossen kennt.

Die große Mehrheit der Kunstschaffenden, die sich am flachen Ende der Kurve einsortieren, entspricht dagegen eher dem Bild des brotlosen Künstlers, wie wir ihn aus Spitzweg-Gemälden kennen. Sie ist angewiesen auf »eine karge Öknomie der Improvisation und informelle Netzwerke gegenseitiger Hilfe«.[16] Laut Statistik der Künstlersozialkasse, in der das Gros der freien Kulturschaffenden versichert ist, lag das durchschnittliche Jahreseinkommen bildender Künstler mit knapp über 10 000 Euro deutlich am unteren Ende der Skala und knapp über dem Existenzminimum. Dahinter kommen nur noch die Musiker. Obwohl diese Angaben mit Vorsicht zu genießen sind, weil sie auf Selbstauskünften beruhen, vermitteln sie doch eine Vorstellung der zu erzielenden Einkommen. Trotzdem lockt das Berufbild Künstler immer mehr junge Menschen an, die es zumindest als Wild Card in ihr Portfolio aufnehmen.

Denn auch hier fallen die Marktzutrittsbarrieren, und die Türsteher des Kunstbetriebs, Kuratoren, Galeristen und Museumsdirektoren verlieren ihre Allmacht. Der britische Street-Art-Künstler Banksy hat vorgemacht, wie man mit Schablonengraffiti und Chuzpe zu einem der gefragtesten lebenden Anlageobjekte aufsteigen kann. Ursprünglich hat er sich Zutritt verschafft, indem er leicht verfremdete Gemälde anonym und ungefragt in Museen anbrachte. Der Schwindel fiel erst auf, als sich eines der Bilder von der Wand löste; das Rätselraten um den Urheber begann und begründete den Banksy-Mythos. Dafür, dass sich die immer noch recht hermetische Kunstwelt weiter öffnen dürfte, sorgt Charles Saatchi. Unter saatchi-gallery.co.uk/yourgallery hat der britische Großsammler eine Plattform einrichten lassen, auf der Amateure wie Profis vorbei an arrivierten Galerien und Museen ihr Kunstschaffen publik machen und von der Masse bewerten lassen können. Mit angeblich mehr als 30 Millionen Besuchern täglich könnte YourGallery so etwas wie das MySpace der bildenden Kunst werden. Gut möglich, dass daraus der erste Überraschungs-Superstar nach Vorbild der Arctic Monkeys hervorgeht. Aber auch das breite Mittelfeld kann darauf spekulieren, in der ein oder anderen Form vom boomenden Kunstmarkt zu profitieren, nach dem Motto: Die Flut hebt alle Boote.

Und der Boom der Gegenwartskunst dauert an. Jährlich werden neue Preisrekorde für die Werke zeitgenössischer Künstler ausgerufen, zuletzt im Juni 2007 unglaubliche 73 Millionen Dollar für ein Bild von Mark Rothko. (Damien Hirsts diamantbesetzter Totenschädel aus Platin läuft außer Konkurrenz, dessen reiner Materialwert betrug schon 75 Millionen Dollar.) Seit Mitte der neunziger Jahre steigen die Preise, und anders als beim Aktien- oder Immobilienmarkt ist eine Trendwende bislang nicht in Sicht. Natürlich sind es die Superreichen, die für Rekordpreise auf Auktionen verantwortlich zeichnen und die Werke als Anlage- und Spekulationsobjekte betrachten, aber sie bilden nur die oberste

Spitze einer Pyramide, deren Basis immer breiter wird. Denn der so genannte Hype hat viel mit dem robusten Trend zur Marke Eigenbau zu tun, nicht so sehr, weil es dabei um Handgemachtes geht, sondern weil es um Objekte geht, bei denen nicht der Gebrauchswert oder das Preis-Leistungs-Verhältnis im Vordergrund stehen. Vielmehr speist sich ihr Wert aus der sozialen Sphäre. Ein Kunstwerk ist bekanntlich genau so viel wert, wie jemand bereit ist, dafür zu bezahlen, und diese Wertschätzung hat nicht nur mit der Anerkennung für den Künstler und dessen Werk zu tun, sondern auch viel mit Außenwirkung.

Über Jahrzehnte galt es für weite Teile der Bevölkerung als erstrebenswert, dem verschwenderischen Lebensstil der Reichen und Schönen nachzueifern, der in Hochglanzmagazinen vorgelebt wurde. Die Demokratisierung des Luxus war das große, paradoxe Versprechen der Konsumgesellschaft. Allerdings hat darunter der opulente und ostentativ ausgestellte Luxuskonsum selbst gelitten. In Reinform wird er heute fast nur noch von russischen Oligarchen, deren Frauen und Mätressen praktiziert. Auch die Neureichen Asiens und anderer Schwellenland-Regionen verzeichnen auf diesem Gebiet noch Nachholbedarf. Die neuen Eliten im Westen haben sich derweil anderen Formen des Distinktionsgewinns zugewandt. Für die USA beschreibt der Journalist David Brooks die kultivierte und liberal sozialisierte neue Oberschicht, die uns hierzulande als bildungsbürgerliches Milieu bestens vertraut ist, treffend als bourgeoise Bohemiens oder kurz »Bobos«, die Widersprüche mühelos vereinbaren: »Die hervorstechendste Leistung der Bildungseliten der Neunzigerjahre bestand darin, einen Lebensstil zu entwickeln, der es ihnen ermöglichte, einerseits wohlhabend und erfolgreich zu sein, andererseits aber auch rebellisch und unorthodox.«[17] Deshalb sind sie beständig auf der Suche nach neuen Statussymbolen, die nicht so aussehen und auftrumpfen wie die der alten Elite.

Hier kommt abermals der Prosuming-Gedanke ins Spiel, wenn auch in symbolisch überhöhter Form: Dinge von professioneller Qualität anzuschaffen bietet ein Ventil, viel Geld auszugeben, ohne dabei sichtbar Reichtümer anzuhäufen oder obszön zu wirken. Den schlagendsten Beleg für diese Veränderung liefert Brooks die Beobachtung, dass die häusliche Küche als Repräsentationsraum die gute Stube – in den USA war es traditionell die Eingangshalle – abgelöst hat, zur Wohnküche mutierte, und mit professionellem Gastrogerät aufgerüstet wird. Aber das gesamte Feld von Konsum und Freizeit wird davon erfasst: »Ebenso wird es gern gesehen, wenn man Hunderte von Dollar für Wanderschuhe ausgibt, als vulgär gilt hingegen, denselben Betrag für Lacklederschuhe aufzuwenden. (...) Nur eine bemitleidenswerte Person würde für mehrere Hundert Dollar Kaviar kaufen, jemand mit Verstand hingegen könnte es fertig bringen, für den selben Betrag Gartenerde zu erstehen – bei Gartenerde sollte man nie sparen. Man kann so viel Geld ausgeben, wie man will, solange das, was man kauft, noch als Werkzeug durchgeht.«[18]

Bobos, nennen wir sie einfachheitshalber auch so, lieben den Luxus der scheinbar einfachen Dinge, an denen sich Raffinement und Kennerschaft kultivieren lassen. Von daher bietet das Sammeln von Kunst – und hier insbesondere die sperrigen Werke der Zeitgenossen – ein hervorragendes Betätigungsfeld, einen elaborierten Geschmack zu entfalten und zum Connaisseur zu werden. Kunstwerke sind die ultimativen neuen Statussymbole, weil es sich dabei um »Positionsgüter« handelt, wie sie der Ökonom David Hirsch nennt, und damit Gegenstände meint, »die sich von Natur aus nicht zur Massenproduktion eignen und deren Wert sich vor allem danach bemisst, welchen Platz sie auf der persönlichen Liste der begehrenswerten Dinge einnehmen«.[19] Neben ihrer starken Außenwirkung sind Positionsgüter dadurch gekennzeichnet, dass ihr Besitz dazu führt, dass andere vom Konsum ausgeschlossen werden – was bei Kunstwerken eher der Fall ist als bei Luxusartikeln, die einfach nur teuer sind, aber selten rar.

Walter Benjamin hat dieses besondere Fluidum, das Kunstwerke umgibt, feinsinnig als »Aura« beschrieben, die sich aus ihrer Echtheit ableitet, der Tatsache, dass exakt ein Ding von dieser Sorte existiert, dessen Herkunft bekannt ist und dessen Spur durch die Geschichte sich nachzeichnen lässt. »Das Hier und Jetzt des Originals macht den Begriff seiner Echtheit aus.«[20] Kein Wunder daher, dass technische Produktions- und Reproduktionsverfahren dieser Aura nicht gut bekommen, denn »was im Zeitalter der technischen Reproduzierbarkeit des Kunstwerks verkümmert, ist seine Aura«.[21]

Allerdings hat der ausdifferenzierte Kunstmarkt inzwischen Mittel und Wege gefunden, die verkümmernde Aura des Kunstwerkes auch in der Reproduktion zu konservieren, indem er die Anzahl künstlich und vorsätzlich verknappt. Neben dem Unikat kommen Kunstwerke immer häufiger als Editionen in limitierter Auflage auf den Markt, sodass sich die Aura des Originals auf eine begrenzte Stückzahl verteilt, ohne sich ganz zu verflüchtigen. Jeder Künstler, der sich mit großflächigen Tafelbildern oder raumfüllenden Installationen einen Namen gemacht hat, hat heute auch Druckgrafik oder Multiples im Sortiment; Galeristen drängen auf derartige Multiplikationsformen, weil sich damit in der Summe höhere Umsätze erzielen lassen. Erfolgreich neu aufgerollt hat dieses Marktsegment der 2004 gegründete Fotokunsthändler Lumas, der signierte Abzüge bekannter und unbekannter Fotokünstler in streng limitierter Auflage von meist 75 bis 100 Exemplaren zu Preisen meist unter 1000 Euro in eigenen Galerien und über das Internet verkauft. So kann sich ein begrenzter Kreis von Sammlern ein Scheibchen von der Aura bekannter Namen abschneiden und ins Wohnzimmer hängen, oder wie Lumas auf seiner Website schreibt: »Wir machen Werke anerkannter Künstler für alle Kunstbegeisterten und neuen Sammler erschwinglich.« Das Berliner Kunst-Fanzine *von hundert* treibt den dahinter liegenden Mechanismus der kontrollierten Verknappung noch auf die Spitze. Jede Ausgabe erscheint in streng limitierter Stückzahl und trägt die fortlaufende Nummerierung von 1/100 bis 100/100 als Titel auf dem Titel. (Alle, die dabei leer ausgehen, können die Texte aber auf der Website vonhundert.de nachlesen.)

Das Einmalige, das Seltene hat schon immer die Menschen magisch angezogen. Das Wesen der Ökonomie ist der Umgang mit Knappheit. Verhaltens-Ökonomen haben herausgefunden, dass Menschen ein Gut allein dadurch attraktiver erscheint, dass es Konkurrenz darum gibt.[22] Die Massenproduktion hat das Axiom

der Knappheit gelockert und versucht nun, es durch die Hintertür
wieder einzuführen, indem sie Knappheit künstlich simuliert. Oft
ist das der Versuch, die Aura des Originals auch in homöopathischer
Verdünnung noch als wirksam anzupreisen. Star-Designer geben
ihren Namen her für Mode, Möbel oder Küchenaccessoirs. Sie ver-
strömen ihre Aura über die gesamte Kollektion, auch wenn über die
absolute Auflagenhöhe nichts bekannt ist. Eine unbrauchbare Saft-
presse von Allessi wird durch die Handschrift von Philippe Starck
zum begehrten Designobjekt. Teile aus den H&M-Kollektionen von
Karl Lagerfeld, Stella McCartney oder Madonna erzielen auf eBay
Preise weit jenseits des Ladenpreises. Exklusive Modelabels steuern
die Verknappung räumlich darüber, dass sie nur in ausgewählten
Geschäften in wenigen Städten überhaupt verfügbar sind. Natürlich
ist die It-Bag der Saison immer schon ausverkauft. Sämtliche Snea-
ker-Marken von Adidas über Nike bis K-Swiss arbeiten mit dem Mechanismus künstlicher Verknappung, indem sie von Zeit zu Zeit Son-
dereditionen in angeblich streng limitierter Auflage herausbringen.

Spätestens bei Spülmitteln und Grillsaucen in limitierter Auflage
aber wird der Mechanismus ad absurdum geführt, und die Pseudo-
Verknappung kippt ins Lächerliche. Hier haben Eigenbau-Marken
einen natürlichen Glaubwürdigkeitsvorsprung, weil ihr Ausstoß
schon allein durch die Produktionsweise begrenzt ist und die Aura
des Besonderen nicht erst künstlich hergestellt werden muss. Ihre
Produkte entsprechen weit eher dem Zeitgeist der Long-Tail-Ära.
Sie versprechen echten Distinktionsgewinn, weil sie Kennerschaft
voraussetzen und eine Geschichte erzählen können. Anscheinend
gelingt es ihnen deshalb auch besser, den Reiz des echten Unikats
zu erzeugen, auch wenn man sich mittlerweile seine Sneakers über
die Website zusamenklicken und dadurch einzigartig machen
kann (vgl. Kapitel 4.2). Das Design-Studio Proxy zum Beispiel hat
die parasitäre Idee des Ikea-Hackings in ein Geschäftsmodell ver-
wandelt und baut aus Ikea-Zutaten Kleinserien und Unikate. Unter
studioproxy.de finden sich modulierte Beistelltischchen und in-
einander verkeilte Billy-Regale namens »Shizo Brothers«, Preise
auf Anfrage. Das Modelabel No Editions des in New York lebenden
Münchners Christian Niessen wendet dieses Prinzip auf Kleidung

an: Durch neue Druckverfahren variieren die Stoffmuster, sodass jedes Stück der Kollektion einmalig wird. Ordert man ein Teil über die Website noeditions.com erscheint danach sofort der befriedigende Vermerk »not available«. So ähnlich funktionieren auch die Palimpsest-T-shirts des Weblogs riesenmaschine.de. Jedes Jahr lassen die Macher hundert gebrauchte T-shirts mit ihrem Logo bedrucken, die zuvor in Second-Hand-Läden zusammengekauft wurden. Einzeln betitelt und betextet erscheinen sie auf der Website und sind regelmäßig nach kurzer Zeit ausverkauft.

Ein späterer Wertzuwachs ist nicht garantiert, aber er ist auch nicht ausgeschlossen. Zumindest bringen Unikate, Editionen und Kleinserien die strukturellen Voraussetzungen dafür mit, wenn man bedenkt, dass für bestimmte Band-T-Shirts mit Tourneedaten mittlerweile auf eBay und speziellen Sammlerbörsen Dollarbeträge im oberen dreistelligen Bereich geboten werden. Anders ausgedrückt: Die beiden eBay-Kategorien »Antiquitäten & Kunst« und »Sammeln & Seltenes« nähern sich einander immer weiter an. Überall dort, wo es um designte Objekte in natürlich begrenzter Stückzahl geht, verschwimmen die Grenzen zwischen Kunstmarkt und Marke Eigenbau-Segment. Takashi Murakami, der in der Kunstwelt als legitimer Erbe Andy Warhols gehandelt wird, hat bunte Taschen für Louis Vuitton entworfen, die natürlich sofort vergriffen waren. Handelt es sich dabei um Kunst? Vielleicht ist diese Frage auch einfach nur müßig. Wie andernorts die Grenze zwischen U- und E-Kultur längst verwischt ist, wird auch die Trennung zwischen Hochkunst und Kunstgewerbe an vielen Stellen porös und obsolet. Einige glauben, in der neuen Engführung von Kunst und Design bereits ein Wiederaufleben der Tradition zu erkennen, die vom britischen Arts-and-Crafts-Movement über den Werkbund bis zum Bauhaus reichte, bevor sich die Felder auseinander dividierten. In jedem Fall bleibt festzuhalten, dass der abfällige Unterton, der dem Etikett Kunsthandwerk lange Zeit anhaftete, dabei ist, sich zu verflüchtigen. Vielleicht wird einiges, was heute noch Marke Eigenbau ist, irgendwann einmal Kunst sein. Vielleicht werden kommende Generationen aber selbst diese Unterscheidung einfach nicht mehr verstehen.

3.4 Hybrid Economy: Geld verdienen mit Geschenken

Es gibt eine weitere Spielart des Geeks oder Nerds, bei der die Sammelleidenschaft des Afficionados und die Do It Yourself-Attitüde des Prosumenten zusammenfallen: den Fan. In Japan nennt man solche Menschen »Otakus«. Ursprünglich bezeichnete Otaku den Manga-Fan, der sich nicht auf das Sammeln von Manga-Comics beschränkt, sondern eigene Fortsetzungen seiner Lieblingsserie kreiert, dabei auf das bestehende Personal zurückgreift oder völlig eigene Figuren und Handlungsstränge einführt. In den großen japanischen Komikläden wurden die Dojinschis, die selbst gemachten Fanzines der Otakus neben den Originalen einsortiert, viele Zeichner schafften dadurch den Sprung in die Professionalität. Auch in Deutschland ist die Manga-Jugendkultur mit allen Versatzstücken von passender Musik («Visual Kei«) bis Mode («Cosplay«) voll angekommen, hat nicht nur die Metropolen, sondern vor allem auch die Provinz erfasst und hier insbesondere junge Frauen in Bann gezogen. Einige der international erfolgreichsten Strips mit den niedlichen Knopfaugenfiguren stammen aus der Feder von deutschen Zeichnerinnen mit Adressen in Wolfenbüttel oder Neuss und bürgerlichen Namen wie Anika Hage oder Christina Plaka. Der *KulturSPIEGEL* schreibt über diese Mangakas, die ihre japanischen Vorbilder teils an Auflage übertroffen haben: »Sie sind zwischen 19 und 23 Jahre alt, schreiben und zeichnen ihre Geschichten selbst und haben in Zeiten von Jugendarbeitslosigkeit und Pisa-Düsternis ihre eigene berufliche Nische geschaffen: Mehr als ein Dutzend von ihnen stehen bei einem der großen Manga Verlage Carlsen, Egmont Manga & Anime (EMA) und Tokiopop unter Vertrag. Sie können mit dem Zeichnen, auch wenn die Honorare noch bescheiden ausfallen, ihren Lebensunterhalt bestreiten.«[23]

Auch wenn sich also hieraus Marke-Eigenbau-Erwerbsmodelle basteln lassen, ist das Wesen der Otaku-Kultur doch zunächst einmal nicht kommerziell und speist sich aus der Fan-Begeisterung für eine bestimmte Sache oder ein kulturelles Phänomen. Mittlerweile bezieht sich der Begriff nicht mehr nur auf die Fortschreibung von Mangas und Anime-Trickfilmen, sondern erstreckt sich auf alle Bereiche, in denen Fan-Kulturen am Werk sind und Fans sich mit Hingabe austauschen. Dazu zählen Musikstücke, die von Fans gesampelt, gecovert und neu interpretiert werden, ebenso wie bewegte Bilder und Videos, die remixt und mit neuer Tonspur versehen werden. Auf Plattformen wie YouTube findet ein reger Austausch dieses Otaku-Materials statt, Millionen Amateur-Playbackkünstler folgen dem Aufruf »Broadcast yourself«, einige wurden mit ihren Coverversionen weltbekannt. Douglas Rushkoff weist darauf hin, dass die Königsdisziplin für Computerspiel-Nerds darin besteht, das Spiel selbst umzuprogrammieren: »Sie werden von passiven Rezipienten der Regeln zu Individuen, welche diese Regeln bewusst brechen, und schließlich zu Autoren, welche sie neu formulieren. Sie dekonstruieren den Inhalt des Spiels, entzaubern sein Äußeres und modeln es dann im Do It Yourself-Verfahren zum kreativen Selbstausdruck um.«[24] Auf MySpace stellen Millionen von Bands Kostproben ihres Schaffens zum Anhören ein, auf Flickr laden Millionen von ambitionierten Hobbyfotografen ihre Fotos hoch, um sie von einer interessierten und sachkundigen Öffentlichkeit diskutieren zu lassen.

Es klingt trivial, aber sollte nicht vergessen werden, dass diese Fan-Subkulturen, Szenen und Communities nach anderen Regeln als nach rein kommerziellen funktionieren. Es sind Geschenkökonomien, in denen eine Kultur des Teilens und der freie Zirkulation von Ideen und kreativen Inhalten praktiziert wird – ein bisschen wie beim elaborierten Gabentausch der Trobriander in Polynesien, die einem Ritual folgend Muschelarmbänder innerhalb des Archipels immer im Kreis herum schenken. Auch in der Otako-Kultur sind ökonomische Gesetze und Verkehrsformen nicht außer Kraft gesetzt, es gelten die Währungen Respekt und Aufmerksamkeit. Gute Arbeit wird durch Anerkennung honoriert, ein persönlicher Gefallen mit einer Nettigkeit beantwortet. Aber es fließt kein Geld zwischen den Akteuren und die Einführung monetärer Zahlungsweisen würde das Wesen der Geschenkökonomie zerstören. Gleichzeitig kommen die meisten dieser Sphä-

ren im digitalen Zeitalter nicht mehr ohne eine Austauschplatt-
form aus, die von einem kommerziellen Anbieter zur Verfügung
gestellt wird. Oft sind das börsennotierte Unternehmen, die nach
klassischen Regeln profitorientiert arbeiten und am Ende des Ge-
schäftsjahres einen Gewinn vorweisen müssen. »User Generated
Content«, also Inhalte, die von mehr oder weniger stark involvier-
ten Nutzern kreiert werden, sind zum Treibstoff des so genannten
Web 2.0 geworden. Die meisten Firmen, die den New-Economy-
Crash überlebt haben und seither prosperieren, profitieren in der
einen oder anderen Form davon. Google hat keine eigenen Inhalte,
sondern arrangiert die Inhalte des Webs und stellt passende Werbung dazu. Bei eBay übernehmen die Nutzer den gesamten Part
der Aufbereitung und Beschreibung der Angebote. Für Etsy gilt
dasselbe. Amazon lebt unter anderem von den Kundenrezensionen, die engagierte Leser kostenlos zur Verfügung stellen. Selbst
der Burda-Konzern hat sein Uralt-Geschäftsmodell der Schnittmusterbögen ins Web-2.0-Zeitalter transformiert und lädt unter
burdastyle.com zum »Open Source Sewing« ein, sprich: eigene
Entwürfe hochzuladen und vorhandene Schnittmuster zu modifizieren. Die Liste ließe sich beliebig verlängern.

Der springende Punkt ist: Mit den Inhalten wird auch ein wachsender Teil der Wertschöpfung, die die Geschäftsgrundlage beziehungsweise den Börsenwert dieser Firmen ausmachen, von den
Usern generiert. Lawrence Lessig, Rechtsanwalt und Copyright-
Vordenker, nennt diese Zone, in der sich klassische kommerzielle
Ökonomie und die von Fan-Kulturen getragene Geschenkökonomie überlagern, »Hybrid-Ökonomie« und weist darauf hin, dass
die juristischen Spielregeln, nach denen diese funktioniert, eine
der zentralen Weichenstellungen für die Wirtschaft der Zukunft
beinhalten. Denn beide Teile funktionieren nach eigenen Geset-
zen, die nicht ohne weiteres in Einklang zu bringen sind. Eine der
wichtigsten Fragen in diesem Zusammenhang ist die des Urheber-
schutzes: Während die Geschenkökonomie – und historisch gesehen jede Form von Kultur- und Wissensproduktion – auf freiem
Austausch basiert, drängen die kommerziellen Verwerter auf eine
Ausdehnung der Schutzrechte für geistiges Eigentum. Wir werden

später auf diese Problematik zurückkommen (vgl. Kapitel 7). Das Aushandeln der Spielregeln für die hybride Ökonomie ist aber schon deshalb von so zentraler Bedeutung, weil über kurz oder lang alle Sektoren davon erfasst und insbesonder die dynamischsten Bereiche der Wirtschaft diese Form annehmen werden, indem sie Nutzer an der Wertschöpfung beteiligen. Das gilt keineswegs nur für die digitale Kulturproduktion, sondern längst auch für Warenmärkte.

Nehmen wir die Freizeitindustrien: Windsurfing, heute ein Breitensport mit einem nachgelagerten Milliardenmarkt, wurde in den sechziger Jahren von ein paar gelangweilten Hippies am Strand von Hawaii zur Marktreife verfeinert. Die erste Zeichnung eines Segelbretts stammte von einem Hobbysegler namens Newman Darby und wurde 1964 als Selbstbauanleitung im Bastlerheft *Popular Science* veröffentlicht. Erst 1968 meldet der Surfer Hoyle Schweitzer ein Patent an und begann, den neuen Trendsport professionell zu vermarkten. Ganz ähnlich sah es beim Mountain Bike aus: Mitte der Siebziger schraubten ein paar Freaks, diesmal in Marin Country, Kalifornien, erste Bastarde aus Cross-Motorrädern und Cruising-Bikes zusammen, um damit Hänge herunterzubrettern. Kommerziell vermarktete und massenhaft hergestellte Mountain Bikes kamen erst 1983 in den USA auf den Markt. Heute ist bald jedes zweite Fahrrad eine Art Mountain Bike. Fast jede neue Trendsportart von Skateboarding bis Kite-Surfing verzweigt sich nach diesem Muster aus einer bestehenden Disziplin, indem passionierte Praktiker die Grenzen ausloten und vorgefundenes Equipment dementsprechend modifizieren.

Die Basisinnovationen stammen selten aus Unternehmen, die schon im Markt aktiv sind, aber unternehmerische Strukturen kommen ins Spiel, wenn es um die kommerzielle Produktion und Vermarktung geht. Findige Firmen können dort übernehmen, wo die Amateure ihrerseits an ihre Grenzen stoßen. Weil die wenigsten mit ihrer Innovation eine Geschäftsidee verfolgen, sind sie oft dankbar bereit, ihre Idee abzutreten, wenn sie dafür mit der professionellen Umsetzung belohnt werden. Eric von Hippel, Professor am MIT, führt in seinem Buch *Democratizing Innovation* zahlreiche Beispiele solcher Nutzer-zentrierten Innovationsprozesse auch aus anderen Bereichen an und untersucht deren Erfolgskriterien. Danach sind es besonders die Lead User, die bei der Innovation eine Schlüsselrolle spielen. Durch ihre buchstäblich fanatische Fixierung auf das Thema sind sie »den Markttrends um einiges voraus«, und im Gegensatz zu den Herstellern, die das unternehmerische Risiko tragen müssen, sind sie es, die als erste unmittelbar von einer Innovation in ihrem Sinne profitieren.[25] Trotzdem sind die Chancen für Unternehmen, die sich ihren Lead Usern gegenüber öffnen, ungleich größer als die Risiken (vgl. Kapitel 5.3).

Ein Unternehmen, das den Eigenbau-Gedanken nahezu in Reinform verkörpert, aber zwischenzeitlich aus dem Tritt geraten war, hat sich auf diese Weise neu erfunden: Lego. Die gesamten neunziger Jahre hindurch schlingerte der dänische Spielzeughersteller, der mit den vom Tischlermeister Ole Kirk Christiansen erfundenen bunten Universalbausteinen aus Plastik zum Klassiker geworden war, weil man versuchte, den Entwicklungen am Spielzeugmarkt zwischen Computerspielen und Actionheld-Figuren mit immer ausgefeilteren Eigenkreationen nachzueifern. Erst 2007 meldet Lego wieder tiefschwarze Zahlen und gibt als Grund die Konzentration auf das Kerngeschäft an. Ein Teil dieser Rückbesinnung bestand darin, in der Masse treuer Lego-Fans auch außerhalb des Kinderzimmers intensiv nach Talenten zu suchen, die dem Unternehmen beim Produktentwicklungsprozess unter die Arme greifen konnten. Eines dieser Talente heißt Reinhard »Ben« Beneke, 38 Jahre alt, Ingenieur in einer mittelständischen Firma in Niedersachsen – und ein AFOL. Die Abkürzung steht für »Adult Friends of Lego«, also Erwachsene, die aus den Kinderspielsteinen Dinge bauen, die eine beeindruckende technische Komplexität haben. Wieviele AFOLs es weltweit gibt ist unklar, aber rund 13 000 sind in Clubs organisiert. Beneke gehört zu den bekannten Köpfen der deutschen Szene. Er baut mit den bunten Plastiksteinen »solange er denken kann.« Wieder »aktiv dabei« – will sagen als AFOL – ist er seit 1996. Seitdem hat er rund eine Million Steine zusammengekauft (die rund 500 Kilo wiegen), eine der größten deutschen Lego-Fanseiten im Netz aufgebaut sowie Dutzende Fan-Treffen mit Eigenkreationen bestückt und mitorganisiert. Ben Beneke ist nach Auskunft der Lego-Presseabteilung Experte für »Lego-Modellbau Eisenbahn und Gebäude/Landschaft im Maßstab circa 1:40.« Zudem beherrscht er LDraw, eine CAD-Software, die computerunterstützte Konstruktion von Lego-Modellen erlaubt. Benekes Freizeit gehört komplett den Plastikklötzchen. Und Lego hat inzwischen gelernt, die Energie, Kreativität und Fachkenntnis von Enthusiasten wie dem Niedersachsen zu nutzen. In seinem Fall als Konstrukteur einer neuen Lokomotive.

Anfang 2006 bekam Beneke eine E-Mail aus dem Lego-Stammhaus in Billund. Ob er nicht Lust habe, an einem Design-Projekt für AFOLs teilzunehmen? Ein paar andere Größen der internationalen Erwachsenen-Lego-Gemeinschaft hätten auch schon zugesagt und ihn empfohlen. Beneke hatte große Lust. Mit der Antwortmail war er Teil des »Ultimate Train Builders«-Teams. Wenig später bekam er – wie seine neun UTB-Kollegen – einen Satz Steine, aus denen die Gruppe abgestimmt Vorschläge für ein neues Lego-Zugmodell zusammensetzen sollte. Es folgten 2 500 E-Mails mit Hunderten von Entwürfen im Anhang und mehrere Workshops in Billund. In knapp zwölf Monaten investierten die ultimativen Zugbauer »Aberhunderte« Mannstunden. Dann war das Set fertig für die Serienproduktion und der Lego-Community-Manager Jan Beyer hoch zufrieden: »Wir merken immer stärker, dass unseren Designern kreativer Input von außen gut tut. Die Lego-Fans, mit denen wir arbeiten, haben oft dreißig oder vierzig Jahre Erfahrung. Die wissen, wie man baut und vor allem, wie man auch mal anders baut.«

An anderer Stelle ging das Unternehmen Lego noch weiter. Das digitale Gehirn und die Sensoren des Baukasten-Roboters Mindstorm NXT ließ Lego gleich ganz von Fans mit Programmierfähigkeiten entwickeln. Das Auge des Plastikgesellen – ein Videosystem – entstand im Rahmen eines Studentenprojektes. Hier war der Ansatz des Spielwarenherstellers: Elektronik gehört nicht zur Kernkompetenz des Unternehmens. Digitale Elemente für Spielwaren sind aber keine Raketentechnik mehr. Warum also nicht das vorhandene Wissen einer technik-affinen Kundschaft nutzen, die zudem große Lust hat, ihre Kompetenzen einzubringen? »Völlig problemlos läuft die Zusammenarbeit von Hobby- und Profidesignern natürlich nicht immer ab«, gibt Lego-Mann Beyer zu. Seine Lehre aus den ersten AFOL-Pojekten: »Wir brauchen klare Briefings für beide Seiten.« Die Enthusiasten neigten dazu, wirtschaftliche Rahmenbedingungen aus den Augen zu verlieren und forderten zu viele teure Sondersteine. Gelegentlich müsse man auch aufpassen, dass keine falschen Erwartungen geweckt würden. Den Traum, professioneller Lego-Designer zu werden, träumen viele Hobbybauer. Den Profis muss bei einer Gemeinschaftsentwicklung klar gemacht werden: Die Ideen der Fans müssen eine echte Chance haben, wenn sie gut sind. Wenn hier keine Offenheit herrscht, kann man das Ganze gleich lassen. Die Kosten für das Unternehmen Lego sind begrenzt. Die Dänen übernehmen die Reisekosten zu den Workshops. Die Arbeitsleistung der Fans kostet sie nichts oder zumindest fast nichts. Die Ultimate Train Builders erhalten drei Mal das Set, das sie konstruiert haben. Und ihre Namen finden sich auf der Packung wieder. Ehre wem Ehre gebührt.

Das hört sich nach Ausbeutung an? Ben Beneke sieht das anders. »Es schadet ja nicht, etwas an der Reputation zu arbeiten«, sagt er zurückhaltend. Im Klartext: Weil er Ultimate Train Builder ist, hat er an anderer Stelle die Möglichkeit, aus seinem Hobby Kapital zu schlagen. Er organisiert zum Beispiel gut besuchte AFOL-Messen und -Treffen. Und dabei dürfte auch finanziell ein bisschen was hängen bleiben. Andere erwachsene Lego-Fans haben die Chancen noch konsequenter genutzt, ihr Hobby zum florierenden Geschäftsmodell auszubauen, die Macher der Website 1000steine.de zum Beispiel. Die Site ist vor einigen Jahren als klassisches Fan-Forum mit Tipps und Veranstaltungshinweisen rund um die bunten Kinderklötze gestartet. Heute ist sie in vier Sprachen online, hat klar kommerziellen Charakter, mit Marktplatz und allem, was zum Geldverdienen im Netz noch so dazu gehört.

Auch wenn Vollblut-Otakus Mittel und Wege finden, ihre Leidenschaft für eine Sache zu professionalisieren und ihr Engagement im Ökosystem einer Marke zu monetarisieren, ist die Frage der fairen Aufteilung des Geldes neben der Copyright-Frage einer der Knackpunkte der Hybrid-Ökonomie. Denn eins ist klar: Mit Ruhm, Ehre und warmen Worten werden sich die inoffiziellen Mitarbeiter nicht mehr lange abspeisen lassen. Auch die begeistertsten Fans, die beobachten, dass andere mit ihren Ideen Geld verdienen, werden ihren Anteil fordern. Sie werden sich nicht mehr die Butter vom Brot nehmen lassen, das sie selbst gebacken haben. Reputation und ein Endprodukt im eigenen Sinne mögen die intrinsische Motivation verstärken, aber letztlich funktioniert Geld doch immer noch am besten als Anreiz und Belohnung. Wie aber organisiert man »Cash from Chaos«? (So eines der Tagesmotti bei der ersten landesweiten Blogger-Konferenz Re:publica, die Anfang 2007 in Berlin stattfand.)

Eine simple Antwort lautet: Die Nutzer an den eigenen Einnahmen beteiligen. Die Videoplattformen Metacafe und in Deutschland Sevenload beteiligen die Filmemacher ihrer Clips an den Werbeeinnahmen. Die Ausschüttung erfolgt je nach Beliebtheit des Videos, was neben der Tatsache, dass häufiger unmotiviert leicht bekleidete Damen im Bild auftauchen, zur Folge hat, dass sich die Produzenten stärker ins Zeug legen. Der Topverdiener auf Metacafe namens Kipkay hat mit seinem Channel inzwischen an die 100 000 Dollar verdient – sein Thema: Hacking- und Bastelanleitungen. In diesen Regionen wird es auch für professionelle Produktionen interessant. Lonelygirl15 beispielsweise startete als vermeintlich privates Video-Blog eines amerikanischen Backfischs auf YouTube, in Wahrheit stand von Anfang an ein professionelles Produktionsteam dahinter, das eine auf die Mechanismen abgestimmte neue Form der gescripteten Web-Reality-Soap-Opera erfunden hatte. Heute erstreckt sich das fiktive Universum von Lonelygirl15 über mehrere Websites und diverse Videoplattformen und dürfte seine Macher inzwischen sehr gut ernähren. Inzwischen musste auch der Marktführer YouTube nachziehen und ein eigenes Beteiligungsschema einführen, damit hier nicht nur der Schrott landet. Zunächst begrenzt auf die USA, soll ab 2008 die Ausweitung nach Europa erfolgen.

Eine andere, fast noch elegantere Antwort heißt, den Machern einen eigenen Geldrückkanal zu eröffnen und dafür eine Abwicklungsplattform zur Verfügung zu stellen. Die virtuelle Online-Welt Second Life ist das Paradebeispiel für diesen Ansatz. Die Betreiber Linden Labs, räumten den Usern von Beginn an die vollen Urheber- und damit Eigentumsrechte an ihren Kreationen innerhalb des Spiels ein. Außerdem schufen sie eine voll kompatible Währung namens Linden-Dollar, mit der sich im Spiel erzielte Einkünfte in reales Geld transferieren lassen. So entfachten sie ein wahres Gründungsfieber für Anbieter virtueller Gegenstände und Immobilien. Grundstücksentwickler, Architekten, Modedesigner, Friseure und Schönheitschirurgen konnten ihre virtuelle Marktnische finden und damit teilweise erhebliche Realeinkommen erzielen. Auch wenn die Konjunktur in Second Life etwas abgeflaut ist, funktioniert diese Einkommensquelle für viele Anbieter noch immer ganz gut, zumal sie, einmal installiert, relativ wartungsfrei Geld abwirft.

Mit einem erstaunlich erfolgreichen Long-Tail-Geschäftsmodell für T-Shirts wurde Spreadshirt aus Leipzig zum deutschen Web-2.0-Vorzeigeunternehmen, das mittlerweile über die Hälfte seiner Umsätze im europäischen Ausland und den USA macht. Über die Website spreadshirt.net kann jeder selbst gestaltete T-Shirt-Designs hochladen, mit einer Auswahl von Blanko-Shirts unterschiedlicher Qualität kombinieren und in einen eigenen Online-Shop einstellen. Der wiederum lässt sich problemlos in die eigene Website integrieren. Auch den Endpreis legt der Shirt-Designer selbst fest und bestimmt damit seine Gewinnspanne pro Shirt. Jede Bestellung wird einzeln im Digitalverfahren gedruckt, Spreadshirt übernimmt Versand und Abwicklung und überweist den Gewinn abzüglich des Fixpreises, ohne dass der Gestalter mit dem Shirt in Berührung käme. Nicht nur für Grafikdesigner eröffnet das eine nette Spielwiese mit Option auf ein Zubrot. Im Prinzip eignet sich jede Form von Community und Fanbasis, deren Mitglieder Symbole ihrer Zugehörigkeit gern bekennermutig auf der Brust herumtragen. Die Liste überraschender Spreadshirt-Erfolgsgeschichten reicht von stilisierten Portraits britischer Fußball-Heroen aus den Sechzigern bis zum Datenschutzaktivismus mit dem Slogan »Stasi 2.0« unter dem Konterfei von Innenminister Schäuble.

Im gleichen Markt wie Spreadshirt, nur mit anderen Mitteln, operieren auch Threadless in den USA, Lafraise in Europa und Graniph in Asien. Sie veranstalten regelmäßige Designwettbewerbe und lassen die User – bei Graniph ist es eine Jury – über die eingereichten Motive abstimmen. Für jeden Entwurf, der am Ende produziert wird, erhält der Designer je nach Platzierung 1000 bis über 10 000 Dollar.

Auch wenn hier und da ein derartiger Jackpot in Aussicht steht, funktionieren viele Geschäftsmodelle in der Hybrid-Ökonomie nach dem Motto »Kleinvieh macht auch Mist«. Wichtig scheint dabei, den Verteilschlüssel offenzulegen und Transparenz herzustellen. Über Fairness wacht auch die Konkurrenz. Wenn die Konditionen sich verschlechtern, wandern die Lead User schnell zum nächsten Anbieter. So wird die Hybrid-Ökonomie andererseits zum Win-Win-Spiel: Wenn alle daran gut verdienen können, verdienen auch die Unternehmen, die die Plattform zur Verfügung stellt, gutes Geld.

Sehr früh erkannt hat das auch Bruce Livingstone, Web-Entwickler im kanadischen Calgary. Im Jahr 2000 – von der Foto-Enthusiasten-Site Flickr hatte noch niemand etwas gehört – stellte Livingstone eigene Fotos auf einer eigenen Seite ins Netz und bot diese kostenlos anderen Kreativen zum Download an. Das fanden andere Grafikdesigner und Fotografen toll. Die kleine Seite entwickelte sich schnell zu einer Tauschbörse von Menschen, die aus beruflichen Gründen oder aus Leidenschaft mit Fotos zu tun hatten. Ein Jahr später war dem Jungunternehmer klar: Hiermit lässt sich Geld verdienen. Zudem liefen ihm Hosting- und Entwicklungskosten der Plattform davon. 2001 stellte er die Seite auf einen geschäftlich intelligenten Bezahlmodus um: Jeder Hobby- oder Profifotograf kann sich auf istockphoto.com kostenlos anmelden und Fotos hochladen. Wer diese Fotos herunterladen möchte, muss dafür bezahlen. Typische istockfotos kosten zwischen 1 und 15 Dollar, in besonders hoher Auflösung bis zu 40 Dollar. Die Fotografen kassieren davon in der Regel 40 Prozent. Bilder unter Fotografen zu tauschen kostet nichts.

Bruce Livingstone gilt als der Vater der so genannten Micro-

Stockfotografie. Stockfotos sind Bilder, die als Themenfotos in Werbung oder in Magazinen, die keine teuren Fotografen bezahlen wollen, zum Einsatz kommen. Früher kamen Stockfotos von relativ teuren Bilderdiensten, die wiederum Bilder von relativ teuren Profifotografen in der Zweitverwertung vermarktet haben. Beim Preis können diese Bilderdienste mit rechtefreier Micro-Stockfotografie im Onlinevertrieb heute nicht mehr mithalten. Und dank günstiger Digital-Spiegelreflexkameras und einfach zu bedienender Bildbearbeitungsprogramme sind bei der Qualität die Grenzen zwischen Amateuren, Semiprofis und Profis ohnehin fließend. Bilddatenbanken mit klassischem Hochpreisansatz wird es nicht mehr lange oder nur noch für Nischenmärkte geben. Bis Ende 2007 hatten 37 000 registrierte Mitglieder an die 2,5 Millionen Bilder auf istockphoto.com eingestellt. Leicht zu browsen, mit einem Mausklick auf der eignen Festplatte, so oft druckbar wie gewünscht, ab 1 Dollar. Die erfolgreichsten iStock-Fotografen könnten mittlerweile allein von diesen Einnahmen leben, unter ihnen Kelly Cline, eine ehemalige Druckereiangestellte aus Seattle. Die 39-Jährige hat sich auf Gourmet- und Lebensmittel-Fotos spezialisiert, rund 1 400 davon im Online-Angebot und mit diesen letztes Jahr 70 000 Dollar Umsatz gemacht. Ihr Fazit lautet: »Kein Job in meinem Leben hat mich so zufrieden gemacht.« Ihren Ehemann hat Cline übrigens im iStockfoto-Forum kennen gelernt.

4. Produktion Marke Eigenbau

4.1 Fabbing: Liebe Maschine, baue mir …

Für den Philosophen Bertrand Russell bestand das Wesen jeder Wirtschaftstätigkeit noch in den 1930er Jahren darin, »die Position von Materie auf oder in der Nähe der Erdoberfläche im Verhältnis zu anderer Materie zu verändern« – einmal abgesehen von der zweiten Variante von Arbeit, »anderen Menschen zu sagen, dass sie das tun sollen«.[1] Noch heute beruht unsere Vorstellung von Wirtschaft darauf, dass es im Wesentlichen darum geht, Rohstoffe weiterzuverarbeiten, Materialien zu prozessieren oder Vorprodukte und Halbzeuge in ein physisches Endprodukt zu verwandeln, das dann auf Märkten verkauft wird. Zwar macht das so genannte verarbeitende Gewerbe in Deutschland zur Zeit gerade noch ein Viertel der gesamten volkswirtschaftlichen Wertschöpfung aus. Trotzdem erscheint uns der industrielle Sektor gleichsam als das Herzstück der Volkswirtschaft, und uns fällt beim Stichwort »Wirtschaft« kaum etwas anderes ein, als dass unter maschineller Kraftentfaltung Werkstücke manipuliert, Dinge zerlegt, neu in Form gebracht und so lange rekombiniert werden, bis am Ende das fertige Produkt steht.

Das Arsenal an Methoden mittels derer diese Manipulation am Material erfolgen kann, ist über die Jahrhunderte hinweg im Wesentlichen gleich geblieben. Es umfasst – Bauwesen, Nahrungsmittelindustrie und Textilwirtschaft einmal außen vor gelassen – in alphabetischer und unvollständiger Reihenfolge: Biegen, Bohren, Drehen, Fräsen, Gießen, Kleben, Pressen, Schmieden, Schweißen, Sintern, Stanzen und Zerspanen. Die Techniken, wie diese Arbeiten organisiert werden, haben sich im Laufe der Zeit jedoch dramatisch verändert. So war die vorindustrielle Werkstatt mit ihren Arbeitsplätzen, Stationen und Werkbänken noch ein relativ ergebnisoffener Raum, in dem innerhalb der Grenzen eines Metiers die unterschiedlichsten Produkte in serieller Abfolge entstehen konnten. Das änderte sich erst mit der Industrialisierung und der mechanisierten Arbeitsteilung. Die Kehrseite der tayloristischen Arbeitsorganisation war, dass aus den universell einsetzbaren Werkzeugen und Arbeitsplätzen monofunktionale Maschinenparks wurden, die qua Konfiguration und Ausrüstung genau einen Arbeitsschritt besonders gut absolvieren und in der Summe genau ein einziges Produkt besonders effizient herstellen konnten. Universelle Maschinen gab es lange Zeit nur in Comics und Zeichentrickfilmen; sie stammten aus den Werkstätten von Daniel Düsentrieb oder Dr. Snuggles und konnten umstandslos alles herstellen, was man ihnen sagte. Auch in der Science Fiction-Literatur wurde über die Möglichkeit solcher »Santa Claus«-Maschinen spekuliert, die wie der Weihnachtsmann jedes beliebige Ding hervorzaubern konnten, zu diesem Zweck allerdings Material aus dem Weltraum würden ansaugen müssen. Der Mathematiker und Computer-Vordenker John von Neumann entwarf in den vierziger Jahren einen so genannten Universal Constructor, der in der Lage sein sollte, sich selbst zu replizieren – allerdings als theoretisches Gedankenexperiment. Nur an Bord der Enterprise stand so ein Replikator, der mit Raumschiffabfällen gespeist wurde und daraus jeden beliebigen Gegenstand replizieren konnte.

In der Realität herrschte das vergangene Jahrhundert hindurch allein die eindimensionale Logik der arbeitsteiligen Massenproduktion. Ökonomisch war sie dadurch gekennzeichnet, dass sich erhebliche Anfangsinvestitionen für die Herstellung von Guss- oder Stanzwerkzeugen, die Einrichtung der Maschinen und der gesamten Fertigungsstrecke am Ende durch möglichst hohe Abverkaufszahlen amortisieren mussten. Die Fixkostensockel der Produktion gingen immer weiter in die Höhe, während die Grenz- oder Stückkosten beständig fielen. Das eingesetzte Kapital pro Arbeitsplatz wuchs, während die Endpreise in den Keller gingen,

um über die schiere Masse der Verkäufe die Verzinsung des eingesetzten Kapitals zu erwirtschaften. Kleinere Produzenten wurden
so von vornherein ausgeschlossen oder aus dem Markt gedrängt.
Gleichzeitig wuchs den Kapitalgebern und -eignern immer mehr
Bedeutung zu, die aus der Verzinsungslogik heraus auf immer weiteres Skalenwachstum drängen.

Solche Beobachtungen waren es, die den fernöstlich inspi-
rierten Wirtschaftsphilosophen E. F. Schumacher Anfang der
Siebziger zur Forderung einer »intermediate technology«, einer
mittleren Technologie im menschlichen Maßstab brachte. Schon
Mahatma Gandhi hatte darüber philosophiert, dass es keinen
Platz für Maschinen geben solle, die die Macht in wenigen Händen zusammenballen, und die große Masse zu Maschinenwärtern
machte. In dessen gedanklichen Fußstapfen schrieb Schumacher
im programmatischen Bestseller *Small is Beautiful*: »Wir brauchen
Verfahren und Anlagen, die so billig sind, dass sie für jeden erschwinglich, für eine Anwendung in kleinem Rahmen verwend-
bar und mit dem menschlichen Bedürfnis nach schöpferischem
Tun vereinbar sind.«[2] Damals befand sich eine derartige Technologie allerdings noch in weiter Ferne. Die erste marktreife Universalmaschine, die diesen Namen verdiente und Schuhmachers For-
derungen annähernd gerecht wurde, war der Personal Computer
(übrigens auch ein Produkt von Eigenbau-Bastlern aus der Garage
und nicht aus der Enwicklungsabteilung eines Konzerns). Der erste
PC für jedermann kam Ende der siebziger Jahre auf den Markt und
sollte fortan tatsächlich die Wirtschaft und Wertschöpfung revo-
lutionieren – allerdings mit dem kleinen Schönheitsfehler, dass er
lediglich in der Lage war, Daten und Information zu prozessieren,
keine Materie.

Aber wieso sollte, was für Bits und Bytes gilt, nicht auch für
Atome und Moleküle gelten? Dieser Frage geht am Media Lab des
MIT, wo man der Gegenwart gewohnheitsmäßig ein paar Dekaden voraus ist, Neil Gershenfeld nach. Besser gesagt: Er hat sie für
sich schon dahingehend positiv beantwortet, dass diese Unterscheidung zukünftig keine Rolle mehr spielen wird. Seit 2001
leitet er dort das Center for Bits and Atoms als Keimzelle einer

wachsenden Bewegung, die Bits und Atome nur als verschiedene Erscheinungsformen derselben Sache interpretiert, weshalb es auch keine grundsätzliche Unmöglichkeit mehr sei, Computerdaten in dreidimensionale Gegenstände zu transformieren und umgekehrt. Gershenfeld und seine Mitstreiter sind überzeugt, dass die digitalen Herstellungsverfahren, die sie »Fabbing« nennen, für die physische Welt ähnliche Umwälzungen bereithalten, wie die Revolution der PCs für die Informationsverarbeitung und Kommunikation.

Um zu demonstrieren, was in Zukunft möglich sein könnte, hat Gershenfeld am MIT ein Gerät mit dem Aussehen und den Ausmaßen eines Geschirrspülers entwickelt. Allerdings wird darin das zugehörige Plastikgeschirr nicht bloß gereinigt, sondern nach jeder Benutzung eingeschmolzen. Beim nächsten Mal spuckt der Apparat auf Knopfdruck und je nach Bedarf Tassen, Teller oder Schüsseln in der gewünschten Anzahl, Größe und Form aus – die adäquate Ergänzung zum viel beschworenen »intelligenten Kühlschrank« und mindestens genau so sinnvoll. Das für die Gegenwart allemal relevantere Projekt von Gershenfelds Abteilung sind die »Fab Labs«, eine Art Volks-Werkstatt, die die autarke High-Tech-Produktion ermöglicht. Ausgerüstet sind diese Laboratorien mit handelsüblichem Gerät, darunter ein Wasserschneider für zwei- und dreidimensionale Strukturen, ein Laserplotter für Schaltkreise und Antennen, eine Präzisionsfräsmaschine und eine Spritzgussmaschine. Vernetzt sind sie mittels Linux-PCs mit frei anpassbarer Software, die in der Lage ist, alle möglichen dreidimensionalen Entwürfe in die entsprechenden Produktionsschritte zu zerlegen. Das Herzstück bildet ein 3D-Spritzgussdrucker, der nach Computerdaten dreidimensionale Plastikteile ausdrucken kann. Damit sind die Fab Labs in der Lage, maschinelle Objekte, Bauteile und Werkstücke mit höchster Präzision herzustellen. Im Verbund ergeben sie, was Gershenfeld einen »Personal Fabricator« nennt, »eine Rapid Prototyping-Plattform, die Entrepreneure vor Ort ermutigt, ihre eigenen Ideen vom Zeichenbrett in Prototypen und lokale Microunternehmen zu übersetzen«, wie es auf der MIT-Website heißt.

Über diese Website können sich lokale Produzenten vernetzen und erhalten Expertenanleitungen, wie man mit den Fab Labs (fast) alles selbst herstellen kann. Trotzdem gilt: Gebaut wird strikt nach lokalen Anforderungen und nicht nach Bedürfnissen des Weltmarkts. Das Konzept eignet sich damit besonders als Initialzündung für Regionen ohne sonstige technologische Infrastruktur. Neben Musterwerkstätten in den USA und Barcelona existieren Fab Labs bislang in Ghana, Indien, Costa Rica und Südafrika und im hohen Norden Norwegens. Die Erfahrungen damit sind ermutigend und erstaunlich vielseitig: Im indischen Kuhdorf Pabal baut man damit Sensoren zur Bestimmung des Fettgehaltes von Milch und Tuning-Sets für Diesel-Generatoren. In Ghana werden damit spezielle Buschmesser, Autoteile und Ackergeräte hergestellt. Die Nomaden in Norwegen fabrizieren damit Funkchips, um die Position ihrer Rentierherden zu ermitteln. Die Kosten für ein voll eingerichtetes Fab Lab belaufen sich derzeit auf 25 000 Dollar, die bislang noch meist vom MIT vorfinanziert wurden, zukünftig aber aus Weltbankkrediten stammen sollen. Die großen Elektronikhersteller sollen gratis die Hardware zur Verfügung stellen und damit Erfahrungen in einem kommenden Massenmarkt sammeln.

Im Prinzip sind die Fab Labs Vorboten genau jener mittleren Technologie, von der Gandhi und Schumacher seinerzeit träumten. Gershenfeld und andere sind überzeugt davon, dass in der digitalisierten Eigenproduktion der Schlüssel liegt, den »fabrication divide«, also die Kluft zwischen hochindustrialisierten und technisch wenig entwickelten Gesellschaften zu überbrücken. Mit der richtigen Anleitung und einem steigenden Bildungsniveau könnten derartige Produktionsstätten unterentwickelte Länder und Regionen direkt aus der Steinzeit ins Zeitalter individualisierter Hightech-Produktion katapultieren, ohne dass sie dabei den beschwerlichen Umweg über die industrielle Massenproduktion nehmen müssten. Wir dürfen uns getrost an Walter Ulbrichts DDR-Parole erinnert fühlen: »Überholen ohne einzuholen!«

Aber Gershenfelds Vision geht noch weiter. Sie richtet sich nicht nur auf Entwicklungs- und Schwellenländer, sondern zielt ins Herz der westlichen Industriegesellschaften, indem sie deren bisherige Geschäftsbasis grundlegend infrage stellt. Geht man, wie Gershenfeld, davon aus, dass in nicht allzu ferner Zukunft Fabbing-Maschinen in der Lage sein werden, neben allen anderen Erzeugnissen des täglichen Bedarfs auch sich selbst zu reproduzieren, landet man bei der Vision einer Wirtschaft, die ohne Kapitaleinsatz auskommt. Danach wäre zukünftig »der Besitz von Produktionsmitteln nicht länger ein Geschäftsmodell«. Auch wenn diese Idee direkt aus der Science Fiction-Literatur stammt und in ähnlichem Konflikt mit dem Energieerhaltungssatz zu stehen scheint wie das Perpetuum Mobile, gewinnt sie in der akademischen Bastlerwelt immer mehr Anhänger.

An der Univerität von Bath im Westen Englands ist Adrian Bowyer mit Unterstützung einer internationalen Community dabei, eine Maschine namens »RepRap« zu entwickeln, die in der Lage sein soll, sich selbst zu reproduzieren. RepRap steht für »Replicating Rapid Prototyper« und besteht aus handelsüblichen Bauteilen, die zusammengenommen nicht mehr als 400 Euro kosten sollen. Der Prototyp namens »Darwin« ist ein offener Kubus aus Stangen, Riemen, einer Hebebühne, ein paar Chips und einem Druckkopf, der in der Lage ist, statt Tinte Kunstharz auszudrucken. Zusammengehalten wird das ganze durch Plastikteile, die Darwin bereits selbst herstellen kann. Das Folgemodell »Mendel« soll imstande sein, auch andere Werkstoffe zu prozessieren und damit der Idee einer sich vollständig selbst reproduzierenden Maschine noch näher kommen. Die Anleitung zum Bau des RepRaps steht unter einer Open Source-Lizenz, das heißt, dass jeder sie von der Website reprap.org herunterladen und benutzen kann. Auch Bowyer glaubt fest an die durchschlagende gesellschaftliche Wirkung seiner Maschine; sie werde »ein revolutionäres Eigentum an den Produktionsmitteln durch das Proletariat ermöglichen – ohne den chaotischen und gefährlichen Revolutionskram«. So verstiegen das klingt, selbst die Tageszeitung *The Guardian* beteiligte sich, wenn auch mit einer Prise britischer Ironie, an Spekulationen, die Erfindung könne womöglich »den globalen Kapitalismus zum Einsturz bringen, eine zweite Industrielle Revolution auslösen, die Umwelt retten – und ganz nebenbei den Weihnachtsmann arbeitslos machen«.[3]

Projekte wie der RepRap markieren die visionär-verschrobene Speerspitze einer Entwicklung, die in den achtziger Jahren begann und die heute tatsächlich vor einem Durchbruch steht. Der Begriff Rapid Prototyping bezeichnet ganz allgemein jene Verfahren, bei denen ein Bauteil ohne den Umweg über ein Werkzeug oder eine Gussform direkt aus den Konstruktionsdaten aufgebaut wird. Man nennt sie additiv oder generativ, weil die Objekte anders als beim Steinmetz oder in der Fräsmaschine nicht durch das Wegnehmen von Materie entstehen, sondern durch den schichtweisen Aufbau. Ursprünglich standen Rapid Prototyping-Maschinen tatsächlich nur in den Entwicklungsabteilungen großer Konzerne und wurden zur schnellen Erzeugung von Prototypen und Modellen benutzt. Wie die ersten Computer wogen sie Tonnen und füllten ganze Räume. Preislich lagen sie meist jenseits einer halben Million Dollar. Mittlerweile hat sich das Feld ausdifferenziert, und der Fortschritt hat über zwanzig unterschiedliche Verfahren hervorgebracht, die auf so schöne Namen wie Stereolithographie, selektives Laser-Sintern oder Space Puzzle Molding hören. Längst lassen sich auf diese Weise nicht nur Musterteile herstellen, sondern Fertigteile, weshalb es angebrachter wäre, von Rapid Manufacturing zu reden, von distribuierter Digitalproduktion, oder schlicht von Fabbing.

Auch die Dimensionen der Geräte haben mittlerweile ziviles Maß angenommen, und die Preise bewegen sich – ganz nach dem Vorbild des PC – im Sturzflug auf das Segment des Endkonsumenten, pardon: Prosumenten zu. Der Preisbrecher in den USA ist die Firma Desktop Factory, deren 3D-Drucker 125ci ab Herbst 2008 ausgeliefert wird. Er kommt in einem kompakten und formschönen Gehäuse, das auf jedem Schreibtisch Platz findet, zum Preis von unter 5000 Dollar. Damit lässt sich ein grauer Verbundkunststoff auf Nylonbasis zu Objekten mit einer maximalen Kantenlänge von 12,7 Zentimetern formen, geeignet zum Beispiel für selbst gestaltete Quietscheentchen und kleinere Ersatzteile fürs Auto. Den passenden 3D-Scanner gibt es von NextEngine zum Preis von

2 500 Dollar dazu, wodurch sich beliebige häusliche Gegenstände
erfassen und – zumindest der Form nach – im Heimwerk reproduzieren lassen.

Einer der führenden Anbieter von 3D-Druckern auf dem deutschen Markt ist Stratasys, dessen Maschinen auf die Schmelz-
schichtung dauerhafter ABS-Kunststoffe spezialisiert sind. Auf
dem Berliner Designmai 2007 konnte man dem kühlschrank-
großen Einstiegsmodell FDM 200mc, dessen Preis mittlerweile
unter 8 000 Euro liegen dürfte, bei der Arbeit zuschauen. Schicht
für Schicht entstanden dort innerhalb einer halben Stunde Son-
nenbrillenfassungen nach Entwürfen des Produktdesigners Martin Güntert. Die Grundformen der Brillen unter dem Eigenbau-
Label »Your Very Own« waren stets dieselben, allerdings wurde
jedes Modell exakt auf die Kopfform des zukünftigen Trägers
angepasst, die zuvor mittels 3D-Scanner ermittelt wurde. Solche
Experimente zeigen, welches Anwendungspotenzial hinter der
Entwicklung schlummert, und dass die Analogie zur heute nirgendwo mehr wegzudenkenden Universalmaschine PC nicht ganz
weit hergeholt ist. Personalisiertes Spielzeug, Handyschalen oder
ergonomische Fahrradgriffe sind nur die naheliegendsten Anwen-
dungsbeispiele; vermutlich werden sich in der Praxis noch ganz
andere, ungeahnte Möglichkeiten herausbilden.

Selbst beim ansonsten eher konservativen Essener Zukunfts-
forschungsinstitut Z_Punkt sieht man die Entwicklung *Vom Personal Computer zum Personal Fabricator* in einer gleichnamigen,
als Buch veröffentlichten Studie geradezu euphorisch: »Ebenso
wie einst die Raum füllenden Mainframes durch dezentrale, vernetzte Kleinrechner ersetzt wurden, wird die Herstellung eines
erheblichen Anteils von Alltagsprodukten zukünftig in dezentralen Produktionsstrukturen erfolgen. Anstatt billige Massenartikel
in Offshore-Fabriken zu produzieren, werden kundenspezifische
Klein- und Kleinstserien in flexiblen und miteinander vernetzten
Mini-Fabriken vor Ort hergestellt.«[4] Wie ihre angelsächsischen
Kollegen Gershenfeld und Bowyer kommen auch die Autoren der
Studie zu dem Schluss: »Die industriellen Geschäftsmodelle werden in der ›Fabbing Society‹ der Zukunft auf den Kopf gestellt.«[5]

Nach einem Szenario, das sie eröffnen, könnten preiswerte 3D-Drucker schon in der nächsten Dekade flächendeckend in Büros und Privathaushalten Einzug halten. Plausibler erscheint die Variante, dass die immer noch nicht ganz billigen Maschinen wie Fotokopierer, die ja auch die wenigsten zu Hause herumstehen haben, in öffentlichen Servicestationen zusammengezogen werden. Genau so, wie man heute zum Copyshop um die Ecke geht, um Drucksachen zu vervielfältigen, könnte man künftig ins Fabbing-Center gehen, wenn es darum geht, maßgefertigte Produkte vom abgebrochenen Brillenbügel bis zur Türklinke zu fabrizieren.[6]

Aufwändigere Verfahren wie Oberflächenveredelung, das Formen von Metall oder die Stereolithografie, bei der das Bauteil mittels zweier Laser aus einem Bad mit flüssigem Kunststoff ausbelichtet wird, werden auch in Zukunft nicht an jeder Ecke verfügbar sein. Die erforderlichen Maschinen kosten auch heute noch mehrere hunderttausend Euro und erfordern die Bedienung durch fachkundiges Personal. Allerdings haben heute schon Privatpersonen und Kleinbetriebe Zugriff auf diese Technologien, indem sie die Dienste von Spezialanbietern wie eMachineShop in den USA oder Materialize in Holland in Anspruch nehmen. Mittels gängiger Computer-Aided-Design-Software (CAD) erstellte Entwürfe lassen sich auf deren Websites hochladen, wo dann die Ausführungsdetails festgelegt werden können. Innerhalb weniger Tage bekommt man das fertige Produkt mit der Post zugeschickt. Beim Zahnersatz kommt eine Variante dieser Technologie schon heute ganz alltäglich zum Einsatz, Mit einer 3D-Kamera wird die Form des Zahns vor der Behandlung erfasst, die Daten werden an ein zentrales Labor versandt, wo danach im Rapid-Verfahren die Inlays, Kronen und Teilkronen aufgebaut werden. Die Neuerung bietet Vorteile für alle Beteiligten: Der Zahntechniker kann in seinem Labor auf teure Geräte und giftige Chemikalien verzichten, mit der zentralen Fertigung sinken die Stückkosten, und der Patient kann schneller wieder zubeißen. Allerdings fallen, wo gefabbt wird, auch Späne: »Zahntechniker müssen aufpassen, dass ihr Beruf nicht genauso verschwindet wie der des Schuh- oder Uhrmachers.«[7]

Was sich mit diesen Verfahren und ein bisschen Phantasie sonst noch so anstellen lässt, demonstrierte die schwedische Designformation Front während eines Gastspiels in Japan im September 2006. Zusammen mit einer in Tokio ansässigen Firma entwickelten die vier Frontfrauen »Sketch Furniture«, eine Technik, mit der sich Freihandzeichnungen im Raum unmittelbar in physische Objekte übersetzen lassen. Dazu kombinierten sie die Stereolithographie mit der Motion Capture-Technik, wie sie bei Hollywood-Trickfilmen zum Einsatz kommt. In einem Video festgehalten kann man das auf der Website frontdesign.se sehen und Zeuge werden, wie sich zuvor mit groben Schwüngen in den Raum gezeichnete Stühle, Tische und Lampenschirme kurze Zeit später als weiße Plastikwülste in einem Bad aus Epoxidharz materialisieren. Wer dieses Video gesehen hat, ist geneigt zu glauben, dass sich auch unsere Vorstellungen vom Wohnen durch den Einzug von Rapid-Verfahren demnächst dramatisch ändern könnten – auch wenn unser Geschirr vielleicht nicht vor jedem Essen neu ausgedruckt werden wird.

Apropos Wohnen: Natürlich macht die Entwicklung auch vor dem Hausbau nicht halt, denn letztlich sind Häuser auch nichts anderes als sehr große immobile Produkte. Zudem wurden sie immer schon additiv hergestellt, also nicht aus einem großen Steinklotz herausgemeißelt – nur bislang eben nicht maschinell. An der University of Southern California hat ein Wissenschaftler namens Behrokh Khoshnevis sich der Sache des Rapid-Hausbaus angenommen, die er »Conture Crafting« nennt. Auf der Website conturecrafting.org sieht man, wie das Ganze schematisch einmal funktionieren könnte, und mittlerweile existiert sogar der Prototyp eines Roboterdruckers für Flüssigbeton, mit dem man Häuser nach digitalen Entwürfen schichtweise ausdrucken kann.

4.2 Mass Customization: Gibt es das auch in Mauve-Metallic?

In der industriellen Vergangenheit waren, wie gesagt, Fortschritte in der Fertigungstechnik und eine Steigerung der Arbeitsproduktivität stets verbunden mit der Zerlegung und Standardisierung von Aufgaben und Abläufen. Mehr vom Gleichen zu geringeren Kosten garantierte höhere Gewinne. Es deutet vieles darauf hin, dass diese Strategie der Effizienzsteigerung, die mit der globalen Zerlegung von Wertschöpfungsketten eine neue Stufe erreichte, damit auch gleichzeitig ihren Zenit überschritten hat. Und zwar aus dem einfachen Grund, weil die Märkte nicht mehr mitspielen. Die aufstrebenden Schwellenländer vielleicht noch, weil hier der Nachholbedarf an zivilisatorischer Grundausstattung am höchsten ist und der Preis das schlagende Argument, aber in den gesättigten Märkten des Westens ist mehr vom Gleichen einfach nicht mehr genug. Ist ein Gut erst einmal zur standardisierten Massenware herabgesunken, lässt sich damit nur noch schwerlich Geld verdienen. Umgekehrt besteht ein hoher subjektiver Nutzen und damit eine hohe Zahlungbereitschaft für Güter, die den Eindruck vermitteln, »customized«, also genau auf spezielle Kundenbedürfnisse zugeschnitten zu sein. Der Mehrwert, der in diesen Gütern steckt, entspringt nicht aus den Skaleneffekten effizienterer Produktion, sondern aus dem wahrgenommenen Wert, den diese Güter für jeden einzelnen Kunden haben. Während für andere Formen der Produktivitätssteigerung die Türen zufallen, ist dies eine Tür, die sich gerade erst öffnet. Denn es spricht nichts dagegen, die gerade erst entstehenden Fabbing-Technologien auch im Volumen-Segment zur Anwendung zu bringen und mit den Produktionsabläufen der Massenherstellung zu etwas Neuem zu verschmelzen – vielleicht springt sogar noch der ein oder andere Effizienzvorteil dabei heraus. Bei Hörgeräten zum Beispiel, deren Ohrstöpsel immer schon Maßanfertigungen waren, kommen die oben beschriebenen Rapid-Technologien heute bereits kostensenkend und zeitsparend zum Einsatz. Der Hörgeräteakustiker scannt den Abdruck des Innenohres ein und schickt ihn als Datensatz per E-Mail an Hersteller wie Siemens oder Phonac, die aufgrund der Daten ein wie angegossen passgenaues Ohrstück fertigen, das sich auch bei Verlust einfach reproduzieren lässt.

Rapid Manufacturing wäre demnach die logische Fortsetzung des Rapid Prototyping – in den bestehenden Marktstrukturen.

Individualisierte Massenproduktion oder »Mass customization« lautet die seit den frühen neunziger Jahren beständig pro-
pagierte Kompromissformel zwischen Massenproduktion und
Marke Eigenbau: Ihr bekommt alles, was ihr wollt, genau in der
gewünschten Farbe, Form und Größe, und wir behalten dafür
unsere Strukturen bei und stellen nur die Produktionsverfahren
ein bisschen um. Das hat etwas Bestechendes: Nur weil Prosumenten theoretisch alles selbst machen könnten, heißt das nicht, dass
sie Lust und Zeit dazu haben. Das Prinzip der gesellschaftlichen
Arbeitsteilung ist ja nicht außer Kraft gesetzt; der Schuster soll bei
seinen Leisten bleiben, der Sportartikelhersteller sich auf Sport-
artikel konzentrieren und der Autobauer auch weiterhin Autos
bauen. Nur eben nicht immer dieselben. Bei den Automobilen ist
bekanntlich an die Stelle von »Hauptsache Schwarz« beim Ford-T-
Modell eine Fülle von über vier Millionen Modellvarianten beim
neuen Golf getreten, wenn man alle Kombinationen aus Lackierung, Sitzbezügen und Zubehör einrechnet. Die Vorteile für die
Hersteller liegen auf der Hand: Abbau von Risiken, Vermeidung
von Überproduktion und direktes Feedback vom Markt, welche
Produkte ankommen.

Nie waren die technischen Bedingungen für das, was Piore und
Sabel flexible Spezialisierung nennen, so gut wie heute. Zudem
vergessen wir oft, wie viel Handarbeit ohnehin noch in den Produkten steckt, die in großen Containern bei uns angelandet werden. Maschinen können nach wie vor keine Kragen annähen,
keine Tiefseefische filetieren und auch keine Gesichter auf Plastik-
spielzeuge malen. Selbst die ausgebleichten Stellen für den Used-
Look bei Jeans werden in Handarbeit von gelernten Kräften mit
Sandstrahlgeräten erzeugt. Wo so viel Hand angelegt wird, wäre
es an und für sich kein Problem, stärker auf individuelle Kundenwünsche und -bedürfnisse einzugehen. Oder vielmehr: Es handelt
sich um ein Informations-, Koordinations- und Logistikproblem,
letztlich also eine Frage der Organisation und keine der technischen Unmöglichkeit.

Wie sehr mit den Mitteln der Massenproduktion am Markt vorbei produziert wird, zeigt sich bei der Bekleidung. Die klassischen

Konfektinsgrößen bieten nämlich kaum noch Orientierung, weshalb auch schon vom »Kleidergrößen-Chaos« in Deutschland zu lesen war.[8] Schuld sind veraltete Körpermaßtabellen, die seit den Fünfzigern nicht mehr angepasst wurden, während die Deutschen um einige Zentimeter gewachsen und auch in die Breite gegangen sind. Kaum noch eine Frau entspricht mehr dem Durchschnitt: 60 Prozent haben entweder sehr breite oder aber sehr schmale Hüften. Gerade einmal 21 Prozent aller Kundinnen fühlen sich deshalb mit den gängigen Größen gut bedient. Das wirft die Frage auf, warum nicht stärker auf kundenindividuelle Anpassung umgeschaltet wird. Einige Anbieter haben diese breite Nische seit langem für sich entdeckt und setzen auf die so genannte Maßkonfektion, am bekanntesten Dolzer aus Schneeberg im Odenwald, die seit 1963 maßangepasste Hemden und Anzügen anbieten. In den Filialen in allen deutschen Großstädten kann man sich sachkundig vermessen lassen, gefertigt werden die Teile anschließend in Tschechien oder in Portugal. Etwas teurer ist die am gleichen Traditionsort ansässige Alois Kuhn Kleiderfabrik, die dafür aber noch komplett im Odenwald fertigt und auch Maßkonfektion für Frauen im Angebot hat. Zwar handelt es sich bei beiden nicht um Handanfertigung im klassischen Sinn; ein gelernter Schneider braucht für einen echten Maßanzug bekanntlich 50 bis 100 Stunden. Ein Großteil der Stücke wird vom Computer zugeschnitten und nach industrieller Methode weiterverarbeitet. Deshalb ist auch die Auswahl möglicher Schnitte eher begrenzt. Die Auswahl an Stoffen ist dafür umso größer, bei Kuhn sind es inzwischen über 700, und alle erdenklichen Extras wie durchstochene Ärmel-Knopflöcher oder aufsteigende Revers sind gegen Aufpreis erhältlich. Für viele Standardgrößen-geplagte Kunden steht jedoch das Versprechen der individuellen Passform zu räsonablen Preisen im Vordergrund, weshalb die Branche seit Jahren starke Zuwachsraten verzeichnet.

Eine natürliche Hürde der Maßkonfektion bleibt jedoch, dass auch ein nach Körpermaßen gefertigtes Kleidungsstück immer nur so gut ist, wie derjenige, der Maß nimmt. Bei den großen Modehäusern Wöhrl, Karstadt, Peek & Cloppenburg, selbst bei C&A,

stehen deshalb mittlerweile 3D-Bodyscanner, um die Kundschaft maschinell abzutasten und diese Quelle menschlichen Versagens zu eliminieren. Trotzdem bleibt das Problem, dass es auch bei der Interpretation dieser Daten und der Übersetzung in Schnittmusterbögen reichlich Spielraum für die persönlichen Modevorstellungen des betreuenden Angestellten gibt, und auch die Fertigung noch eine große Amplitude für Verarbeitungsqualität eröffnet. Hinzu kommt, dass das derzeitige Maßkonfektionsangebot weitgehend auf die klassische Herren-Oberbekleidung beschränkt ist, während das Gros der normalen Alltagsbekleidung von dieser Idee noch unberührt ist.

Der Vorstoß von Levi's, unter dem Label Personal Pair maßgeschneiderte Damenjeans auf Basis von Bodyscanner-Maßen anzubieten, liegt über zehn Jahre zurück und blieb auf wenige Stores in den USA und Großbritannien beschränkt. Statt der 41 Standardgrößen, gab es auf einmal 400 unterschiedliche Schnittmuster zur Auswahl. Die Kundinnen mochten das Konzept, und es wurde zwischenzeitlich sogar als Erfolgsmodell gehandelt. Dennoch wurde es wieder einkassiert. Heute ist bei Levi's keine Rede mehr davon. Frank Piller, Professor an der RWTH-Aachen und so etwas wie der Doyen der deutschen Forschung zum Thema Mass Customization, hat eine einfache Erklärung für diese Schlappe, nämlich Inkonsequenz: »Der Vorstand hat sich nie committed«.[9]

Die vielfach übersehene Kehrseite von Mass Customization – gerade im Erfolgsfall – ist nämlich, dass sie die herkömmlichen Geschäftsabläufe radikal infrage stellt: »Das gesamte Geschäftsmodell muss auf MC abgestimmt werden. Einkauf, Herstellung, Vertrieb, Kommunikation, alle Abläufe innerhalb der Organisation sind neu zu definieren.«[10] Besonders an der Schnittstelle mit dem Handel sind Konflikte vorprogrammiert, wenn es nicht mehr darum geht, vorgefertigte Massenware zu vertreiben, sondern nur noch Anlaufstelle für die Erfassung der Kundendaten zu sein. Deshalb tun sich viele große und vertikal integrierte Markenhersteller so schwer mit der Implementierung, öffnen die Pandora-Büchse Mass Customization nur einen Spalt breit und schlagen sie schnell wieder zu, wenn sich erste Erfolge einstellen.

Das ist vermutlich auch der Grund, warum das Vorzeigeprojekt für Mass Customization schlechthin, Nikes ID-Schuhe, bewusst klein gehalten wird. Zwar kann man sich über die Website nikeid. nike.com, noch immer eine große Anzahl von Trainers, T-Shirts, mittlerweile sogar Taschen und Uhren nach dem Baukastenprinzip zusammenbauen und dabei nicht nur Farben, sondern auch Materialien der einzelnen Komponenten festlegen. Eine Reihe von Modellen lassen sich zudem personalisieren, das heißt, man kann das Swoosh-Logo auf der Lasche durch einen individuellen Schriftzug ersetzen – sofern es sich dabei nicht um anstößige Worte wie »Sweatshop« handelt. (Der E-Mail-Wechsel zwischen Jonah Peretti, der das 2000 spaßeshalber versuchte, und dem Customer Service von Nike ist an mehreren Orten im Web dokumentiert. Heute weist Nike bereits vorsorglich darauf hin, »dass wir unter Umständen deine Wunsch-ID aus für dich nicht nachvollziehbaren Gründen ablehnen.«) In der Markenkommunikation wird das Thema jedoch kaum noch erwähnt; lange Lieferfristen und hohe Versandkosten sorgen dafür, dass das Angebot ein Nischenphänomen bleibt und das Kerngeschäft nicht bedroht. Was im Sneaker-Segment auch bei den Mitbewerbern Puma und Adidas als Mass Customization inszeniert und verkauft wird, ist nie über das Niveau reiner Oberflächenkosmetik hinausgekommen. Wenn es um gesundheitlich sinnvolle Anpassungen wie beim Fußbett oder gar den Ausgleich unterschiedlicher Beinlängen geht, wovon nicht gerade wenige Menschen betroffen sind, bleibt nur der Gang zum orthopädischen Schuhmacher. Ein Feuerwerk oberflächlicher Gestaltungsvarianten bei gleichbleibendem Kernprodukt ist das, was Massenhersteller bislang zumeist unter Mass Customization verstehen. Vermutlich hat das in der Vergangenheit dem Thema und seiner Akzeptanz mehr geschadet als genützt.

Dabei geht es auch anders, wie Claudia Kiesering mit ihrem Label Selve demonstriert. Für Bama und Puma hatte sie Schuhe desingt, bevor sie über ein MBA Studium in St. Gallen und eine Diplomarbeit zum Thema Mass Customization auf die Idee der Maßkonfektion für Damenschuhe mit echtem Eigenbau-Charakter kam. Bei ihren Schuhen, die sie über das Münchner Kaufhaus

Ludwig Beck und neuerdings auch über einen eigenen Shop in London vertreibt, ist nicht nur das Design, sondern auch die Passform annähernd so individuell wie beim Schuhmacher. Dazu war einige Grundlagenforschung nötig: Um überhaupt ein realistisches Bild von den heutigen Fußformen zu bekommen, lieh sich Kiesering an der TU München einen Fußscanner und vermaß in den Fußgängerzonen von München, Hamburg und Berlin über 1 000 Frauenfüße. Daraus destillierte sie 36 Leistenformen, die bis heute die Basis für die Anpassung der Modelle bilden. Die Kollektion umfasst derzeit circa fünfzig Schuhe und dreißig Stiefel beziehungsweise Stiefeletten von klassisch bis modisch zu Preisen ab 300 Euro. Im Geschäft wird der Fuß an fünf Punkten mittels 3D-Scanner vermessen. Aufgrund dieser Daten wird der Schuh in einer italienischen Schuhmanufaktur gefertigt und drei Wochen später per Post zugestellt – mit dem Unterschied, dass bei Selve-Schuhen nicht nur die Optik, sondern auch die Passform den individuellen Bedürfnissen entspricht.

Sehr gut möglich, dass eine neue Generation von Eigenbau-Marken besser aufgestellt ist für die Wertschöpfung durch Mass Customization als traditionelle Unternehmen. Sie leiden weniger unter dem Ballast gewachsener Strukturen der industriellen Produktion und des Vertriebs über mehrere Marktstufen hinweg. Sie setzen von vornherein auf direkte Interaktion mit und Partizipation durch Kunden. Und sie haben die Logik der Nischenmärkte viel stärker verinnerlicht als traditionelle Marken, die es immer noch zuvorderst auf einen fiktiven Mainstream abgesehen haben. Dadurch bedienen sie neue Segmente, die quer zu allen soziodemographischen Zielgruppen der klassischen Marktforschung oder den modischen Stilgruppen der Trendforschung liegen und deshalb vom Massenmarkt lange Zeit ignoriert wurden.

Beispiel Lebensmittel: Die Lactose-Intoleranz in Deutschland liegt bei 15 Prozent. Trotzdem war Soja-Milch die längste Zeit nur in Reformhäusern und Bioläden zu kaufen, ebenso wie glutenfreie Lebensmittel. Generell nehmen die Unverträglichkeiten und Allergien im Westen dramatisch zu, laut Angaben des Allergologenverbandes ist in Deutschland mittlerweile jeder Dritte gegen irgendetwas allergisch. Viele der raffiniert im Labor komponierten Produkte der Lebensmittelindustrie scheiden dadurch für immer mehr Verbraucher aus, der Supermarkteinkauf wird für sie zum Eiertanz um die oft nur in Schwundstufen beigemengten Ingredienzien.

Von daher ist ein Angebot wie die »Custom Mixed Cereals« des Passauer Startups Mymuesli nicht bloß ein kurioser Medienhype, sondern reagiert ebenso auf existenzielle Bedürfnisse. Die Geschichte hinter der Erfolgsgeschichte liest sich genauso charmant wie frappant: »Im Internet können die User schon lange ihre Inhalte bestimmen – nicht aber auf dem Frühstückstisch. Dabei ist doch gerade Müsli mit seinen verschiedensten Zutaten und Variationsmöglichkeiten ein ideales Custom-Produkt. Dieses Potenzial hatte und hat bisher aber kein Hersteller genutzt. Das fanden wir erstaunlich.« Wenn der Server wegen der großen Resonanz mal nicht am Boden liegt, kann man sich über die Website mymuesli.com eine von rechnerisch 566 Billiarden Müsli-Varianten kombinieren – das wichtigste aber: Man kann bestimmte Zutaten weglassen, auf die man allergisch reagiert. In den USA gibt es unter youbar.com einen Anbieter, der nach demselben Prinzip individualisierte Schokoriegel vertreibt. Im Schichtverfahren kann man seinen eigenen Riegel dort aus Komponenten wie Cashew Macadamia Butter, Ghirardelli Semisweet Chocolate Chips oder organischem Agavenektar aufbauen, mit Vitaminen oder Spirulina-Algenextrakt pimpen und mit einem eigenen Namen versehen. Zwölf Riegel kosten vierzig Dollar zuzüglich Versandkosten. Auch das klingt zunächst nach Marketinggag und bestenfalls origineller Geschenkidee, orientiert man sich aber am boomenden US-Markt für Sportler-Nahrungsergänzung und den Preisen, die in diesem Segment üblich sind, erscheint es auf einmal gar nicht mehr so abwegig.

Anscheinend ist die Zeit reif dafür, dass Mass Customization nun endlich zu jenem machtvollen neuen Marktparadigma wird, als das es seit langem kursiert, und zwar indem es sich von den Oberflächen löst und zum Wesen der Produkte vordringt. Vielleicht liegt das daran, dass nun alle Zutaten auf dem Tisch liegen und nur noch intelligent kombiniert werden müssen: Das Internet bietet die Plattform, die Konsumenten haben gelernt, aus einer großen Vielfalt das für sie passende herauszufiltern, und die technischen Produktionsmittel sind zur Hand.

Was heute bereits technologisch machbar und vor allem in großem Maßstab beherrschbar ist, bewies Ende 2007 die Zeitschrift *Cicero*: Die Dezember-Ausgabe in einer Auflage von 160 000 Stück wurde mit je individuellem Cover ausgeliefert. Den Fundus für die Motive bildeten die Pressefotos des Jahres der Agentur Reuters vom Eisbären Knut bis zu den Protesten in Heiligendamm. Zudem wurde jedes Exemplar auf dem Rücken mit einem Ausschnitt eines in der Zusammenschau vier Kilometer langen Rhein-Panoramas und auf der Rückseite mit einer randomisierten Anzeige von BMW individualisiert. Gegen 15 Euro plus Porto konnte man sich nachträglich außerdem eines von limitierten 500 Exemplaren mit dem eigenen Konterfei anfertigen und zustellen lassen. Zwar war das US-Magazin *Wired* mit dieser Idee schon ein halbes Jahr früher auf dem Markt und hatte im Juli 2007 vorgemacht, was Mass Customization von Magazinen noch bedeuten könnte. Abonnenten konnten sich für eines von 5 000 individualisierten Heften bewerben und ein Foto einschicken. Sie bekamen die Ausgabe mit ihrem Foto auf dem Cover zugeschickt – vor einem Landkartenausschnitt, der exakt die Umgebung ihrer Abo-Adresse abbildete. Dennoch muss man die organisatorische und logistische Großtat von *Cicero* anerkennen, die aus der schieren Größenordnung erwächst und die derzeitigen Grenzen der Digitaldrucktechnik maximal ausreizt. So musste für die Bewältigung der Druckunterlagen eigens eine eigene Software geschrieben werden, um des Datenvolumens Herr zu werden.

Was dieses Exempel unter Beweis stellen sollte, erläutert im Heft selbst der Zukunftsforscher Matthias Horx: »Diese Zeitung ist ein Schrank. Ein Bett. Ein Stuhl. Sie ist das, was man unter einer ›Zeitschrift‹ im industriellen Zeitalter versteht – die massenhafte industrielle Reproduktion eines ›Rohlings‹, vervielfältigt von einem ›Reproduktionsapparat‹ – vulgo ›Druckmaschine‹ genannt –, transportiert und distribuiert von einem zentralen Ort.

Industriell eben. Und diese Zeitschrift ist anders. Denn sie ist ein Unikat. Das Titelbild, das ›Gesicht‹ der Zeitschrift, ist Ihr Gesicht. In ›Losgröße eins‹, also nur ein einziges Mal vorhanden.«[11] Auch wenn dieses vollmundige Versprechen von der *Cicero*-Ausgabe nur im übertragenen Sinne eingelöst wurde – das wirklich »eigene Gesicht« gab es gerade 500-mal –, sieht Horx Anlass genug, eine neue Ära des Prosuming als zum Greifen nahe auszurufen: »Und hier liegt der heiße Kern von ›mass customization‹ als revolutionärem Prinzip: Es geht nicht um noch mehr Produktvielfalt, sondern um ein mögliches Ende jener Einbahnstraße, in der ›Produktion‹ immer nur in eine Richtung, nämlich vom Pro-duzenten zum ›Ver-braucher‹ verlief.«[12]

Das klingt fast so, als ob die lang erwartete Ära der Mass Customization nun tatsächlich angebrochen ist, wofür spricht, dass jetzt sogar die Deutsche Post die Möglichkeit für individuell gestaltete Briefmarken – buchstäblich: Marke Eigenbau – geschaffen hat (plusbrief-individuell.de). Wenn dem aber so ist, wovon wir ebenfalls ausgehen, dann stellt sich allerdings die grundlegende Frage, wofür die zentralisierten und monumentalen Produktionseinheiten der Massenära überhaupt noch taugen, ob sie nicht viel eher der Entwicklung im Weg stehen. Wenn die Losgröße eins das ist, was Verbraucher wollen und was sich mit entsprechenden Maschinen dezentral produzieren lässt, schwinden die Größen- und Skalenvorteile der industriellen Produktion, wie wir sie bislang kannten und als selbstverständlich gegeben betrachtet haben (siehe Kapitel 5.4).

4.3 Do it Yourself: Das Missing Link zwischen Punk und Baumarkt

Bis 2004 gab es im deutschen Fernsehen, einige werden sich erinnern, eine Sendung namens *Hobbythek*. Sie lief dreißig Jahre lang und war so etwas wie die Fortsetzung der *Hobby*-Hefte aus den fünfziger Jahren mit den Mitteln des Fernsehens. In jeder Sendung gab es Anleitungen zum Selbermachen von Kosmetik, zum richtigen Verputzen, Streichen, Tapezieren oder zum Eigenbau von Drachen und sonstigem Fluggerät. Moderiert wurde sie von Jean Pütz, einem kautzigen Rheinländer mit gezwirbeltem Schnurrbart, der dadurch zum Gesicht der hiesigen Selbermachszene wurde – die deutsche Martha Stewart. Nicht nur, weil er sich in den letzten Jahren verstärkt den peinlichen Krankheiten und sonstigen unappetitlichen Körperfunktionen zuwandt, war Pütz dem Image von Do It Yourself unter jungen Leuten hierzulande wenig zuträglich. Es steckte einfach sehr wenig vom DIY-Spirit des Punk in der Sendung. Trotzdem muss man einräumen, dass Pütz ein Vorläufer der Marke-Eigenbau-Idee war, so wie die Amateur-CB-Funker als frühe Vorläufer der Hackerszene gelten können. Allerdings beschränkte sich der Fokus der Sendung auf die Subsistenzwirtschaft: heimische Eigenproduktion für den Eigenbedarf. Hobby, das war per Definition etwas, das nicht den Zug zum Professionellen aufwies und gerade durch seinen zweckfreien Überaufwand glänzte: eine Art Feierabend-Ausgleichssportart für berufstätige Männer beziehungsweise Beschäftigungstherapie für unausgelastete Hausfrauen.

Dabei soll die heimische Produktion hier keineswegs schlechtgemacht werden, im Gegenteil. Ein Großteil der Pathologien des Erwerbssystems geht darauf zurück, dass eine künstliche Trennung zwischen gesellschaftlich notwendiger Arbeit und Erwerbstätigkeit aufrechterhalten wird. Das ist auch der Grund, warum Frithjof Bergmann als erstrebenswertes Modell der zukünftigen Arbeit eine dreiteilige Mischung aus klassischer Erwerbsarbeit, Subsistenzwirtschaft in Form einer Hightech-Eigenproduktion unter Zuhilfenahme von Rapid Prototyping und passioniertem Hobby vorschlägt, eine »Arbeit, die wir wirklich, wirklich wollen«.[13] In den Erhebungen von Bruttosozial- und Bruttoinlandsprodukt (BIP) tauchen diese Formen der Wertschöpfung jedoch nicht auf, sie geben deshalb ein völlig verzerrtes Bild unseres Wohlstandes wieder, wie Thomas Röbke ausführt: »Wenn wir Müll vermeiden oder Energie einsparen, dann wirkt sich das negativ auf die Wachstumskurve, aber keineswegs auf unsere Lebensqualität aus. Die Fixierung auf das Bruttosozialprodukt hat aber noch einen weiteren gravierenden Nachteil. Wir sehen nicht, dass unser gesellschaftlicher Reichtum auch von Tätigkeiten gebildet wird, die in den Wirtschaftskreislauf gar nicht eingehen. Dazu gehören Arbeiten in der Familie und im Haushalt, Nachbarschaftshilfe, ehrenamtliches Engagement und vieles mehr. Erst die Ökonomie des ganzen Hauses gibt den Blick auf die wahren Quellen unseres Wohlstandes frei.«[14]

Das Statistische Bundesamt veranschlagt in seiner jüngsten Erhebung zum Thema aus dem Jahr 2003 die Wertschöpfung der unbezahlten Arbeit im privaten Haushalt bei einem bescheiden angenommenen Stundensatz von 7 Euro auf 820 Milliarden Euro, das entsprach damals 40 Prozent des BIPs.[15] (Darin noch nicht einmal berücksichtigt ist die Schwarzarbeit, die in den fließenden Grenzen zwischen Nachbarschaftshilfe und organisierter Kriminalität geschätzte weitere 15 Prozent des BIPs ausmacht.)[16] Die gut gemeinten Vorstöße zur Rehabilitierung häuslicher Arbeit füllen inzwischen Regalmeter, und eigentlich wären auch die Wirschaftswissenschaften längst auf diesem Stand. Der neoliberale Ökonom Gary S. Becker hat darauf hingewiesen, dass nicht das Geld oder die Produktionsmittel die eigentlich knappen Ressourcen der Gesellschaft sind, sondern die Zeit, die die privaten Haushalte zur Verfügung haben und zwischen Erwerbsarbeit und sonstiger Tätigkeit aufteilen. Die daraus abgeleitete Haushaltsproduktionsfunktion, bei der jeder Haushalt entscheidet, wie viel Zeit er in Heimarbeit und wie viel in Erwerbsarbeit investiert, dient ihm zur mikroökonomischen Fundierung des gesamten Wirtschaftsgeschehens, insbesondere des Arbeitsmarkts.[17]

Unseren Großeltern brauchte man diese Idee nicht erst umständlich nahezubringen, als sie nach dem Krieg selbst mit anpackten und nach Feierabend zur Maurerkelle griffen, um den Traum vom Eigenheim mit gegebenen ökonomischen Mitteln zu realisieren. Der erste Baumarkt in Deutschland wurde 1960 von Heinz G. Baus in einer Garage in Mannheim gegründet, der damit eine Idee aus den USA importierte und den Grundstein der Bauhaus-Kette legte. Den nicht zuletzt aufgrund der Angebotslage entstehenden vielfältigen Typus des Heimwerkers beschreibt der Literaturwissenschaftler Lothar Müller in seinem Aufsatz »Im Baumarkt«: »Er zerfällt in den Umbauer, den Ausbauer, den Hausbauer und den Renovierer. Enge Beziehungen unterhält er sowohl zum Schwarzarbeiter wie zum professionellen Handwerker, mit dem er möglichst verschwägert ist. Keineswegs muss er selbst vom Fach sein, um alles selber machen zu können.«[18] Auch in Ostdeutschland gab es den Heimwerker, wenngleich weniger professionell ausgestattet, wie Müller ausführt: »Zu den spöttischen Kalauern die vor der Wende über die DDR kursierten, gehörte die Formel, sie sei eine Welt des Materialismus ohne Material. Das galt nicht nur für die Produktion in den Betrieben und auf den Baustellen, wo manche Pause eintrat, weil es nichts mehr zu verarbeiten gab, es galt auch für die Privathaushalte, die als ›VEB Eigenbau‹ die Lücke im Warenangebot durch die Kunst der Improvisation und das Agieren auf grauen Märkten zu kompensieren hatten.«[19]

Nach dem Mauerfall waren es die Heimwerkermärkte, die als erste die Brachen vor den Städten kolonialisierten, um diese Lücke zu schließen und den Ostdeutschen das nötigte Rüstzeug zum Aufmöbeln ihrer Eigenheime und Datschen zu liefern. Ihre Rolle bei der Annäherung beider Landesteile ist von daher kaum zu überschätzen: Zwar erlaube der Baumarkt dem Heimwerker die Kultivierung der feinen Unterschiede durch die Individualisierung seines Eigenheims, zugleich aber »nivelliert und entdramatisiert er die kulturelle Ost-West-Differenzierung in die Sphäre der Dinge: der Türklinken und Duschköpfe, der Möbelgriffe und Scharniere«.[20] Auch weit nach der Wiedervereinigung wurden noch neue Baumärkte gebaut. Allein im Jahr 2005 waren es in Deutschland noch über hundert. Die Zahl stieg damit auf über 2 500. (Damit dürfte aber ein vorläufiges Maximum erreicht sein, denn die Branche klagt über ein Überangebot und sinkende Margen.) Auch die Wertschöpfung der wachsenden Heimwerkerschar in Deutschland schlägt sich in der offiziellen Wohlstandsbilanz nur mit den Netto-Ansätzen für Werkzeug und Rohmaterial nieder, die sie im Baumarkt bezieht.

Dabei fällt auf, dass sich auch bei den Heimwerker-Werkzeugen dieselbe Bewegung in Richtung Prosuming vollzieht wie auf dem

Kameramarkt. Auch hier schließt sich die Lücke zwischen Amateur- und Profisegment. Werkzeughersteller wie Bosch, Black & Decker und Makita haben ihre Sortimente um semiprofessionelle Maschinen für Ansprüche weit über dem normalen Hausgebrauch aufgerüstet. Wer als waschechter Bobo für sein Highend-Equipment bewundert werden will, leistet sich gar eine echte Hilti, eine Marke, die eigentlich nur auf Profibaustellen zum Einsatz kommt, und die es im Baumarkt gar nicht zu kaufen gibt.

Sicher hat es auch mit dem heftigen Verdrängungswettbewerb zu tun, dass in letzter Zeit die Werbung von Praktiker, Obi, Hagebaumarkt und Hornbach so präsent ist. Eine Begleiterscheinung dieser Aktivitäten ist jedoch, dass sich das Image von Do It Yourself nachhaltig gewandelt hat und nicht mehr uncool ist. Was niemand für möglich gehalten hätte, dass Baumärkte einmal hippe Marken werden könnten, ist eingetreten. Das wiederum lag nicht unwesentlich an der Pionierrolle von Hornbach und den Werbespots. Danach war Heimwerken auf einmal nicht mehr allein pfennigfuchsenden Familienvätern vorbehalten, sondern wurde auch für ganz normale Menschen zum neumodisch so bezeichneten Projekt, an dem man wachsen kann: »In jedem Projekt steckt ein Teil von dir.« Bahnbrechend auch jene Spotserie aus dem Jahr 2005, in der Blixa Bargeld, Frontmann der Einstürzenden Neubauten, aus dem aktuellen Hornbach-Katalog vorliest. Danach konnte man sich erstmals vorstellen, dass zwischen Industrial-Punk und der Instandsetzung von Altbauten womöglich eine gedankliche Verbindung besteht. Derselbe DIY-Gedanke, der in den Siebzigern Amateure zur E-Gitarre greifen ließ, treibt heutige Heimwerker an die Bohrmaschine.

Neben Familie, Haus und Garten ist es vor allem das Auto, das in Deutschland freiwillig geleistete Amateurarbeitsstunden auf sich zieht. Populäre Autoschrauber-Sendungen wie MTVs *Pimp my ride* haben nur ein Phänomen sichtbar gemacht, in das eine unüberschaubare Bastler- und Tuningszene hierzulande ohnehin jede freie Minute investiert. Schrauberwerkstätten mit Spezialwerkzeugen lassen sich auf Stundenbasis mieten. An schönen Wochenenden sind die stolzen Besitzer und ihre Erzeugnisse an verabredeten Treffpunkten entlang der Bundesstraßen oder auf den Parkplätzen berüchtigter Ausflugslokale zu besichtigen. Sie bilden Vereine, geben Zeitschriften heraus und organisieren in der Regel säuberlich nach Herstellermarken getrennte Jahrestreffen. Neben die Oldtimerfans ist in den vergangenen Jahren eine wachsende Szene von New- und Youngtimer-Besitzern getreten, die sich um das Automobil-historische Erbe der letzten Dekaden verdient macht und ihre Ford Capris und Strich-8er-Benze zu ungeahnten Höhenflügen frisiert. Die Kit-Car- und Replica-Szene wiederum rüstet mittels Karosserie-Bausätzen Kleinwagen-Plattformen vor allem optisch nach den Vorbildern aus der Automobilgeschichte auf alt oder sportlich um. Insgesamt ist um das Aufmotzen und die Individualisierung von Fahrzeugen herum im Schatten der großen Automarken eine ganze Industrie entstanden, die vom Hersteller für Sonderteile über Anbieter kompletter Karosserie-Bausätze bis hin zu spezialisierten Tuning-Werkstätten reicht.

Man mag das unvernünftig und verzichtbar finden, Tatsache ist, dass auch hier Werte erzeugt werden, und seien es nur immaterielle wie Geselligkeit, Fahrspaß und Besitzerstolz. Daneben existiert aber auch eine Szene, die sich in ganz anderer Weise um das Thema Auto und Mobilität Gedanken macht. Andreas Manthey gehört dazu. Der gebürtige Berliner und gelernte Diplomingenieur ist zweiter Vorsitzender im Bundesverband für Solare Mobilität (solarmobil.net), einem Sammelbecken für Hersteller und Besitzer von Solarmobilen und Elektrofahrzeugen, die damit eine Energiewende herbeiführen wollen. Insgesamt sind das 1500 Menschen in Deutschland, so viele zumindest beziehen die Mitgliederzeitschrift. Hauptberuflich organisiert Manthey Messen und Konferenzen zum Thema Solarenergie und Mobilität, er glaubt an den Elektroantrieb und kann sich nicht damit abfinden, dass es in Deutschland derzeit kein viersitziges Elektroauto für den Stadtbetrieb zu kaufen gibt. Manthey hat an verschiedenen Entwicklungsprojekten für die Industrie mitgewirkt und unterhält ein privates Institut für innovative Energie- und Antriebstechnologien. Direkt nach der Wende hat er zusammen mit seinem Bruder insgesamt etwa siebzig Trabbis mit einem eigenen Bausatz auf Elektroantrieb umgerüstet. Einige davon sind auch heute noch in Betrieb. Privat fährt er einen Citroen AX mit Elektromotor, Baujahr 1996, den er an der heimischen Steckdose mit Ökostrom betankt. »Wie die Energiesparleuchte zur Glühbirne, so verhält sich der Elektroantrieb zum Verbrennungsmotor«, ist Mantheys Credo. Trotz des nachweislich dramatisch höheren Wirkungsgrades sind vergleichbare Fahrzeuge heute ab Werk nirgendwo lieferbar, weder in Europa noch in den USA. Die Gründe sind vielfältig und liegen anscheinend weniger bei der mangelnden Akzeptanz als bei der Automobilindustrie selbst, wie Chris Paine in seinem Dokumentarfilm *Who Killed the Electric Car?* von 2006 nachzeichnet. Auch Manthey hatte lange gehofft, dass ein Hersteller Ersatz für seinen AX schaffen wird, und ist mittlerweile überzeugt davon, dass auch in den kommenden Jahren in dieser Hinsicht nichts passieren wird. Deshalb hat er sich entschlossen, zusammen mit Hilmar Simon vom Verein »Neue Arbeit – Neue Kultur« und dessen Vordenker Frithjof Bergmann, wieder selbst in den Automobilmarkt einzusteigen.

Das Auto mit dem Arbeitstitel +100 soll ein alltagstaugliches fünfsitziges Familienfahrzeug für den Nahbereich werden. Wichtig ist den Entwicklern neben der Ökobilanz, dass das Fahrzeug modular aufgebaut ist und in kleinen Werkstätten zusammengebaut werden kann, um damit nebenbei zu beweisen, dass man selbst für den Fahrzeugbau heute keine gigantischen Fabrikanlagen mehr benötigt. Komplexe Teile sollen von internationalen Zulieferern stammen, der Motor etwa von einem Gabelstaplerhersteller, vieles aber auch vor Ort produziert werden. Als mögliche Partner sehen sie die vielen Vertragswerkstätten, deren Verträge von den Markenherstellern derzeit häufig nicht verlängert werden. Das Ganze bekommt so einen stark regionalen Charakter, die begrenzte Reichweite einer Akku-Ladung von circa 100 Kilometern fügt sich in dieses Konzept ein, schließlich beträgt auch heute schon bei 90 Prozent aller Autofahrten die Strecke weniger als 10 Kilometer. Aufgeladen werden soll das Fahrzeug innerhalb von vier Stunden an einer normalen Steckdose. Bei einer angepeilten Stückzahl von 10 000 in den ersten drei Jahren soll der Preis sich auf üblichem Kleinwagenniveau bewegen und sich im laufenden Betrieb schnell amortisieren. Noch steht das alles nur als Lastenheft auf dem Papier. Allerdings hat schon ein Professor der Hochschule für Angewandte Wissenschaften Hamburg zugesagt, mit seinen Studenten aus dem Fachbereich Fahrzeugdesign die Entwicklung des Fahrzeugs zu übernehmen und auch eine Lösung für die zur Straßenzulassung erforderlichen, umfangreichen und aufwändigen Crashtests zu finden. Über eine Open Source-Schnittstelle sollen weitere Experten hinzugezogen werden. Zur IAA 2009 soll ein Prototyp vorgestellt werden, damit ist aber nicht gesagt, dass es dieses Auto jemals geben wird. Es gibt andere Open-Source-Ansätze zur Autoentwicklung, wie etwa das Open-Source-Car, an dem die Akademische Solartechnik Gruppe an der TU Darmstadt (akasol.de) seit zwölf Jahren bastelt. Es erinnert in Form und Philosophie an die Fahrzeuge der Kabinenrollerklasse und existiert immerhin schon als schnittiger Prototyp.

Man würde an dieser Stelle gern auf größere Erfolge verweisen. Aber allein die Tatsache, dass sich Einzelpersonen im Verbund zutrauen, es mit einer ganzen Industrie aufzunehmen, zeugt von einem Bewusstseinswandel und einer gewachsenen Zuversicht hinsichtlich der Reichweite von Marke-Eigenbau-Strukturen. In aller Regel sind es nicht die Amateure und Hobbytüftler, die auf diesem Feld etwas erreichen, sondern gut ausgebildete Experten und Forscher, die sich in der Freizeit neben ihren Industrie- oder Forschungsjobs ihrer wahren Vision widmen und sie in Netzwerken, die quer zu den institutionellen Grenzen verlaufen, intensiv verfolgen. Die Nähe zu Universitäten und anderen Forschungseinrichtungen ist hilfreich, weil diese mehr Infrastruktur und komfortablere Arbeitsbedingungen zur Verfügung stellen als rein private Zirkel. Die größten Hürden, die solchen Projekten das Leben schwer machen, sind neben den praktischen Problemen und organisatorischen Fragen der Zusammenarbeit, der Rechtsform und des Geldes vor allem bürokratischer Natur. Das beginnt mit der Antragsbürokratie für Fördergelder und Subventionen, womit in Konzernen ganze Abteilungen eigens befasst sind. Es endet nicht bei den hohen Anforderungen für die Betriebserlaubnis von Anlagen oder gar die Straßenzulassung von Fahrzeugen.

Wo diese Zulassungsbeschränkungen wegfallen, leisten auch Einzeltäter Erstaunliches. Michael Henrik Schmelter braucht für den Betrieb seines selbstgebauten Einmann-U-Boots 2Dive weder Zulassung noch Führerschein, weil dieses Terrain noch völlig unreglementiert ist. Den Rumpf des tonnenförmigen Gefährts, das mit seiner Farbe an das Yellow Submarine der Beatles erinnert, hat der Kieler Schiffbauingenieur aus glasfaserverstärktem Kunststoff konstruiert. Angetrieben wird es von vier Elektromotoren mit beweglichen Schrauben. Etwa 2 000 Arbeitsstunden und 40 000 Euro Eigenkapital stecken darin. Obwohl die Konstruktion einem Druck von 45 Bar standhielte und damit theoretisch auf 450 Meter Tiefe gehen könnte, taucht Schmettler damit in der Kieler Förde meist nur auf 10 Meter ab. Für 295 Euro bietet Schmettler dort mittlerweile auch einstündige Tauchgänge für Touristen an. Das Boot war aber auch schon vor der Küste Kroatiens und im Hafenbecken von Kopenhagen im Einsatz, wo sich 2006 erstmals die europäische Szene privater Tauchboot-Bastler traf.[21]

Dort war auch der deutsche Vorreiter Reiner Küster aus Potsdam mit seinem Boot Nemo, das seit der Jungfernfahrt im Jahr 2006 bereits über 400 Tauchgänge absolviert hat. Derzeit ist Küster dabei, zwei Bastlern in Wittstock zu helfen, ein 12 Meter langes Tauchboot aus Stahl flott zu bekommen, an dem diese seit über elf Jahren herumwerkeln. Er leistet gern Entwicklungsarbeit, weil er miterleben möchte, dass auch hierzulande die Flotte privater U-Boote wächst, schon um nicht mehr als Spinner dazustehen. Ein weiteres halbfertiges Boot steht in Bremen, weitere sollen in Planung sein. Es gibt einiges aufzuholen, denn in den USA soll die Szene bereits 1 500 private Boote umfassen.[22] Auch in anderen Bereichen sind private Tüftler, Bastler und Erfinder aktiver denn je. Im November 2007 stellten auf der jährlich in Nürnberg stattfindenden weltweit größten Erfindermesse »Ideen – Erfindungen – Neuheiten« (IENA) 800 Teilnehmer von Jugend-forscht-Preisträgern bis zu Profi-Entwicklern ihre Erfindungen aus, darunter so nützliche Dinge wie ein Holzgaskocher für den Einsatz in Entwicklungsländern oder der »One-Hand-Slip« für Damen und Herren, der sich ohne Bücken mit nur einer Hand an- und ausziehen lässt. In den vom Bundeswirtschaftsministerium im Rahmen einer Initiative zur Innovationsstimulierung (insti.de) ins Leben gerufenen Erfinderclubs sind mittlerweile über 3500 private Erfinder und Existenzgründer organisiert. Sie erhalten umsonst Unterstützung aus einem Netz von ausgewiesenen Innovationsexperten.

Von den 48000 beim Deutschen Patentamt im Jahr 2006 eingegangenen Patentanmeldungen waren bei rund 10 Prozent die Person des Anmelders und die des Erfinders identisch, was auf Privatleute und Einzelunternehmen hindeutet.[23] Zudem hat sich die Zahl der Patente, die von deutschen Hochschulen eingereicht wurden, in den letzten sechs Jahren auf 645 nahezu verdreifacht. Die größten Wachstumsfelder waren alternative Energieformen.

Viele Tüftler, die ihr Patent anmelden, dürften tatsächlich von der Aussicht auf unternehmerischen Erfolg getrieben sein. Anderen geht es altruistischer darum, einen bescheidenen Beitrag zum Fortschritt der Menschheit beizusteuern oder ihre Freizeit sinnvoll zu nutzen. Auch Weiterbildung und persönliche Horizonterweiterung kommen als Motive in Betracht. Der Hobbytüftler oder Experte mit freien Kapazitäten tüftelt heute nicht mehr nur für den Eigenbedarf, sondern tut das immer häufiger im Verbund mit anderen Gleichgesinnten im Dienst eines gemeinsamen Ziels. Das klassische Hobby verschmilzt auf diese Weise mit dem Ehrenamt: Wikipedia ist das beste Beispiel dafür, wie intrinsisch motivierte Experten in ihrer Freizeit eine wertvolle Wissensplattform aufbauen, indem sie ihr Wissen anderen zur Verfügung stellen.

Um zum ernsthaften Hobbywissenschaftler zu werden, braucht es kein eigenes Labor im Keller; in vielen Fällen reicht ein PC mit Internetanschluss. Denn auch die einstmals hermetische akademische Forschung bekommt Schnittstellen mit der Außenwelt und bezieht Laien mit ein, weil davon die gesamte Disziplin profitieren kann. »Citizen Cyberscience« wird diese Öffnung der Elfenbeintürme in Richtung Partizipation genannt. Angefangen hat das 1999 mit dem Projekt SETI@Home der Universität Berkeley, wo es darum ging, das immense Datenmaterial von Sternteleskopen auf signifikante Unregelmäßigkeiten hin zu durchforsten, die auf die Existenz außerirdischen Lebens hindeuten könnten. Nicht zuletzt wegen des webaffinen Themas stellten bis 2005 über 5,4 Millionen Nutzer zusammen knapp 2,3 Millionen Jahre Rechenzeit zur Verfügung – ohne dass dabei Außerirdische gefunden worden wären. Damals ging es nur um die Rechner, nicht um die Köpfe der Menschen. Der Ansatz von Citizen Cyberscience geht darüber hinaus, indem er Laien ermutigt, aktiv ins Wissenschaftsgeschehen einzugreifen und freiwillig arbeitsintensive Aufgaben zu übernehmen. Das Projekt Africa@Home ist eine Gemeinschaftsinitiative des Schweizer Tropeninstituts, der Universität Genf und des CERN. Sie zielt darauf ab, mit vereinten Kräften die unerforschten Regionen Afrikas zu kartografieren und anhand von Satellitenbildern aussagekräftiges Kartenmaterial zu generieren – eine wichtige Grundlage zur Bekämpfung der Malaria. Der Freizeitforscher hat eine lange Strecke zurückgelegt aus dem heimischen Hobbykeller über das Internet bis zu den letzten weißen Flecken auf der Weltkarte. Er wird auch in Zukunft für Überraschungen gut sein. Mit seiner Motivation, eine Sache um ihrer selbst willen zu machen, nähert er sich zudem dem Ideal des Handwerkers.

4.4 Manufakturen: Die Renaissance des Handwerks

Richard Sennett hat schon mehrfach gutes Gespür dafür bewiesen, die richtigen Stichworte zur geistigen Situation der Zeit zu liefern, sei es die *Tyrannei der Intimität* oder *Der flexible Mensch*. Es ist gewiss kein Zufall, dass er sich 2007 in einer breit angelegten Bestandsaufnahme dem *Handwerk* zuwendet. Als Ausgangspunkt dafür hat er sich von seiner Lehrerin Hannah Arendt die Unterscheidung des Menschen als *animal laborans* und *homo faber* geborgt. *Animal laborans* ist danach das zur Routinetätigkeit verdammte Lasttier und im übertragenen Sinne der moderne Technokrat, der als Rädchen im Getriebe nach Effizienz strebt, ohne dabei den Zweck und die Auswirkungen seiner Tätigkeit vollständig zu überblicken. *Homo faber*, ein Begriff aus der Renaissance, meint dagegen den Menschen als Hersteller von Dingen, den Handwerker, der den Produktionsprozess bis zum Endprodukt mit eigenen

Händen kontrollieren kann. Sennett plädiert für eine Aufhebung dieser Trennung und eine Rückbesinnung auf die genuine Qualität handwerklicher Arbeit: »Wenn Hand und Kopf voneinander getrennt werden, leidet der Kopf«, was die Frage aufwirft, »auf welchem Weg wir es erreichen können, beim Einsatz von Technologien wie Handwerker zu denken.«[24]

Die Werkstatt, die bis ins letzte Jahrhundert hinein nicht nur Arbeitsstätte, sondern häufig auch Wohnort des Handwerksmeisters und seiner Gesellen war, ist der Raum, in dem handwerkliche Produktion stattfand, verfeinert wurde und Wissen über Techniken weitergegeben werden konnte. Für Sennett liefert sie das Modell, wie handwerkliche Qualität sich in die heutige Zeit übersetzen ließe. Das gilt nicht nur in Hinblick auf die räumliche Organisation von Zusammenarbeit in Gruppen, sondern vor allem wegen des speziellen Verhältnisses von Autonomie und Autorität, das die Werkstatt verkörpert. Autonomie deshalb, weil jede Werkstatt eine autonome Einheit bildete. Gilden, Zünfte und Handwerkskammern konnten zwar Rahmenregelungen und Qualitätsstandards festschreiben, aber nicht in die Werkstatt hineinregieren. Dort hatte der Meister das Sagen. Die Autorität des Meisters aber war eine organisch gewachsene, die sich auf eine in langen Jahren erworbene Expertise stützte, nicht auf die Hierarchie eines Organigramms: »In der Werkstatt wird die Ungleichheit von Fähigkeiten und Erfahrungen zu einer Angelegenheit direkter zwischenmenschlicher Beziehungen. Die erfolgreiche Werkstatt schafft legitime Autorität aus Fleisch und Blut.«[25] Das mag anachronistisch klingen, aber es hat viel mit dem zu tun, was den Reiz heutiger Betriebe und Kooperationsformen Marke Eigenbau gegenüber herkömmlichen Unternehmen ausmacht.

Sennett verweist zwar auf Ärzte und Linux-Programmierer als Positivbeispiel für moderne Handwerker, bleibt aber merkwürdig stumm gegenüber der tatsächlichen Renaissance von Betrieben und Eigenbau-Marken, die per Hand produzieren, also jene neuen oder traditionellen Unternehmen, die im Kern noch – oder wieder – so arbeiten, als hätte es die Industrielle Revolution nie gegeben. Die Manufaktur erlebt ein Comeback, was eine kurze Google-

Suche zu dem Begriff eindrucksvoll belegt. Ob Spielzeug, Porzellan, Krawatten, Fahrräder, Besteck, Möbel, Kleidung, Delikatessen, Schmuck oder gar Autos – für alles gibt es wieder Manufakturen. Dabei ist der Begriff, dessen Etymologie auf Handarbeit hindeutet, durchaus irreführend. Historisch gesehen war die Manufaktur ein Bindeglied zwischen der mittelalterlichen Werkstatt und der modernen Fabrik, und es kamen darin auch Maschinen und mechanische Arbeitsteilung zum Einsatz, wenn auch keine Fließbänder. Verglichen aber mit dem, was danach kam, erscheint uns die Manufaktur heute als Inbegriff der guten alten Zeit, wie sie John Ruskin beschworen hat. Das Label Manufaktur ist zum Indikator nachhaltiger und wertiger Produktion in kleiner Stückzahl geworden. Auch wenn nicht alle, die heute das Wort im Schild führen, diesem Standard gerecht werden, hat doch die Mehrheit genau das im Sinn: Sie möchte beweisen, dass es möglich ist, in der Arbeit Kopf und Hand wieder zusammenzubringen und dabei – oft lokal verwurzelt – Waren herzustellen, die im Wortsinn preiswert sind, also ihren Preis durch Qualität und Langlebigkeit rechtfertigen. Das Beste am Ganzen: Es gibt wieder ausreichend Kunden, die bereit sind, Handarbeit angemessen zu honorieren.

»Seit zehn, fünfzehn Jahren können auch Schuster, die Maßschuhe am Leisten herstellen, wieder von ihrem Handwerk leben«, sagt Otto Kentzler, der Präsident des Zentralverbands des Deutschen Handwerks.[26] Das hört sich an, als ob der Handwerkspräsident selbst noch überrascht von dieser erfreulichen Entwicklung ist. Dabei wissen wir seit ziemlich exakt zwanzig Jahren, dass es für handgemachte Produkte in der gehobenen Preisklasse in Deutschland einen wachsenden Markt gibt. Damals kam der gelernte Buchhändler und ehemalige Geschäftsführer der westfälischen Grünen, Thomas Hoof, auf die Idee, traditionell gefertigte Bürsten, handgenähte Lederfußbälle und Jacken aus schwerem Baumwollstoff in einem Katalog zusammenzufassen. Seinen Versandhandel nannte er Manufactum, was übersetzt nicht mehr als »handgemacht« heißt. Dessen Claim lautete bald »Es gibt sie noch, die guten Dinge« und traf einen Nerv, bevor das Wort Globalisierung erfunden war und die Menschen darüber nachdachten, wie globale Massenproduktion die guten Dinge, die sie aus ihrer Kindheit kennen, aus den Regalen drängt – und das Neue sein Versprechen, besser zu sein als das Alte, in allzu vielen Fällen nicht einhalten kann.

Zum Katalog des Unternehmens kamen über die Jahre Ladengeschäfte – inzwischen oft zu kleinen Kaufhäusern ausgewachsen – und ein Internetauftritt hinzu, dem es durch Design und Nutzerführung hervorragend gelingt, für die kaufkräftigen Kunden die Brücke zwischen E-Commerce auf Höhe der Zeit und den wertigen Retroprodukten des Sortiments zu schlagen. 1998 erkannte die Hamburger Versanddynastie Otto, dass Hoof mit seiner Eigenbau-Marke so frühzeitig einen Trend erspürt und eine so starke Handelsmarke aufgebaut hatte, dass der Konzern nicht mehr mit einem eigenen Konzept dagegen in Konkurrenz treten konnte. Otto beteiligte sich mit 50 Prozent an Manufactum, verschaffte damit dem kleinen Partner Kapital für Expansion, hielt sich dann aber zumindest nach außen dezent zurück. Heute beschäftigt Manufactum über 150 Mitarbeiter und macht rund 100 Millionen Euro Umsatz pro Jahr. Wenn Wachstumskennziffern stimmen, werden Investoren bekanntlich immer hungriger. 2007 übernahm die Otto-Gruppe Manufactum vollständig. Der Katalog hat bezogen auf die Ursprungsidee mittlerweile eine gewisse Beliebigkeit erreicht, was aber vielleicht nicht allzu streng gesehen werden sollte, wenn Manufactum für viele kleine Traditionsproduzenten einen profitablen Vertriebskanal bietet und für das Thema insgesamt Aufmerksamkeit schafft. Doch wie erklärt sich der Erfolg genau?

»Immer mehr Menschen haben keine Lust auf Produkte, bei denen die Wertschöpfung komplett verschleiert wird«, sagt Christoph Hinderfeld. Der Wachenheimer Unternehmer ist Vorsitzender des Beirats der Zunft AG, die Kooperationsstrukturen für Kleinunternehmen mit ökologischer und nachhaltiger Produktionsweise schafft. Hinderfeld redet schnell. Das liegt vermutlich an der Überzeugung hinter seinen Worten. Er benutzt viele Schlagworte, die trotz Sprechtempo gut in Erinnerung bleiben. Eines davon ist »True Economy«. In der ist mehr »Sein als Schein.« Ein anderes beschreibt die Warenwelt, wie sie nicht sein sollte: »Designprodukt«. Damit meint der Zunft-AG-Aktivist zum Beispiel sündhaft teure

Hemden, die in Asien auf den gleichen Bändern gefertigt werden wie No-Name-Produkte.

Gegen Billigprodukte ist in Deutschland – Weltmeister in Preissensitivität – kein Kraut gewachsen. Das weiß auch Hinderfeld. Er will mit seiner lokal verwurzelten, qualitätsorientierten »True Economy« nicht Aldi, sondern die überteuerten »Designprodukte« angreifen. Denn bei denen macht nicht die Ware den Wert. Überflüssige Posten wie »gigantische Marketingbudgets, absurd hohe Ladenmieten oder vollkommen überzogene Gewinnspannen« treiben den Preis. Damit Hinderfelds Idee der »wahren Ökonomie« als Geschäftsmodell funktionieren kann, müssen freilich ein paar Voraussetzungen gegeben sein. Die angestrebte Qualität erreichen die meisten Hersteller von handgemachten Spielwaren, Seifen oder Schmuck auch. Öfter fehlt es an der Fähigkeit, effizient zu vermarkten. Der Ansatz der Zunft AG beruht auf dem Prinzip der Bündelung von Kompetenz. »Wenn ein Kunde handgenähte Schuhe mag, dann kauft er vermutlich auch gerne hochwertiges Olivenöl und handgemachtes Porzellan«, sagt Christoph Hinderfeld. Edelschuster, Delikatessenhändler und Porzellanmanufakturen sollen ein Cluster bilden, das Kundenwissen gemeinsam nutzt und so Kunden anzieht und weiterreicht. Das Ganze ist mehr als eine entfernte Vision. Die ersten »Zunftorte« entstehen gerade in Baudenkmälern, die das Ende der Industriegesellschaft im Leerstand zurückgelassen hat. Bis spätestens 2009 sollen die Kauffmannmühle in Mannheim, die alte Baumwollspinnerei in Saarbrücken und ein Teil der Zeche Zollverein in Essen zu florierenden Gewerbehöfen für händisch produzierende Selbstständige werden. Ebenfalls auf der Liste der Zunft AG stehen die Alte Schultheiss-Mälzerei in Berlin Schöneberg, die Zeche Ewald in Herten und ein großes Landgut im brandenburgischen Spreewald, das zurzeit zu einem »Zunfthof« ausgebaut wird. Das Konzept läuft auf Manufactum vor Ort hinaus – ohne Otto-Konzern im Hintergrund. Hier ist auch Marketing und Vertrieb Marke Eigenbau, was die Glaubwürdigkeit der Manufakturprodukte potenziert.

Nun will es Hinderfeld nicht beim Direktvertrieb vor Ort belassen. Auch die Zunft AG, die sich als »Sammlungsbewegung gegen die Beliebigkeit« versteht, weiß um die Chancen digitaler Vermarktung und hat ein beachtliches Online-Konglomerat geschaffen, bestehend aus der Networking-Plattform zunftnetz.org (Claim: »Das Netz für Menschen mit Werten«), zunftort.org, die den konvertierten Baudenkmälern ihre digitale Bühne schafft, und der IPTV-Plattform zunfttv.org. Zunft-TV ist im Eigenverständnis der »Kanal für die guten Dinge« und hält übersichtlich sortiert Hunderte von Videos bereit, in denen sich Eigenbau-Marken und kleine Traditionsbetriebe selbst darstellen. Das hat zuweilen leicht drolligen Charakter, zum Beispiel wenn das Pfälzer Apfelgut Zimmermann sich in einer Art animierter Diashow mit Fahrstuhlmusik präsentiert. Es finden sich aber auch technisch gut gemachte, journalistisch informative Videos wie jenes der Solinger Messer-Manufaktur Güde. In dem Clip erzählt der jetzige Firmeninhaber, wie sein Großvater Franz in den dreißiger Jahren den Wellenschliff für Brotmesser erfand, der heute von jedem Billigprodukt aus China kopiert wird. Neben jedem Video findet sich ein Link zur »Enzyklopädie der guten Dinge«, zunftwissen.org. Diese Seite überträgt das Wikipedia-Prinzip auf die Nische handarbeitender Selbstständiger und Unternehmen. Artikel einstellen sollen alle, »die wie wir an regionaler Vielfalt, gerechtfertigten Preisen, an wahrheitsgetreuen Informationen und an einem freundlichen und fairen Miteinander ein besonderes Interesse haben.« Dabei herausgekommen ist ein ansehnliches Nachschlagewerk rund um die Techniken zur nachhaltigen Herstellung von Produkten, verbunden mit einer Art Who is Who über die Menschen und Firmen, die als Eigenbau-Marken die guten Dinge herstellen und vertreiben.

Das Online-Netzwerk der Zunft-Bewegung macht genau wie Etsy oder DaWanda (vgl. Kapitel 6.2) vor, wie altes Handwerk das Internet nutzen kann, um globalisierter Gleichmacherei ein Schnippchen zu schlagen. Paradoxerweise profitieren gerade die klassischen Gewerke vom Siegeszug des Internets. Durch Online-Marketing und E-Commerce für jedermann sind sie nämlich nicht mehr auf Laufkundschaft und den lokalen Markt angewiesen, sondern können eine weit verstreute Klientel ansprechen, die

Ausgefallenes schätzt und in der Shoppingmall in Autonähe nur Standard findet. Die Rückbesinnung auf Manufakturbetrieb und -technik stemmt sich insofern in mehrfacher Hinsicht gegen die ökonomischen Negativseiten der Globalisierung. Internationaler Vertrieb von handgefertigten Eigenbau-Produkten ist nur der Anfang. Im Geiste Günter Faltins global handelnder Kleinunternehmer erkennen auch immer mehr Handarbeiter die Chance, Werkstoffe global einzukaufen oder gar globale Produktions- und Vertriebsallianzen zu knüpfen.

Manche Gewerke findet man heute überhaupt nur noch an wenigen Standorten weltweit. Der gelernte Kaufmann Stefan Leo hat sich zusammen mit einem Pariser Partner darauf spezialisiert, sie ausfindig zu machen und aus ihrer Kombination einzigartige Inneneinrichtungsobjekte entstehen zu lassen. Peau d' Ane, auf Deutsch: Eselhaut, heißt sein Label, das sich vor allem an vermögende Privatkunden richtet, die auf der Suche nach etwas sehr Ausgefallenem sind (peaudane.de). So ist Leo einer der wenigen Anbieter weltweit, der noch Möbel mit Rochenhaut bespannt, wie es im Biedermeier bei Hofe sehr en vogue war. Die Rochenhäute werden aus ganz Südostasien zusammengekauft und dann in einem aufwendigen Gerb- und Schleifverfahren für die Weiterverarbeitung präpariert, die ausschließlich in Peau d'Anes eigenen Werkstätten stattfindet. In Vietnam und Japan arbeitet Peau d'Ane mit Spezialisten für traditionelle Lackkunst zusammen. Ein weiterer Verarbeitungsstandort ist Marokko: Von den Kunsttischlern in Essaouira lässt Leo Schatullen mit Intarsien und Schellackoberflächen anfertigen. Marrakesch dagegen ist ein traditionelles Zentrum der Metallbearbeitung, wo sich noch die Silberschmiede, Ziselierer und Plättner finden, die Leo für aufwändige Wand-, Steh- und Hängelampen braucht. Aber auch in Deutschland arbeitet Peau d'Ane zunehmend mit traditionellen Spezialisten ihres Faches zusammen. Sattler, Pergamentgerbereien, Tischler, Schlosser und traditionelle Kunstschmiede zählen mittlerweile zu den deutschen Fertigungspartnern. Viele der Objekte kosten jenseits der 10 000 Euro, aber anscheinend gibt es einen Markt dafür. Standesgemäß verzichtet Peau d' Ane auf jede Form der Werbung und lebt nur von der Weiterempfehlung durch Kunden. Die komplexen Objekte sprechen für sich, und der Zugriff auf einmaliges handwerkliches Können aus aller Welt ist ein schwer kopierbares Alleinstellungsmerkmal.

Umgekehrt ist die konsequente Rückbesinnung auf Handarbeit immer wieder Rettungsanker und Schlüssel für neuen Geschäftserfolg vieler heimischer Traditionsunternehmen, die dem Ruf der Automatisierung gefolgt sind und geglaubt haben, im Preiskampf der Massenproduktion mithalten zu können. Das war zum Beispiel bei der Glasmanufaktur Theresienthal in Zwiesel im Bayrischen Wald der Fall. Die war 1836 von einem Nürnberger Glashändler gegründet worden, der sie nach der Gattin des bayrischen Königs Ludwig I. benannte und diesen auch umgehend als ersten großen Kunden gewann. Ludwig I. hatte keine Lust mehr, sein Glas aus Frankreich zu importieren, und da die Theresienthaler Manufaktur königliche Qualitätsansprüche bediente, griffen alsbald auch aufstrebende Großbürger zu. Der Firma ging es 150 Jahre lang gut. In den achtziger Jahren des letzten Jahrhunderts entschied das Management allerdings, auf Masse zu machen. Das Ergebnis: 2001 war das Traditionshandwerk-Unternehmen nach einem jahrelangen Kampf pleite. Die alte Belegschaft setzte durch, auf kleiner Flamme weitermachen zu können und hielt die Werkstätten in Schuss, in der vagen Hoffnung auf Wiederauferstehung. Tatsächlich kam nach einiger Zeit Hilfe von überraschender Seite. Die Stiftung des Autobauers BMW, einige vermögende Investoren und ein Frankfurter Banker entschieden sich für eine konzertierte Rettungsaktion, obwohl eine Studie der Boston Consulting Group der Manufaktur viel Vergangenheit und keine Zukunft bescheinigte.

Ein neuer Geschäftsführer, Sohn des Ortes und ehemals erfolgreicher Banker, besann sich auf alte Stärken des Unternehmens: produzieren wie für Könige; machen, was Maschinen nicht können; jeden Sonderwunsch gerne bedienen – und dann anständig bezahlen lassen. Ein Glas der Theresien-Manufaktur kostet heute wieder zwischen 80 und 120 Euro. Eine besonders geschliffene, gravierte oder handbemalte Vase auch gern 2 000. Und siehe da: Es funktioniert wieder und zwar besser als je zuvor. Mitverantwortlich für gute Umsätze und schwarze Zahlen sind reiche Russen, die

Theresientaler Manufakturglas als neue Lieblingsmarke für sich entdeckt haben. Der erfolgreiche Geschäftsführer hat wiederum der Stiftung 90 Prozent der Unternehmensanteile abgekauft und will auf keinen Fall zurück zu seinen hochbezahlten Bankjobs in London oder Frankfurt.

Die Handarbeiter, von denen Richard Sennett schreibt, sind stolz auf die Produkte, die sie mit Techniken herstellen, die sie besser als andere beherrschen. Wenn Kopf und Hand wieder etwas harmonischer zusammenarbeiten sollen, als wir es in der arbeitsteilig atomisierten Industriegesellschaft gewohnt waren, kann es freilich nicht schaden, das fähige Handwerk ein wenig mit Ideen zu füttern. Oder noch besser: Fähige Handarbeiter mit Menschen zusammenzubringen, die sich über neue Produkte oder zumindest Gestaltungsformen von Produkten hauptberuflich Gedanken machen, die ihre Ideen aber selbst oft nicht handwerklich umsetzen können und deshalb beim Produktdesign gerne das eine oder andere vergessen. Genau dieses Anliegen verfolgt der Design-Reaktor der Berliner Universität der Künste. In ihm werden Berliner Handarbeiter, vom Seifenhersteller über den Bootsbauer bis zum Sattler, mit Design-Studenten der UdK in Workshops zusammengebracht. Gemeinsam sollen sie dann Ideen für neue Prototypen für Eigenbau-Produkte hervorbringen – und diese dann auch gleich bauen. Einer der erfolgversprechendsten davon ist bislang ein modulares Lampensystem mit dem schönen Produktnamen »Fragment Store 01«. Es ist zu vermuten, dass der Namensvorschlag nicht von den Eheleuten der Lampenschirm-Manufaktur Bachert aus Berlin-Köpenick stammt. Bei der Entwicklung des flexiblen 17-teiligen Lampensets, das laut der beteiligten Studenten »durchaus ein Gegenentwurf zur Wegwerfmentatlität« sein soll, waren die älteren Herrschaften angeblich deutlich zielstrebiger als ihre jungen Gäste in der Werkstatt. Auf die Idee zu einer poppig zeitgemäßen Eigenkreation sind die Bacherts wiederum in den letzten dreißig Jahren auch nicht gekommen. Insofern scheint das Design-Reaktor-Konzept in der Tat ordentlich kreative Energie freizusetzen.

Vater des Projektes ist mit Axel Kufus ein Mann, der die Verbindung von kreativem Kopf und fähiger Hand als Person verkörpert.

Er begann als Schreinermeister mit eigener Schreinerei, bevor er sich als Möbelgestalter einen exzellenten Ruf erarbeitete. Für Nils Holger Moormann entwarf er beispielsweise das Egal-Regal-System, was wiederum den Weg zur Professur für Produktdesign geebnet haben dürfte. Für seinen Design-Reaktor konnte Kufus nicht nur dem Berliner Senat 250 000 Euro Budget entlocken und die besten studentisch-handwerklichen Prototypen im Kanzleramt ausstellen. Er hat auch einen sehr schönen Begriff geprägt, der im Kontext der Manufaktur-Renaissance mehr Beachtung finden sollte: »denkende Hände«.[27]

Nun ist zwanzig Jahre nach Gründung von Manufactum offenbar der Zeitpunkt gekommen, an dem man ein wenig darauf achten muss, dass der Begriff der Manufaktur nicht allzu inflationär verwendet (und damit auch entwertet) wird. Ein Grenzfall ist es, wenn ein kleiner Automobilhersteller, wie der von den Dülmener Brüdern Wiesmann, BMW-Technik-Komponenten zu 100 000 Euro teuren Kleinsportwagen in Sechziger-Jahre-Optik (zugegebenermaßen weitgehend in 3 000 Mannstunden Handarbeit) zusammenschraubt und die Kunden sich ihre Sitzbezüge in jedem beliebigen Leder nähen lassen können, gerne auch mit einem besonderen Stich. Eindeutig zu viel des Guten haben die Kopfarbeiter in der Marketingabteilung von VW geleistet, als sie die Fabrik für ihr am Markt erfolgloses Oberklassemodell Phaeton »gläserne Manufaktur« tauften – zumal man hinter den Glasfronten gut erkennen kann, dass ein modernster Maschinenpark das Flop-Modell produziert. Deutlich besser zum VW-Gedanken der »gläsernen Manufaktur« passen da die Arbeiten von Jeff Burnett. Der Kanadier bietet unter dem Label »Joe Blow Glassworks« bunte, mundgeblasene Science-Fiction-Laserwaffen an – und erreicht mit diesem internetvertriebenen Manufakturprodukt Fans rund um den Globus. Wer hätte vor zwanzig Jahren gedacht, dass im 21. Jahrhundert neben »handgemacht« auch der Produkthinweis »mundgeblasen« zum exportfördernden Qualitätssiegel werden kann und auf hippen Laserwaffen-Unikaten zu finden ist?

5. Organisation Marke Eigenbau

5.1 Wikinomics: Warum gibt es eigentlich Firmen?

Werner H. Müller, ein Deutscher in North Carolina, baut Möbel, die seine Frau entwirft. »Vom Baumfällen angefangen«, erzählt er. Aber um sein handwerkliches Hobby geht es hier eigentlich nicht. Es geht um sein zweites. Das ist wissensbasiert, biografisch gesehen berufsbedingt und mittlerweile im engeren Sinne auch kein Hobby mehr. Zudem verdrängt es das Möbelbauen langsam wieder. Müller ist der ehemalige Chef der Forschungsabteilung von Hoechst Celanese in den USA. 1998 ging er in den Ruhestand und richtete sich in seinem Haus zwei Arbeitsräume ein. Eine Werkstatt für Holzbearbeitung und ein Labor für chemische Privatforschung. Eigentlich wollte Müller seine Tage künftig etwa zur Hälfte beiden Leidenschaften widmen. Daraus wurde leider nichts, denn der pensionierte Chemiker stieß irgendwann nach der Jahrtausendwende auf die Webseite innocentive.com. Dort schreiben große Pharma- und Chemieunternehmen gegen Preisgeld chemische Probleme aus. Wie das genau funktioniert, sehen wir später unter dem Stichwort »Open Innovation«. An dieser Stelle so viel: Müller war der Gewinner des ersten Wettbewerbs der Plattform auf dem Feld Nasschemie. Vier Jahrzehnte Entwicklungserfahrung halfen ihm, rasch eine kostengünstige Lösung zur Herstellung einer 4-(4-hydroxphenylen) Säureverbindung zu präsentieren. Daran war die Entwicklungsabteilung des ausschreibenden Konzerns gescheitert. Müller strich für wenige Tage Arbeit 25 000 Dollar ein, die er umgehend in sein Heimlabor investierte. Inzwischen hat der Senior seine eigene kleine Entwicklungsfirma

gegründet, CHD Technologies Inc. Die Eigenbau-Marke hilft großen Chemie-Unternehmen immer dann, wenn diese nicht mehr
weiter wissen. Und sie ist Wegweiser eines tiefgreifenden Wandels
gängiger Vorstellungen von Wertschöpfung.

Wie die Rückkehr der Handarbeit verläuft dieser Wandel bislang weitgehend unbemerkt und wird auch unter Wirtschafts-
wissenschaftlern wenig diskutiert. Der Wandel hat ein Ziel: neue
Regeln einer kooperativen, vernetzten Weltwirtschaft zu schaffen,
die den hierarchischen und proprietären Geschäftsmodellen der
alten Wirtschaft überlegen sind. »Wir treten in ein neues Zeitalter
ein, wo die Menschen in einer Weise am Wirtschaftsgeschehen
teilnehmen wie nie zuvor. Noch nie hatten Einzelne die Macht und
die Gelegenheit, in losen Netzwerken Gleichgestellter und Gleich-
gesinnter (›Peers‹) zu kooperieren und Waren und Dienstleistungen kontinuierlich und in konkret fassbarer Form herzustellen«,
schreiben Don Tapscott und Anthony D. Williams in ihrem Buch
mit dem Titel *Wikinomics*.[1] Der Begriff beschreibt einen Verän-
derungsprozess, der Individuen und selbst organisierte Gruppen
(oder Individualisten in selbst organisierten Gruppen) stärkt – und
unbewegliche Firmen schwächt; beziehungsweise Firmen auf
lange Sicht zwingen wird, offener und beweglicher zu werden.
Denn große Organisationen merken immer öfter, dass sie nur
dann wettbewerbsfähig bleiben können, wenn sie mit einem Netzwerk von Partnern offen zusammenarbeiten. Und dass sie dabei
einen Teil der Wertschöpfung an dieses Netzwerk von Eigenbau-
Marken abtreten müssen.

Beim Walldorfer Software-Riesen SAP hat man die Zeichen der
Zeit erkannt und baut die neuen Plattformen für die unendlich
komplexe Business-Software so, dass ein »Ökosystem« von kleinen Partnern Spezialapplikationen über klar definierte Schnittstellen einfach »dran-programmieren« kann. Durch diese Form
der Arbeitsteilung soll sichergestellt werden, dass die Programme
immer ausdifferenziertere Kundenwünsche bedienen können – und gleichzeitig das Kernprodukt seine gobale Markf+hrer-
schaft behaupten kann. Den gut bezahlten SAP-Programmierern
ist durchaus bewusst, dass sie damit nicht nur Geld an freie Kolle-

gen und kleine IT-Häuser abtreten, sondern auch den Alleinvertretungsanspruch auf ein Produkt, auf das sie sehr stolz sind. Das Abtreten erfolgt auch nicht freiwillig. Die SAP weiß, dass sie – genau wie der Hauptkonkurrent Oracle – auf das Ökosystem angewiesen ist, um beim Innovationstempo mithalten zu können. Wer in einer Welt, in der alle kooperieren, nicht kooperiert, hat das Nachsehen und verschwindet vom Markt. Damit verändert sich das Verhältnis von großen und kleinen Spielern deutlich.

Die Zeit des Bittstellertums von Eigenbau-Marken, die sich als abhängige Zulieferer von großen Auftraggebern verstanden haben, ist strukturell vorbei. Die Begriffsschöpfer von Wikinomics wähnen bereits eine Umkehrung der Machtverhältnisse:»Manche Unternehmen haben die letzten dreißig Jahre versucht, ihre Geschäftstätigkeit so zu verändern, dass sie in einer hyperkompetetiven Wirtschaft mithalten können. Sie haben, wo immer möglich, Kosten gesenkt, auf noch mehr ›Kundenfreundlichkeit‹ gesetzt, Produktionsnetzwerke rund um den Globus geknüpft und ihre alten F&E-Strukturen weltweit zerschlagen. Und nun müssen die Titanen des Industriezeitalters feststellen, dass die wahre Revolution gerade erst begonnen hat.«[2] Nur dass diesmal die Konkurrenz nicht von den alten Erzrivalen der eigenen Branche komme, sondern von der verflochtenen, amorphen Masse der selbst organisierten Individuen, die ihre ökonomischen Bedürfnisse fest in die eine Hand nehmen und ihr ökonomisches Schicksal in die andere. Tapscott und Williams erkennen in Wikinomics die große Chance zu einer noch nie gesehenen Demokratisierung von Wirtschaft. Und sie sparen dabei nicht an Pathos:»›Wir sind das Volk‹ ist nicht länger nur ein politisches Statement, eine hoffnungsvolle Hymne an die Macht ›der Massen‹. Es ist auch eine zutreffende Beschreibung, dass gewöhnliche Menschen – Angestellte, Konsumenten, Einwohner einer Kommune und Steuerzahler – nun die Macht haben, neue Dinge auf den Weg zu bringen und auf der globalen Bühne Werte zu schaffen.«[3]

Die langsam wachsende Gemeinde der Wikinomen identifiziert vier Grundwerte, die eine neue, kollaborative Ökonomie in den kommenden Jahren treiben werden.[4]

Erstens: Das Peering, also der freiwillige Zusammenschluss Einzelner, die auf Augenhöhe zusammenarbeiten. Digitalisierung und Internet liefern die Werkzeuge für die globale Zusammenarbeit vieler Akteure. Oder um es im Sinne des britischen Wirtschaftsnobelpreisträgers Ronald H. Coase zu sagen: Die digitalen Werkzeuge senken die Kooperationskosten so weit, dass sich alle möglichen Geschäftsmodelle auf Basis von Peering zum Nutzen aller rechnen können. Das rüttelt an einer der Grundfesten traditioneller Wertschöpfung. Die war nämlich seit der Antike, über den Feudalismus, die Industriegesellschaft bis zum globalen Kapitalismus (und natürlich auch im Kommunismus) so gut wie immer hierarchisch organisiert. Die Wiki-Wirtschaft bietet die Chance zur Kooperation ohne Befehlsstruktur. Das macht gerade ihre Stärke aus.

Zweitens: Die neue Offenheit. Traditionelle Unternehmen basieren in weiten Teilen auf dem Prinzip des Betriebsgeheimnisses: Betriebsgeheimnisse gilt es zu hüten, sonst kommt die Konkurrenz und schöpft ab. Das ist gängige Management-Theorie. Leider haben viele Manager noch nicht gemerkt, dass ihre Unternehmen seit Erfindung des Internets ohnehin »nackt dastehen«, da jeder Konkurrent und jeder Kunde über Google-Suche und vernetzte Information ganz leicht, ganz schnell und ganz viel über das Unternehmen erfahren kann. (Diese These hat Tapscott bereits in seinem vorletzten Buch *The Naked Corporation*[5] vertreten.) Wer nackt ist, sollte gut in Form sein. Transparenz ist ohnehin vorhanden. Sie darf nicht mehr als etwas Bedrohliches empfunden werden, sondern als Wettbewerbsvorteil. Denn Offenheit nach innen und außen fördert Vertrauen, reduziert klassische Transaktionskosten unter Geschäftspartnern, erhöht die Motivation von Mitarbeitern und verbessert das Image im Markt.

Drittens: Die Kultur des Teilens. Wirtschaft, wie wir sie kennen, möchte eigene Ressourcen und Ideen schützen. Mit Patenten, Urheberrechten und Handelsmarken. Die Musikindustrie war die erste Branche, die bitter lernen musste, dass es wenig nützt, Armeen von Anwälten ins Feld zu schicken. Digitale Daten sind dafür da, kopiert zu werden. Die Möglichkeit zur schnellen und verlustfreien Vervielfältigung ist der ureigene Sinn und Zweck der Digitalisierung. Kluge Wissenschaftler und Unternehmer wissen seit langem: Durch Teilen können alle sehr viel gewinnen. Das Human Genome Project war erst der Anfang. Hier hatte die Pharma- und Biomedizinbranche frühzeitig erkannt: Je mehr Menschen auf mehr freie Daten zurückgreifen können, desto mehr Wachstum, Entwicklung und Forschritt ist für alle möglich. Der Aids-Impfstoff, die Medikamente gegen Alzheimer und Parkinson werden kommen. Und sie werden Ergebnis einer gigantischen Gemeinschaftsleistung sein. Das heißt natürlich nicht, dass Unternehmen ihr gesamtes geistiges Eigentum zur Verfügung stellen werden oder müssen. Aber sie werden immer öfter merken: Ich kann mein eigenes Geschäft nicht mehr erfolgreich betreiben, wenn ich nicht zur Wissens-Allmende beisteuere.

Und viertens: Globales Handeln. In *Die Welt ist flach* hat Thomas Friedman gezeigt, wie weit die Globalisierung vorangeschritten ist. Und mit welchem Tempo es weitergeht. Die Welt ist flach heißt: Alle kämpfen mit den gleichen Waffen auf dem gleichen Spielfeld. Der bequeme Technik- und Wissensvorsprung, den die westliche Welt einmal hatte, ist für immer dahin. Für Menschen und Unternehmen in den alten Industrieländern heißt das: Sie müssen nicht nur lernen global zu denken, sondern auch global zu handeln. Was das heißt? Tapscott fasst es so zusammen: »Global wettbewerbsfähig zu bleiben heißt, dass man Entwicklungen weltweit beobachtet und aus einem sehr viel größeren Talentpool schöpft. Globale Allianzen, Marktplätze für Humankapital und Peer-Production-Communitys werden den Zugang zu neuen Märkten, Ideen und Technologien eröffnen.«[6]

Eine feinkörnige und kollaborative Arbeitsteilung wird flexiblere und innovativere Formen der Wertschöpfung hervorbringen. Und dabei werden einige Nichtflexible auf der Strecke bleiben. Wir stehen am Anfang einer Ära, in der Joseph Schumpeters »schöpferische Zerstörung« mit voller Wucht zuschlagen wird.[7] Der österreichische Ökonom differenzierte die Gruppe der Unternehmer in »Wirte« und »innovative Unternehmer«. Unter Wirten verstand er etablierte Unternehmen, die ihren Markt verteidigten. Die Innovativen sind diejenigen, die das Bessere zum Feind des Bestehenden machen und mit neuen Produkten und Verfahren für mehr Produktivität und damit mehr Wohlstand sorgen. Die Möglichkeiten der Massenkollaboration werden viele scheinbar zeitgemäße Geschäftsmodelle bald so alt aussehen lassen wie *Brockhaus* und *Encyclopedia Britannica*. Denn die Weisheit der Vielen wird im Zeitalter des Mitmach-Internets endlich produktiv. Auf vielen Feldern wird sie strukturell überlegen sein. »In zwanzig Jahren werden wir auf diese Zeit zu Beginn des 21. Jahrhunderts zurückblicken und einen entscheidenden Wendepunkt in der Geschichte unserer Wirtschaft und Gesellschaft darin erkennen. Wir werden verstehen, dass wir in ein neues Zeitalter eingetreten sind, das auf neuen Prinzipien, Ansichten und Geschäftsmodellen beruht, wo die Spielregeln sich grundlegend geändert haben«,[8] sagt Tapscott voraus und dürfte gute Chancen haben, als alter Mann auf eine grundlegend veränderte Ökonomie zu blicken und sagen zu können: »Seht ihr, ich habe das alles schon damals gewusst.«

Er sollte dann allerdings auch hinzufügen: »Mir hat das damals nämlich Yochai Benkler gesagt.« Der Yale-Ökonom Benkler erforscht seit Beginn dieses Jahrzehnts, warum Open Source-Projekte so erfolgreich sein können. 2002 gab er die Antwort in einem in den USA viel beachteten Artikel mit dem Titel: »Coase's Penguin, or Linux and the Nature of the Firm.«[9] Benkler legt seine Quelle schon in der Überschrift offen, und damit wäre auch klar, dass der entscheidende Hinweis für alle Wikinomen eigentlich von einem lange verstorbenen Kollegen aus England kommt. Ronald H. Coase, ein britischer Ökonom mit sozialistischem Weltbild, stellte sich Mitte der dreißiger Jahre des letzten Jahrhunderts eine interessante Frage: Warum gibt es eigentlich vertikal integrierte Unternehmen? Also Industriegiganten wie zum Beispiel Ford, die sich nicht auf das Autobauen konzentrieren, sondern den nötigen Stahl selbst produzieren, Kraftwerke zur Energieerzeugung besitzen, Glas für die Windschutzscheiben selbst verarbeiten, den Vertrieb auf eigene Rechnung organisieren und so weiter. Coase dachte, dass vertikale Integration eigentlich genau das war, was der Kapitalist als solcher an kommunistischen Wirtschaftssystemen als uneffizienten Blödsinn kritisierte. Denn vertikale Integration ist ja nichts anderes als die zentrale Lenkung einer gesamten Wertschöpfungskette, sodass jedes einzelne Glied dieser Kette von den doch angeblich so effizienten Marktmechanismen abgeschirmt wird. Der Abstimmungsmechanismus über den Markt wird durch hierarchische Kontroll- und Weisungsstrukturen ersetzt – und das soll Marktwirtschaft sein? Viel schlüssiger wäre doch, so fragte sich Coase irritiert, wenn alle Produktions- und Distributionsschritte dem Wettbewerb ausgesetzt würden. Das Ergebnis der Überlegungen veröffentlichte er 1937 in dem Aufsatz »The Nature of the Firm«.[10]

Das Papier behandelte genau genommen eine der grundlegendsten aller ökonomischen Fragen. Warum gibt es überhaupt Unternehmen? Oder anders formuliert: Wann lohnt es sich, eine Organisation zu gründen, in der Menschen etwas gemeinsam produzieren? Die Kernthese: Bei der wirtschaftlichen Zusammenarbeit entstehen immer Kosten. Coase unterteilte diese so genannten »Transaktionskosten« in drei Kategorien. Erstens Suchkosten, zum Beispiel für Mitarbeiter, Kapital, Material, Informationen zu Produktionsverfahren etc. Zweitens Vertragskosten, also Kosten für das Aushandeln von Geschäftsvereinbarungen wie Anwaltshonorare. Und drittens die Koordinationskosten, verursacht durch alle Anstrengungen, die sicherstellen, dass alle Beteiligten zielführend miteinander arbeiten können. Coases Schlussfolgerung daraus lautete: Unternehmen werden immer dann vertikale Integration anstreben, wenn die externen Transaktionskosten unter dem Strich höher sind, als wenn Mitarbeiter die Aufgabe innerhalb der Organisation selbst erledigen. Der Gedanke ging als Coases Gesetz in die Wirtschaftsgeschichte ein, für das der Vordenker 1991 auch den Wirtschaftsnobelpreis erhielt. In der Outsourcing-Debatte erlebte Coase ein erstes Revival. Sind die Transaktionskosten niedriger als die Summe, die deutsche Arbeiter mehr kosten als chinesische, geht die Produktion nach Fernost. So einfach ist das.

Vor dem Hintergrund der Möglichkeiten digital koordinierter Massenkollaboration, wie die Linux-Programmierer sie unter ihrem Pinguin-Symbol vorgemacht haben, gewinnt Coases Transaktionskosten-Rechnung jedoch eine ganz neue Brisanz. Das Internet, standardisierte IT-Infrastrukturen, Skype, Standardverträge für elektronischen Handel, globaler Geldtransfer per Paypal und die vielen anderen feinen Werkzeuge der volldigitalen Ökonomie haben Coases Transaktionskosten auf nahezu null reduziert. Kollaboration lässt sich also nicht nur dank digitaler Koordinationstools ungleich besser organisieren, sie kostet auch noch viel weniger. Hier liegt die eigentliche Chance und Triebkraft einer neuen Ökonomie, in der vertikal integrierte Größe, starre Hierarchie und Skaleneffekte keineswegs mehr der Garant für Effizienz und Erfolg sind. Die zentrale Frage von Wikinomics lautet: Wie organisiere ich Arbeitsteilung besser? Die wichtigste Antwort findet sich, wenn man einmal genau hinschaut, wie Open Source-Projekte funktionieren.

5.2 Open Source: Massen produzieren gemeinsam

Die bekannteste Geschichte der Open Source-Software hat die Überschrift Linux. Die Kurzfassung geht so: Der finnische Software-Entwickler Linus Torvalds möchte seinen Computer besser verstehen lernen und bastelt 1991 an einem alternativen Betriebssystem auf der Basis von Unix rum. Dabei stößt er auf Probleme, die er selbst nicht lösen kann und bittet andere Entwickler in Online-Foren (das World Wide Web gab es ja noch nicht), ihm zu helfen. Das Feedback ist riesig und kompetent. Unter den ersten zehn Vorschlägen sind fünf Volltreffer. Torvalds entschließt sich, den Quellcode von Linux einfach für alle Interessierten zugänglich zu machen. Unter einer so genannten General Public License kann fortan jeder Freizeitentwickler die Software verbessern helfen und privat für sich nutzen, wie er möchte (vgl. Kapitel 7.1). Zunächst verbietet der Finne noch jede kommerzielle Nutzung. Doch bald merkt er, dass dies seiner Sache schadet. Immer mehr freiwillige Programmierer (darunter viele, die eigentlich an ihrer Doktorarbeit hätten weiterarbeiten sollen) sind von der Idee begeistert, gemeinsam ein Betriebssystem zu schaffen, das sich viel besser nach eigenen Vorstellungen konfigurieren lässt. Um Linus Torvalds herum bildet sich ein Koordinationsgremium – der harte Kern besteht aus rund zehn Leuten, die durchaus hierarchisch arbeiten. Das Gremium gibt die Marschroute bei der Entwicklung vor, benennt offene Probleme und koordiniert die Suche nach Lösungen. Bald werden Firmen auf das Projekt aufmerksam, die ebenfalls den flexiblen Ansatz schätzen – und kommerzielle Anwendungen schaffen. Im Gegenzug stellen einige von ihnen, zum Beispiel IBM und Google, Vollzeitkräfte für die Entwickler-Community ab. Am Ende steht ein erstklassiges IT-Produkt, das der Industrieware in vielen Belangen deutlich überlegen ist – und täglich besser wird und mehr Anwendungen findet. Der Gründer der Bewegung wird heute für seine Arbeit von einer Stiftung bezahlt.

Einer der umstrittensten Helden der Hacker- und Open Source-Software-Szene, Eric Steven Raymond, Waffennarr, Irak-Krieg-Befürworter und brillanter Programmierer mit Spitznamen ESR, hat für die unterschiedlichen Entstehungsprozesse von Software à la Microsoft und Open Source ein treffendes Bild gefunden: Kathedrale versus Basar.[11] Die zentrale These steckt bereits im Bild: Software wurde bis dato wie Kathedralen erbaut. Viele Menschen errichten im Auftrag des Bauherrn und unter Anleitung und Aufsicht des Baumeisters ein riesiges, glamouröses Bauwerk für die Ewigkeit. Wenn es fertig ist, sollen dann bitte alle kommen, es zu bewundern. Open Source-Software (übrigens inzwischen auch moderne, kommerzielle Software auf der Basis serviceorientierter Architekturen) hingegen funktioniert für Raymond nach den Regeln des Basars. Ein buntes Mit- und Nebeneinander, bei dem jeder seinen Teil zum Ganzen beiträgt und alles einem ständigen Veränderungs- und Verbesserungsprozess unterliegt. Yochai Benkler nennt das dann »commons based peer production«. »Peer production« bedeutet: Gleichgesinnte erschaffen gemeinsam ein Gut. Mit »commons based« ist gemeint: der Prozess fußt auf offenem Wissen und das Ergebnis, also das Open Source-Produkt, steht der Allgemeinheit zur Verfügung.[12]

An allen Ecken des Internets ist heute Basar. Überall entstehen ökonomisch nutzbares Wissen und Produkte, die Gleichgestellte auf Basis von freiwilliger Zusammenarbeit aus dem Nichts erschaffen. Open Source-Software deckt den technischen Teil ab: Apache die Webserver, Linux die Betriebssysteme, MySQL die Datenbanken, Firefox die Browser, OpenOffice und Thunderbird die Office-Software. Lange wurde Open Source-Software belächelt, inzwischen fürchtet selbst Bill Gates, dass »in wissensbasierten Branchen vielleicht bald kein Geld mehr zu verdienen ist«.[13] Es wird weiter Geld zu verdienen sein, aber nicht mehr ausschließlich nach dem Modell: Wir entwickeln und produzieren, ihr bezahlt.

Der gedruckte *Brockhaus* ist wie angedeutet kein Geschäftsmodell mehr. Die aktuelle Druckauflage wird die letzte sein. Der Namenspate der neuen Ökonomie der freiwilligen Kooperation, Wikipedia, hat bezahlte Enzyklopädien ins wirtschaftshistorische Abseits gedrängt. Wie Wikipedia entsteht, dürfte sich herumgesprochen haben: Wer immer will, kann auf der Wikipedia-Site ehrenamtlich einen Artikel verfassen, der von anderen Nutzern dann mit komfortablen Editierfunktionen ehrenamtlich korrigiert, erweitert und verbessert wird. Alle Änderungen sind für alle jederzeit einsehbar. Zurzeit arbeiten mehr als 75 000 aktive Hobby-Enzyklopädisten in mehr als 250 Sprachen an dem Gesamtwerk. Seit Gründung im Jahr 2001 haben sie knapp 10 Millionen Einträge produziert (Stand Ende 2007). Wikipedia ist damit nicht nur deutlich aktueller als die *Encyclopedia Britannica* oder der *Große Brockhaus*, sondern auch deutlich umfangreicher. Das erstaunlichste am Wikipedia-Phänomen dürfte jedoch sein: Die Weisheit der Vielen produziert eine Qualität, bei der professionelle Lexika nicht mithalten können. Bei einem Vergleichstest des Wissenschaftlichen Informationsdienstes Köln im Auftrag des Magazins *stern* vom Dezember 2007 schlugen Wikipedia-Einträge die Konkurrenzartikel im *Brockhaus* in 43 von 50 Fällen.[14]

Die kollaborierende Masse hat sich ihre eigenen Medien geschaffen. Informationen zu jedem erdenklichen Thema teilen sie in der Blogosphäre. Auf der Plattform Current TV (current.com) speisen begeisterte Videoreporter selbstgedrehte Fernsehbeiträge ein und beweisen Tag für Tag, dass das Medium Fernsehen keinesfalls so dümmlich respektive verdummend daherkommen muss wie in der großen Mehrheit der professionellen Kanäle. Bei all diesen Projekten entstehen Werte. Wertschöpfung erfolgt indirekt: Der Nutzen am gemeinschaftlichen Produkt. Doch dabei bleibt es nicht.

Open Source-Technik und Peering erobern Felder, auf denen sehr klassisch Gewinne erzielt werden. Und zwar nicht nur von denen, die Kollaboration organisieren. Eine Open Source-Finanzwelt schöpft Wert auf marketocracy.com, wo die kollektive Intelligenz von hundert Portfoliomanagern die besten Anlagemöglichkeiten auskundschaftet. Die besten Strategien finden dann Eingang in einen Investmentfonds, der seit Gründung 2001 deutlich oberhalb vom Vergleichsindex S&P 500 abgeschnitten hat – und damit auch die Masse der professionell von Fondsmanagern geführten Fonds abhängt. Anleger sind in der Regel die Mitglieder der Community. Auf prosper.com oder zopa.com leihen sich Nutzer untereinander Geld, meist in unterer vierstelliger Höhe. Die Zinsen hängen von Höhe, Laufzeit und Kreditwürdigkeit des Schuldners ab, liegen aber mit meist um die 10 Prozent unter den üblichen Bankzinsen. Gläubiger gehen natürlich ein wirtschaftliches Risiko ein, erzielen aber eine deutlich höhere Rendite als auf dem Sparbuch.

Wie ist das alles mit nicht-hierarchischen Modellen möglich? Sie stehen ja stets unter dem Verdacht, in Chaos und Ineffizienz zu enden. Im Prinzip starten alle Open Source-Vorhaben wie Torvalds Linux: Mit einem offenen Aufruf. Jemand hat ein Problem und bittet im Netz um Hilfe. Dieser jemand ist dann nicht der Chef. Meist wird er Mitglied in einem Koordinationsgremium, das sich gründet und das Gesamtprojekt in sinnvolle Teilaufgaben zerlegt. Der offene Aufruf unterscheidet sich vom traditionellen Auftrag an eine Arbeitsgruppe der Entwicklungsabteilung eines vertikal integrierten Unternehmens in vielerlei Hinsicht. Am wichtigsten könnte jedoch sein: Er richtet sich an eine heterogene Wissensbasis. Die Programmierer, die Lust haben, sich mit dem Projekt zu befassen, schauen den Aufgabenkatalog durch und suchen gezielt nach Problemen, mit denen sie sich gut auskennen. Zum Beispiel weil sie das Problem schon einmal in einem anderen Zusammenhang gelöst haben und deshalb jetzt schnell und mit vergleichbar geringem Aufwand eine Lösung beisteuern können. Ziel ist es, komplexe Aufgaben so zu zerlegen, dass möglichst viele Teilnehmer möglichst präzises Spezialistenwissen einbringen können. Ein vertikal integriertes Unternehmen, das zunächst nur innerhalb der eigenen Mauern nach Menschen mit Lösungskompetenz sucht, ist hier strukturell unterlegen, denn kein Unternehmen der Welt, weder Microsoft noch Samsung noch BASF, kann Spezialisten für alle Probleme seiner Branche vorhalten. Und je mehr Spezialisten es vorhalten muss, desto teurer wird die Angelegenheit.

Der Open Source-Ansatz löst zudem en passant eines der ältesten Probleme der Arbeitswelt: mangelnde Motivation resultierend in landläufig bekannter Faulheit, schlechter Stimmung, der inneren Kündigung oder in der Extremform der Obstruktion am Arbeitsplatz. Die Open Source-Coder (Coder = engl. für Programmierer) suchen sich wie gesagt ihre Aufgaben selbst. Sie sind in erster Linie intrinsisch motiviert. Sie wollen ein Problem lösen, weil sie für den eigenen Bedarf ein Produkt suchen, das besser ist als das beste auf dem Markt verfügbare. Das macht ihnen Spaß. Sie wollen anderen zeigen, dass sie die Besten auf ihrem Gebiet sind, und wenn die Reputation aus OS-Projekten an anderer Stelle ihren Marktwert erhöht oder zu einem Auftrag führt, weil ein anderer Coder aus dem Projekt sie empfiehlt, dann freut sie das. Ihre Motivation fußt aber nicht auf der Hoffnung auf einen Sonderbonus für besonders gute Leistung, von dem der abhängig beschäftigte Kollege nie weiß, ob der Chef sie als solche wahrnimmt oder sie tatsächlich honoriert, sollte er sie einmal wahrnehmen. Intrinsische Motivation, das wissen Arbeitssoziologen seit langem, ist extrinsischer langfristig überlegen. Alles wolkige Wortklauberei? Vielleicht noch möglich in der Welt der Bits? Dann setzen wir zwei Beispiele aus der Welt der Atome dagegen. Das erste zeigt, dass Open Source auch mit schnelldrehenden Konsumgütern kompatibel sein kann:

Beim Hamburger Premium-Cola-Kollektiv geht es nicht um Produktweiterentwicklung, sondern eigentlich um das Gegenteil. Premium-Cola ist eine Reaktion von Afri Cola-Fans auf Rezepturänderungen ihrer Lieblingsbrause. Diese war 1999 von der Mineralbrunnen Überkingen-Teinach AG gekauft und nach der Übernahme ihres exorbitanten Koffeingehalts beraubt worden. Dafür

sollte mit einer Erhöhung des Zuckergehalts das Produkt massen-
markttauglicher werden. Das schmeckte den Afri Cola-Puristen gar
nicht. Zunächst gründete sich eine »Interessengruppe Premium«
(»Premium-Cola« war der Untertitel von Afri Cola). Die Gruppe mit
auffällig vielen Mitgliedern aus der Hamburger Kreativszene bat
den neuen Hersteller, die Geschmacks- und Funktionsänderun-
gen rückgängig zu machen. Der Verbraucherprotest blieb erfolg-
los – trotz Wasserpistolenüberfall auf Mineralbrunnen-Manager.
Die Interessengruppe Premium entschied sich daraufhin für eine
bis dato in Deutschland unbekannte Form der Produkt-Selbstjus-
tiz. Von einem ehemaligen Afri Cola-Abfüller in Franken ließen sie
1000 Flaschen nach alter Rezeptur für den Eigenbedarf herstellen
und beklebten das alte Produkt mit neuen Etiketten. Auf denen
standen dann neben dem Produktnamen Premium-Cola auch die
Liste der Zutaten, darunter Geschichte, Kraft, Geschmack, Aufrich-
tigkeit, Konsequenz und Leben. Die 1000 Flaschen waren schneller leer getrunken als abgefüllt und die Spaßtruppe aus Hamburg
entschied, die Sache etwas ernsthafter anzugehen und mit Premium-Cola den Beweis anzutreten, dass das kapitalistischste aller
Produkte auch mit einer durch und durch transparenten Gemeinschaftsleistung zu durch und durch fairen Bedingungen hergestellt und vertrieben werden kann.

Um einem Rechtstreit aus dem Weg zu gehen, bat das Cola-Kol-
lektiv den fränkischen Abfüller, die Apfelsäure im Getränk durch
Phosphorsäure zu ersetzen. Dies ist geschmacksneutral möglich.
Seitdem expandiert die Marke Premium-Cola mit beeindrucken-
der Geschwindigkeit. Inzwischen ist sie in mehr als drei Dutzend
Städten erhältlich, allerdings nur in ausgewählten Shops, Bars
und Clubs. Darüber wachen lokale »Sprecher«, vertraut mit den
Gepflogenheiten in der örtlichen Gastronomieszene. Dabei geht
es nicht um Wachstum um jeden Preis. Genau genommen ist
Wachstum gar kein definiertes Ziel. Der Erfolg des Produkts ergibt
sich aus der Struktur des Unternehmens, das eigentlich gar kein
richtiges Unternehmen ist. Premium-Cola ist ein Newsletter, der
alle hundert Premium-Cola-Aktivisten über die geschäftlichen
Belange informiert. »Alle entscheiden alles gemeinsam, auch über

alle Einnahmen und Ausgaben«, heißt es dazu ebenso lapidar wie charmant auf der Website: »Den Ablauf verstehen wir auch nicht so genau; funktioniert ähnlich wie bei Linux.« Bei Premium-Cola gibt es kein Büro, keine Gehälter und keinen Chef. Werbung gibt es auch nicht, dafür Kunst auf der Innenseite der Etiketten. Wie bei Open Source-Software gibt es einen Koordinator, der bei Premium-Cola Uwe Lübbemann heißt, gelernter Werbekaufmann ist und zusehen muss, dass der Laden nicht auseinanderfliegt, weil Kommunikation zu chaotisch wird. Alle zusammen müssen zusehen, dass alles »korrekt« abläuft. Korrekt ist die zentrale Vokabel bei Premium-Cola. Beliefert werden nur Bars und Clubs, bei denen die Arbeitsbedingungen korrekt sind, Gäste korrekt behandelt werden und sich keine unkorrekte Stammklientel rumtreibt. Korrekt muss die ganze Wertschöpfungskette sein. Großabnehmer bekommen keine Rabatte. Das würde den Wettbewerb verzerren. Zutaten kommen aus fairem Handel. Premium-Cola ist teurer als Coca-Cola, weil für korrekte Getränke niemand in Entwicklungsländern ausgebeutet wird, lautet ein Glaubenssatz der Open Source-Cola-Aktivisten. Sie selbst verdienen ihr Geld mit anderen Jobs. Premium-Cola zu vermarkten ist ein Hobby. Dafür gibt es im Unternehmen jemanden, der kontrolliert, ob die Fahrer der Spediteure auch nicht zu lange am Lenkrad sitzen. Wer Premium-Cola ausschenken darf, hat für den eigenen Laden eine Art Gütesiegel fortschrittlichen Konsumdenkens erworben, und unter anderem deshalb steigt die Nachfrage.

Die Truppe um Uwe Lübbermann hat eine Marke gekapert, den Quellcode (in dem Fall einen Bauplan für eine Limonade) offengelegt und betreibt konsequentes Open Source-Marketing (vgl. Kapitel 6.3). Die Mineralbrunnen Überkingen-Teinach AG hat aus dem Erfolg des Premium-Cola-Kollektivs übrigens doch noch versucht zu lernen. 2006 brachte sie Afri Cola mit altem Koffeingehalt und nochmals veränderter Rezeptur auf den Markt – und versuchte mit einer Retro-Kampagne (»So schwarz wie immer. So stark wie früher.«) alte Afri Cola-Fans zurückzugewinnen. Mit bislang mäßigem Erfolg, wie man hört. Das Beispiel zeigt etwas sehr Wichtiges: Die Zeiten sind vorbei, in denen konzerngebundenes

Herrschaftswissen unangreifbar war und der David den Goliath nicht öfter als sehr gelegentlich schlagen konnte. Nun lässt sich an dieser Stelle vielleicht einwenden: Sehr hübsch, aber Premium-Cola möchte ja gar keine Gewinne machen. Unter diesem Verdacht stehen chinesische Motorradhersteller wohl nicht.

Das vielleicht überzeugendste Beispiel aus der Welt der Atome, dass Konzerne künftig kollaborierende Netzwerke von Individuen oder Kleinunternehmen fürchten müssen, findet sich in Chongqing am Jangtse. Die alte Handelsstadt gehört zu den am schnellsten wachsenden Molochen der Welt mit heute bereits über 30 Millionen Einwohnern. In Asien ist der Ortsname Chongqing bekannt wie Untertürkheim in Deutschland, nicht für Autos, sondern für seine Motorräder. Deutsche Biker mögen (noch) Honda, Kawasaki oder – die besonders gut betuchten – BMW fahren, die östliche und südliche Welt fährt mittlerweile chinesische Motorräder, und die werden fast alle am Jangtse gebaut. Das Interessante daran: Es gibt nicht einen oder mehrere große Hersteller, die im Stil traditioneller Fertigungsindustrie auf große Zulieferer zurückgreifen, um ein Produkt am Ende zusammenzusetzen. Und es gibt schon gar kein vollständiges Outsourcing der Produktion, wie wir es aus der Elektronikindustrie kennen. Dort übernehmen Produzenten wie Flextronics oder Foxconn die Herstellung und die Markenanbieter nur noch Entwicklung, Design und die Vermarktung. Die chinesische Motorradindustrie funktioniert von oben betrachtet nach Open Source-Regeln. Am Rande der staatlichen chinesischen Motorradhersteller – die meist in Form von Joint-Ventures japanische Technologie nachbauten – entstanden mit der ökonomischen Liberalisierung Anfang der neunziger Jahre eine Reihe kleiner, spezialisierter Anbieter von Motorradteilen, die den großen zulieferten.

Bauteile von Motorrädern zu produzieren ist technisch kein Hexenwerk. Und diese Bauteile zusammenzuschrauben erst recht nicht. In loser Koordination begannen die Kleinhersteller, sich untereinander abzustimmen – und die Schnittstellen ihrer Produkte zu harmonisieren. Vergaser zu Kolben, Motor zu Rahmen, Bremse zu Rad etc. Die Montage ist dann nur noch eine Kleinigkeit. Das Verfahren fußt in hohem Maße auf »trial and error«. Hersteller von Teilen, die miteinander korrespondieren, müssen sich besonders gut abstimmen. Die Rahmenhersteller und die Montagefirmen haben das Gesamtdesign im Auge, aber keine vertraglich fixierte Weisungsbefugnis für irgendjemanden. Am Ende des kollaborativen Produktionsprozesses stehen Unternehmen, die Markennamen erfinden und das Produkt national und international vertreiben. An sie stellen die Teilehersteller dann ihre Rechnungen.

Am Anfang wurde dieses Modell genau wie Open Source-Software belächelt. Aus dem gleichen Grund: Wie sollten in einem chaotischen Netzwerk ohne Entwicklungs- und Produktionshierarchien konkurrenzfähige Produkte entstehen? Das Lächeln ist Staatsherstellern und ihren japanischen Partnern binnen zehn Jahren vergangen. Denn wie sich herausstellte, verstanden es die Kleinen ausgesprochen gut, gemeinsam technisch tragfähige Lösungen für kleines Geld zu organisieren. Die Tokioter Wirtschaftswissenschaftler Ge Donssheng und Takahiro Fujimoto haben diesem neuen nichthierarchischen arbeitsteiligen Prozess den Namen »lokalisierte Modularisierung« gegeben.[15] Kennzeichen sind der enge räumliche Zusammenhang der Hersteller, ein sehr wohl existierender Konkurrenzkampf von Teileherstellern untereinander, hohe Spezialisierung der Beitragenden und damit hohe Kompetenz auf ihrem Feld sowie geringe Overheadkosten, da nur Kleinfirmen beteiligt sind. Das Ergebnis: Die chinesische Motorradindustrie hat heute einen Weltmarktanteil von 50 Prozent. Sie bietet in Entwicklungsländern mit hohem Zweirad-Anteil wie Vietnam oder Indien Standardmotorräder für 200 Dollar an. Die Konkurrenz produziert oft erst ab 700 Dollar profitabel. Natürlich spielt beim Erfolg der Open Source-Motorräder auch Produktpiraterie eine Rolle. Doch diese kann den Siegeszug mit Startpunkt Chongqing nicht erklären. Dann müsste der Entwicklungsanteil ja mehr als zwei Drittel der Gesamtkalkulation ausmachen. Aber unabhängig davon stellt sich an dieser Stelle die Frage, ob eine zu enge Handhabung von Patentrechten volkswirtschaftlich eigentlich sinnvoll ist.

Produktpiraten tun so, als sei die ganze Warenwelt Open Source. Sie greifen auf das geistige Eigentum zu, ohne dafür Lizenzen zu zahlen. Was wäre eigentlich, wenn niemand Lizenzgebühren zahlen müsste? Dann würden viele Erfindungen nicht gemacht werden, denn welches Unternehmen investiert in Forschung und Entwicklung, wenn es die Früchte seiner Arbeit nicht alleine essen darf – zumindest eine Zeit lang? Das ist alles richtig und globaler Konsens. Doch gelegentlich kann es sinnvoll sein, Selbstverständliches zu hinterfragen. Was wäre eigentlich, wenn weniger proprietärer Schutz dazu führen würde, dass jedes Individuum und jedes Unternehmen für die Lösung jedes technischen Problems auf alle verfügbaren Ideen und Techniken zurückgreifen könnten? Der Vorsitzende der Innovation and Entrepreneurship Group an der MIT Sloan School of Management, Eric von Hippel sieht in dem bestehenden Patentsystem eine wesentliche Hürde für Innovation in vielen Bereichen. Er ist überzeugt: Die technische Entwicklung käme unter dem Strich schneller voran, wenn vorhandenes Wissen leichter wiederverwertet werden könnte – also offene Quellen zum Nutzen aller benutzt, weiterentwickelt oder neu kombiniert werden könnten. Wenn dem so wäre, dann wäre die Warenwelt wie Linus Torvalds sich Software vorstellt.

5.3 Crowdsourcing: Die Weisheit der Vielen wird produktiv

Open Source ist eine klassische Graswurzel-Bewegung. Wikinomics ist die gut begründete Hoffnung auf eine Wirtschaft mit kleinteiligeren Strukturen und einer filigraner aufgeteilten Wertschöpfung. Das muss nicht heißen, dass große Unternehmen nicht ebenfalls von Open Source-Ansätzen und Massenkollaboration profitieren können. Die folgenden Seiten werden Beispiele aufzeigen, wie es Kapitaldampfern bereits gelingt, die Ressource Masse für sich arbeiten zu lassen. Wir sehen das durchaus ambivalent, denn die kleine Einheit muss stets auf der Hut sein, von der großen nicht schamlos ausgenutzt zu werden. Es gibt ihn, den digitalen Sweatshop, der just auf freiwillige Massenkollaboration setzt. Und vieles, was unter den Begriffen »Open Innovation« und »Crowdsourcing« gefasst wird, widerspricht in vielen Punkten dem Open Source-Gedanken, wie wir ihn verstehen. Eine der Grundfragen von Wikinomics lautet: Wann ist Massenkollaboration – besonders wenn sie von großen Unternehmen initiiert wird – ein spannender Aufbruch in eine neue Ära der Teilhabe? Und wann werden schlicht die alten Strukturen zementiert, indem Wissen und Kreativität von Menschen abgesaugt werden, die freiwillig ihre Zeit investieren? Die Frage kann nur im Einzelfall und subjektiv beantwortet werden. Wir wollen uns an dieser Stelle der Wertung enthalten und so neutral wie möglich aufzeigen, was mit digital vermittelter Zusammenarbeit von Großen und Kleinen alles entstehen kann.

Zum Beispiel die Red Lake Goldmine in der kanadischen Provinz Ontario. Um die stand es kurz nach der Jahrtausendwende nicht gut. Ein hartnäckiger Arbeitskampf der Goldkumpel reduzierte die Förderquoten und erhöhte die Kosten. Zudem gab es hohe Ausstände, die auf Rückzahlung warteten. Doch das waren eher die kleineren Probleme von Rob McEwen, dem Gründer und Vorstandsvorsitzenden der Goldcorp Inc., der die Mine gehörte.[16] Viel gravierender: Die Geologen des Unternehmens hatten nicht die geringste Ahnung, wo sie neue Goldvorkommen auf den 22 000 Hektar Firmenland finden könnten. Nach den üblichen Standards der Edelmetallindustrie war Red Lake reif für eine Übernahme zum Restpostenpreis durch einen kapitalstarken Konkurrenten, der auf unentdeckte Adern spekuliert. McEwen trat die Flucht nach vorne an. Er rief alle Geologen des Unternehmens zu einem zweitägigen Workshop zusammen, in dem alle Ideen für eine bessere Lokalisierung von unentdeckten Adern der vergangenen Jahre noch einmal auf den Tisch gelegt werden sollten. Zudem machte der Chef eine klare Ansage: Hierarchisches Denken ist an diesen beiden Tagen strikt verboten. Jeder Assistent sollte jeden Vorschlag machen, den er nie gewagt hatte, offen auszusprechen. Business-Workshops führen bekanntlich häufig ins Nichts. Schön, dass wir mal drüber gesprochen haben. Jetzt weiter wie bisher. In diesem Fall lief die Sache anders.

McEwen entschied, noch einmal 10 Millionen Dollar in Probebohrungen zu investieren, mit Schwerpunkt auf entlegene Ecken
des Minenterritoriums. Wenige Wochen später erreichte ihn im
Hauptsitz in Toronto endlich eine gute Nachricht aus dem Norden.
Die Bohrungen ließen darauf schließen, dass Red Lake tatsächlich
über gewaltige Reserven verfügte. Bei konsequenter Exploration,
so die Schätzung, ließe sich die Förderung um den Faktor 30 steigern. Probebohrungen geben bei professioneller Goldsuche nur
vage Hinweise. Dann beginnt für die Bodenschatzgeologen eine
diffizile Auswertung großer Datenmengen. Die frisst viel Zeit. Und
Zeit hatte das überschuldete Unternehmen mit seinen unwilligen
Gewerkschaftern 1999 noch weniger als Geld.

Der Bergbau, auch in Kanada und auch bei Edelmetallen, gehört
nicht gerade zu den Treibern betriebswirtschaftlicher Innovation
beim Übergang von der Industrie- zur Wissensgesellschaft. Eher
gelten die Prinzipien:»Das haben wir schon immer so gemacht«
und:»Vor der Hacke ist es dunkel«. Rob McEwen war sich eigener
Defizite bewusst und buchte kurze Zeit später einen Crash-Kurs
am MIT, der ihn in IT-Fragen halbwegs auf Ballhöhe bringen sollte.
Ein Vortrag über die Entstehungsgeschichte des Open Source-Be-
triebssystem Linux brachte ihn auf die Idee, den Open Source-Gedanken auf seine Branche zu übertragen.»Da hatte ich das Muster, nach dem ich suchte«, erinnert McEwen sich im Oktober 2006
im *Canadian Business Magazine*.[17] Schatzsuche ist sexy. Irgendwie
musste es möglich sein, die Schatzsuchexperten der Welt dazu zu
bringen, der Goldcorp Inc. bei der Suche nach dem versteckten
Gold zu helfen. Der Kanadier reiste zurück nach Ontario und teilte
seinen verdutzten Geologen mit:»Wir werden alle geologischen
Daten, die wir seit 1948 gesammelt haben, in einer Datei zusam-
menstellen und diese im Internet veröffentlichen.« Die Experten
im Haus glaubten, nicht richtig zu hören. Geologen von Boden-
schatzunternehmen gelten als ungefähr so mitteilsam wie Rezept-
verantwortliche bei Coca-Cola. Im Fall der Red Lake Mine fürchte-
ten fast alle Manager: Eine offene Datenbank ist eine Einladung
zur Übernahme durch die Konkurrenz und beraubt Goldcorp in
kritischer Situation auch noch des letzten Wettbewerbsvorteils

eines Wissensvorsprungs. Zudem drohe Imageverlust nach dem Motto: Die schaffen es ja nicht einmal mehr, die eigenen Vorkommen aufzuspüren. Und überhaupt: Was sollten die Hobbyisten da draußen in der Welt schon mit dem Datenwust anfangen können? Vermutlich würde man nur die üblichen Spinner animieren, die meinen, sie könnten alles besser als die Profis. McEwen blieb bei seiner Linie. Und die professionellen Bedenkenträger der Goldcorp sollten sich gründlich geirrt haben.

Im März 2000 war die Red Lake Datenbank mit insgesamt 400 Megabyte geologischer Hinweise online – und die »Goldcorp Challenge« eröffnet. Die Aufgabe lautete: Wer findet sechs Millionen Unzen Gold? Zu gewinnen gab es Preisgelder von insgesamt 575 000 Dollar. Die Summe reichte aus, 1 400 Freizeit-Prospektoren in fünfzig Ländern in einen Goldrausch zu versetzen. Unter ihnen waren viele gelernte Geologen, aber auch Unternehmensberater, Mathematiker, Studenten und Militäroffiziere. Alle brachten ihre Denkansätze und ihre speziellen Fähigkeiten ein, zum Beispiel angewandte Mathematik, fortgeschrittene Physik, Analysemethoden intelligenter Systeme und besonders leistungsfähige Computer-Grafik, also Ansätze, die in der Bergbau-Branche noch nie zur Anwendung gekommen waren.

Der Wettbewerb brachte Goldcorp 110 unbekannte Fundstellen. 80 Prozent von ihnen versprachen substanzielle Vorkommen. Bis letztes Jahr konnte die Goldcorp in Red Lake auf Basis der Wettbewerbsergebnisse Gold im Wert von deutlich mehr als 3 Milliarden Dollar aus dem Boden holen. Rob McEwen schätzt, dass der kollektive Ansatz die Identifikation der Vorkommen um zwei bis drei Jahre verkürzt hat. Diese Beschleunigung ermöglichte der wackeligen Goldcorp Inc. den wirtschaftlichen Turnaround. Letztes Jahr hatte sie eine Marktkapitalisierung von 9 Milliarden Dollar und gehört mittlerweile zu den Wachstumsstärksten der Branche. Red Lake mauserte sich vom Sorgenkind zu einer der profitabelsten Minen des Konzerns.

Der Wired-Autor Jeff Howe hat für den Goldcorp-Ansatz und vergleichbare Ideen einen wunderbaren Neologismus geprägt: »Crowdsourcing«, also das Outsourcen von Aufgaben an die Masse («crowd«).[18] Mit seiner Wortschöpfung traf Howe den Zeitgeist auf die Zwölf. Marketingleute und Unternehmensstrategen aus vielen Branchen können seitdem mit einem Begriff Prosuming-Innovationen beschreiben, die sie in den letzten Jahren in die eigenen Geschäftsprozesse eingebaut haben. Zu den ersten, die das erkannten, gehörte eine staatliche Organisation, die weltweit viele Sympathisanten hat und die sich mit einem interessanten Thema beschäftigt: die NASA.

Wissenschaftler der US-Raumfahrtbehörde stellten am 31. Dezember 2000 massenweise Bilder von der Marsoberfläche ins Netz und lancierten gleichzeitig eine Bitte. Freiwillige könnten mithilfe einer Java-Software Krater markieren und vermessen. Der Job war eine gigantische, wissenschaftliche Routinearbeit. Die klassische Erfassung der Krater hätte die kartografische Abteilung der Behörde ein paar Monate völlig lahmgelegt. Tausende Hobby-Astronomen nahmen sich der Aufgabe dankbar an, absolvierten einen kurzen Online-Einführungskurs und ein halbes Jahr später waren 65 991 Krater zuverlässig markiert. »Volunteer Science« nennt die NASA seitdem ihre Version der »Citizen Cyber Science« (vgl. Kapitel 4.3) und hat sie wegen der guten Erfahrungen beim Pilotprojekt seitdem systematisch ausgebaut. Heute vermisst die Masse der Freizeitforscher nicht nur Krater auf Asteroiden, sondern wertet auch Bilder von Magnetexperimenten der Pathfinder-Mission aus.

Der Verdacht liegt nahe, dass freiwilliges Engagement vor allem dann im Angebot ist, wenn es um hehre Ziele wie den Fortschritt der Wissenschaft geht. Der Computerhändler Dell hat aber auch bei einem deutlich kommerzielleren Anliegen gute Erfahrungen mit kollaborierenden Kunden gemacht. Mit seiner Crowdsourcing-Plattform ideastorms.com wollte Dell schlicht seine Kundenbeziehungen verbessern und nutzt den Aufruf an die Masse zunächst einmal als Marktforschungstool. Auf der Webseite können Kunden systematisch Vorschläge machen, wie das Produktangebot von Dell besser werden könnte. Tausende Einträge kamen binnen weniger Wochen zusammen. Und die Vorschläge scheinen tatsächlich ernst genommen zu werden. Anfang 2007 entschied das Unternehmen, Rechner künftig auch mit Linux-Betriebs-system auszuliefern. Das war der häufigste Vorschlag im Forum. Auch professionelle Marktbeobachter haben das Modell entdeckt. Trendwatching.com ist der Überzeugung, dass 8 000 so genannte »Trend Spotters« in siebzig Ländern einen besseren Blick für die Welt von morgen haben als professionelle Trendscouts. Die Berichte der Trend Spotters werden von dem Amsterdamer Unternehmen zum Teil kostenlos, zum Teil kostenpflichtig veröffentlicht. Die Spotters erhalten für jeden Bericht Punkte, die sie dann in Sachprämien einlösen können.

Krater vermessen oder in kommerzieller Anwendung Foren nach schmutzigen Posts zu durchforsten beschreibt das untere Ende des Crowdsourcing-Ansatzes, ein kollektiver Fan-Design-entwurf eines Spielzeugbausatzes einen mittleren. Der amerikanische DVD-Großverleih Netflix hat die Masse potenzieller IT-Innovatoren für eine deutlich komplexere Aufgabe im Blick. Das Geschäftsmodell von Netflix beruht sehr stark auf einem Empfehlungssystem der Videokunden untereinander, gestützt von einer riesigen Datenbank. Dieses Empfehlungssystem funktioniert passabel – nicht mehr und nicht weniger. Passabel war dem Vorstandsvorsitzenden Reed Hastings 2006 nicht gut genug. Er musste jedoch eingestehen, dass die IT-Techniker des Unternehmens und angehängte Agenturen bei weiteren Verbesserungen am Ende ihres Lateins waren. Hastings stellte eine 1-Million-Dollar-Frage: Wer verbessert die Genauigkeit der Empfehlungsfunktion um 10 Prozent? Hierzu dürfen die Wettbewerbsteilnehmer einen großen Teil der Netflix-Datenbank herunterladen, um ihre Ideen real zu testen. Eine Zeitbegrenzung hat der Wettbewerb nicht. Bis Ende 2007 gingen 17 000 Vorschläge ein. Der beste kam von zwei Programmierern aus Ungarn, die eine Verbesserung von etwas über 8 Prozent hinbekommen. Der Jackpot ist noch zu holen.

Netflix' besonders stark innovationsbezogene, hochqualifizierte Form des Crowdsourcing nennen viele Anhänger der Wikinomie »Open Innovation«. Geprägt hat diesen Begriff Henry Chesbrough, Professor für Management an der University of California in Berkeley und Direktor des Center for Open Innovation. Sein wichtigstes Buch trägt, kaum zu erahnen, den Titel *Open Innova-tion*. Dessen zentrale Idee nahm bereits 2003 einen wichtigen Teil der Wikinomics-Debatte vorweg: Unternehmen können in einer Welt mit weit verteiltem Wissen nicht nur auf ihre eigene Innovationskraft vertrauen. Erfolg werden künftig nur noch die Unternehmen haben, die externe Informationen und Kompetenzen zu integrieren wissen.[19]

Dass Chesbroughs Konzept mehr ist als ein wissenschaftliches Theorem beweist seit 2001 die bereits am Anfang des Kapitels erwähnte Firma in Andover im US-Bundesstaat Massachusetts. InnoCentive – eine Worthybrid aus Innovation und Anreiz (»Incentive«) – ist eine Ausgründung des Pharmakonzerns Eli Lilly. Die Plattform hat die alte Idee des Ideenwettbewerbs für Bio-, Chemie- und Pharmaunternehmen neu ins Rennen geschickt. Konzerne wie Procter & Gamble, DowAgroSciences oder Bayer – auf der Seite »Seekers« genannt – schreiben bei InnoCentive »Herausforderungen« aus, die sich übersetzt ungefähr so lesen: »Gesucht wird ein effizienter, praxisorientierter Syntheseweg für 6-Phenyl-Pyridyl-Derivate, der ohne Metallkatalysatoren für eine Kohlenstoffatomverbindung zwischen Pyridin und den Phenylringen auskommt.« Wer diese Aufgabe bis zu einem bestimmten Datum löst, erhält 60000 Dollar. Preisgelder bis zu einer Million Dollar motivieren über 120000 registrierte Wissenschaftler und Tüftler – auf der Seite »Solvers« genannt – in 125 Ländern nach bis dato unbekannten Molekülen, chemischen Verbindungen oder biochemischen Verfahren zu fahnden. Unter den Solvers finden sich Chemie-Doktoranden, emeritierte Professoren und Autodidakten mit Kenntnissen in allen möglichen Disziplinen. Sie arbeiten als Einzelkämpfer oder schließen sich zu kleinen Teams zusammen. Die Bilanz der bunten Freizeitforschergemeinde ist beeindruckend. 30 Prozent der Fälle werden innerhalb der Fristen zur vollen Zufriedenheit der Seeker gelöst, wobei zu bedenken gilt, dass bei vielen Problemen zunächst die eigenen Forschungsabteilungen der Unternehmen gescheitert sind. Don Tapscott nennt Ideenmarktplätze wie InnoCentive (es gibt weitere, zum Beispiel NineSigma, Eureka Medical, IXC Australia) »Ideagoras«, abgeleitet von der griechischen Agora, dem zentralen Platz der Polis, auf dem debattiert, ver- und gehandelt wurde. Der Gründer von InnoCentive, Darren Carroll, fasst die Mission des Unternehmens wie folgt zusammen: »Wir reißen die traditionellen Labortüren ein und eröffnen neue, aufregende Möglichkeiten für weltweit agierende Unternehmen, um über ihre traditionellen Forschungs- und Entwicklungskapazitäten hinweg vom Wissen einiger der klügsten Köpfe der Welt profitieren zu können.«[20]

Warum ist das heute überhaupt nötig? Früher ging es ja auch inhouse. Zwei Faktoren sind hier entscheidend. Der erste lautet Geschwindigkeit = Produktentwicklungszyklen und mit ihnen die Innovationszyklen haben sich in den letzten Jahren erheblich beschleunigt. In vielen technikbasierten Branchen ist heute die entscheidende Kennziffer für Zukunftsfähigkeit, wie viel Prozent der eigenen Produkte jünger als zwei Jahre und wie viel potenzielle Blockbuster in der Entwicklungspipeline auf einem guten Weg sind. Open Innovation kann Entwicklungszeit deutlich verkürzen, weil die ausgeschriebenen Aufträge oft gerade nach Ideen suchen, die Entwicklungszeit einsparen. Zweitens: Technisches Wissen ist heute nicht nur viel komplexer, sondern auch viel weiter verstreut.

Frank Piller, Aachener Professor für Betriebswirtschaft mit Schwerpunkt Technologie- und Innovationsmanagement, führt in diesem Zusammenhang den Begriff der »interaktiven Wertschöpfung«[21] ein und argumentiert ganz in der Open Source-Logik: Im Unternehmen selbst – zum Beispiel in der F&E-Abteilung – ist vor allem Spezialistenwissen vorhanden. Gibt ein Unternehmen eine Problemlösung in klassischer Weise nach außen, kann es zunächst nur jemanden fragen, den es kennt. »Problem der lokalen Suche« nennt die Betriebswirtschaftslehre dieses Phänomen. Bei Open Innovation läuft das Verfahren umgekehrt. Der Forscher, wo auch immer er auf der Welt sitzen mag, sucht sich ein Problem selbst aus, für das er sich kompetent fühlt. »Wenn er Glück hat, kennt er vielleicht sogar schon die Lösung, weil er in anderem Zusammenhang schon einmal daran gearbeitet hat«, berichtet Piller. Und genau das kommt bei InnoCentive laufend vor, sein Lieblingsbeispiel hierfür:

Ed Melcarek. Der Ingenieur stieß auf der Suche nach Problemen, die ihm liegen könnten, auf ein posting vom Zahnpastahersteller Colgate-Palmolive. Dessen F&E-Abteilung war an einem trivial anmutenden Problem gescheitert, nämlich marktgängige und damit kostengünstige Tuben effizient mit einer neuen Zahnpastamasse zu füllen. Melcarek wusste auf Anhieb, wie es geht. Der Hersteller müsse nur die Masse unter positive elektrische Ladung setzen und die Tube dann erden. Das ist eigentlich Physik für Anfänger, doch den vielen Chemikern im Konzernlabor ist elektrisch gesteuerte Abfüllung noch nie untergekommen. Für ein paar Stunden Arbeit strich der Ingenieur 25 000 Dollar ein, die Idee wurde umgesetzt und alle waren glücklich. An dieser Stelle liegt ein Einwand nahe: Chemiekonzerne greifen auf innocentive.com für kleines Geld großartige Ideen ab, aus denen sie selbst dann wieder enormes Kapital schlagen, unter dem Strich ist der kleine Erfinder der Dumme. So lässt sich argumentieren.

Eine Studie unter Leitung des Harvard Ökonomen Karim L. Lakhami hat herausgefunden, dass die ausschreibenden Großunternehmen im Schnitt 30 000 Dollar pro Lösung an die Solvers zahlen, mit der Umsetzung aber dann durchschnittlich 10 Millionen Dollar Profit machen. Das nennt man einen guten Return on investment. Gleichzeitig kommt die Studie aber zu dem Ergebnis, dass die prämierten Solver im Durchschnitt nur gut 70 Stunden Arbeit auf die Lösung verwenden müssen. Und es ist keineswegs so, dass unendlich viele Wissenschaftler vergeblich an einem Problem basteln und dann leer ausgehen. Im Schnitt wird jede dritte Lösung belohnt. Nichtprämierte Solver investieren im Schnitt 30 Stunden (vergebliche) Arbeit in die einzelne Aufgabenstellung. Aus Sicht der Wissenschaftler heißt das: Die Chancen-Risiken-Kalkulation fällt ebenfalls sehr positiv aus. Eine Vermarktung der von ihnen entwickelten Ideen können sie in der Regel ohnehin nicht selbst angehen, und sie machen im Sinne einer Zweitverwertung Wissen zu Geld, das sie in der Regel an anderer Stelle erworben haben. Volkswirtschaftlich gesehen ist diese Form, brachliegendes Wissen zu nutzen, freilich hochgradig effizient. Und offenkundig leichter möglich als eine Lockerung des starren Patentrechts.[22]

In Blogs von deutschen und amerikanischen Unternehmens-
beratern werden Crowdsourcing und Open Innovation seit einiger
Zeit euphorisch als Wunderwaffe für innovative Unternehmen gefeiert. Die Idee ist ja auch durchaus faszinierend. Kunden entwickeln Produkte. Kunden machen Support. Kunden machen Markforschung. Und das alles mehr oder weniger kostenfrei: ein Heer
willfähriger Mitarbeiter als Paradies für Großunternehmen, die
sich nicht einmal mehr mit Mitbestimmungsregelungen, Tarif-
löhnen und Betriebsräten herumzubalgen haben. Doch Crowdsourcing und offene Innovation als Einbahnstraße kann schnell
zur Sackgasse werden. »Zurzeit funktioniert das noch deshalb
gut, weil nicht zu viele Unternehmen auf den Zug aufgesprun-
gen sind«, analysiert Frank Piller. Je mehr Unternehmen den Ansatz für sich entdecken, desto knapper wird die Ressource Crowd.
Denn wie viele Menschen haben wirklich ein Interesse daran, dass
Unternehmen Arbeit in ihre persönliche Freizeit auslagern? Eine
positive Entwicklung aus Sicht von digitalen Peer-to-Peer-Prosu-
menten zeichnet sich jedoch schon heute ab: Je knapper die Ressource »kreative und arbeitswillige Masse« wird, desto mehr werden Unternehmen auch bereit sein, die Mitarbeit der Freiwilligen
zu vergüten. Wir werden in den kommenden Monaten und Jahren
erleben, wie eine Reihe anständig bezahlter Aufgaben digital vermittelt an Menschen ausgelagert wird, die bis dato in Unternehmen erledigt werden. Und es scheint, als ob beide Seiten davon
profitieren können.

Wie so oft ist die Gemeinde der Computerentwickler auf diesem
Weg schon einmal ein Stück vorausgegangen. Rent-a-coder.com ist
eine florierende Job-Börse für freiberufliche Software-Entwickler,
die sich projektbezogen »mieten« lassen, um Geld und Zeit für andere Projekte zu erwirtschaften. Andere Branchen ziehen nach.
Seit Anfang 2008 vermittelt netjobber.de wissensbasierte Aufträge
aller Art an ein registriertes Expertennetzwerk. In das Netzwerk
kommt nur hinein, wer tatsächlich Expertise nachweisen kann.
Ein Bewertungssystem soll auf Dauer sichern, dass die Qualität
des einzelnen Experten deutlich wird – und sich die guten einen
guten Ruf aufbauen können (logischerweise mit dem Ziel der Stei-

gerung des Tagessatzes). Die Aufträge reichen von Standardge-
schichten, wie der Übersetzung einer Powerpoint-Präsentation ins
Englische, über Korrekturlesen bis zu hochspezialisierten Aufträ-
gen wie »eine Darstellung der TOPTEN Unternehmen (inländisch,
wie ausländisch), die als Zulieferer von Gewürzen und Gewürz-
mischungen auf dem japanischen Markt auftreten. Die Leistung
besteht in der Identifizierung von Unternehmen, der Erstellung
eines Firmenprofils (wirtschaftliche Daten, Organisation, Gesell-
schafterstruktur, ... Detailabstimmung kann noch abgesprochen
werden) und einer qualitativen Beschreibung.« Wer das aus dem
Ärmel schütteln kann, muss sich nicht unter Wert verkaufen.

Zudem ist in den letzten beiden Jahren ein erfreulicher Trend
zu beobachten, der die Ideagoras im Netz in beste Tradition zivil-
gesellschaftlichen Engagements stellt. Es gibt immer mehr Plattformen, die nach Ideen suchen, die die Welt im Sinne einer nachhaltigen Entwicklung voranbringen können. Die »picnic green
challenge« (greenchallenge.info) vergibt jährlich 500 000 Euro
für die beste Idee gegen den Klimawandel. 2007 hat den Preis
der niederländische Entwickler Igor Kluin abgeräumt, der mit
einer kleinen Multifunktionsbox mit Namen Qbox den Strom-
verbrauch im Haushalt sehr deutlich senkt und gleichzeitig die
Einspeisung von regenerativ im Haus gewonnenem Strom in lokale Energienetze optimiert. Auch InnoCentive hat den eigenen
Crowdsourcing-Ansatz für eine bessere Welt geöffnet. Ausgestattet mit Geld von der Rockefeller Foundation sucht die Mutter aller
Open Innovation-Plattformen seit August 2007 nach Lösungen
für Probleme, die eigentlich keine sein sollten. Einer der erste Aufträge an die offene Forschergemeinde war: Eine solarbetriebene
LED-Leuchte, die es Kindern in Entwicklungsländern erlaubt,
abends in ihren Häusern zu lesen und zu lernen. So verstanden
entspricht Crowdsourcing am Schluss wieder genau dem kollaborativen Geist, der Eigenbau-Marken auszeichnet. Oder anders formuliert: Die Marke Eigenbau ist vollständig Crowdsourcing-kom-
patibel, wenn der Zweck der Zusammenarbeit etwas mehr Sinn
macht, als den Produktionspreis für eine Packung Süßstoff um
0,5 Cent zu senken.

5.4 Mikroökonomie: Small Is Beautiful Again

Die zentrale Frage dieses Kapitels lautet: Wie wird eine zukünftige Wirtschaftsstruktur aussehen, in der die Kräfte von Wikinomics, Peer Production und der Marke Eigenbau voll entfaltet am Werk sind? Gehen wir zuvor einen Schritt zurück und formulieren Coases Frage, warum es überhaupt Firmen gibt, um: Welche gesellschaftliche Rolle spielen Unternehmen eigentlich? Joel Bakan, Juraprofessor an der Universität von British Columbia, hat sich diese Frage ebenfalls vorgenommen und kommt zu dem Ergebnis, dass juristische Personen und Konzernstrukturen das eigentliche Problem der Gegenwart sind. In seinem Buch *The Corporation* und im gleichnamigen Film (den man sich im Internet anschauen kann) führt er den Fall gegen das Konstrukt der juristischen Person an sich. Legt man dieselben Bewertungsmaßstäbe an wie an eine reale Person, der wir gegenübertreten, kämen wir zwangsläufig zu dem Ergebnis, dass wir es mit einem Psychopathen zu tun hätten, der strukturell größenwahnsinnig, manipulativ und unfähig zu Schuldgefühlen ist (alles unschwer zu überprüfen auf der Website doyouworkforapsychopath.co.uk). Nach Bakans Analyse haben Gesetzesregelungen wie die beschränkte Haftung juristischer Personen, die Aktiengesellschaft und die Erleichterungen von Fusionen in der heißen Phase ab 1890 dem Prototyp des anglo-amerikanischen Großkonzerns rapide zur Dominanz verholfen. Allein in den Jahren zwischen 1898 und 1904 konsolidierte sich die US-Wirtschaftsstruktur von 1 800 mittelgroßen Konzernen auf nur 157 Konglomerate: »In weniger als einer Dekade transformierte sich die US-Wirtschaft von einer, in der Firmen im Besitz einzelner Individuen frei untereinander konkurrieren, zu einer, die von relativ wenigen gewaltigen Konzernen dominiert wurde. Die Ära des Konzernkapitalismus hatte begonnen.«[23]

Noch ist das Ende dieser Ära nicht wirklich absehbar. Vielmehr sind wir in die Epoche des *Superkapitalismus* übergetreten, wie Robert Reich, unter Bill Clinton Arbeitsminister und heute wieder Professor an der University of California, die derzeitige Form der Gesellschaft nicht nur in den USA bezeichnet. In seinem gleichnamigen Buch beschreibt er die zunehmende Verfilzung von Wirtschaft und Staat und die wachsende Einflussnahme von Konzern-Lobbyisten auf die Politik.[24] Aber vielleicht sind auch das nur Krisensymptome und Angsttriebe eines alten Systems, das seinen Zenit überschritten hat und sich auf dem absteigenden Ast befindet.

In seinem Buch *Here Comes Everybody* erklärt der britische Medienwissenschaftler Clay Shirky die Veränderung der Wirtschaftsstruktur in den USA seit den siebziger Jahren: Verbesserte Telekommunikationsgeräte und neue Mangagementtechniken senkten die Coaseschen Transaktionskosten, sodass einerseits große Konglomerate wuchsen und sich in immer mehr Geschäftsfelder ausbreiteten. Andererseits sprossen kleine und mittelständische Unternehmen nur so aus dem Boden, die besser darin waren, neue Nischen zu entdecken und auszubeuten.[25] Was jedoch passiert, wenn die Transaktionskosten durch digitale Technologie kollabieren, vermag auch die Theorie nicht vorauszusagen. Auf jeden Fall sind durch die »Power of Organizing without Organizations«, so Shirkys Untertitel, neue Alternativen für Gruppen entstanden, sich außerhalb starrer Institutionen zu organisieren: »Die neuen Werkzeuge machen alternative Strategien möglich, Komplexität unter Kontrolle zu halten.«[26]

Vielleicht ist die - letztlich unterkomplexe - Organisationsform des Konzerns mit seinen zweidimensionalen Organigrammen und eindimensionalen Weisungs- und Reporting-Strukturen einfach nicht mehr die überlegene in einer immer komplexer werdenden Welt. Die Krise des Konzerns ist mit Händen zu greifen. Als historischer Wendepunkt könnte sich im Rückblick dereinst der Enron-Skandal herausstellen, die größte Firmenpleite der amerikanischen Geschichte. Binnen weniger Jahre war aus einer Gasfirma in Texas ein global agierender Hightech-Konzern geworden, der mit Innovationen den Energiemarkt überrollte und am Ende Derivate auf Kontrakte zukünftiger Energielieferungen und andere Phantasieprodukte auf dem Weltmarkt handelte. Anfang 2002 brach dieses Kartenhaus in sich zusammen. Der US-Comedian Lewis Black leitet daraus seinen ganz persönlichen Gesetzesvorschlag für eine »Lex Enron« ab: »Unternehmen, die nicht in der Lage sind, in einem Satz zu erklären, was sie tun, sind illegal.«

Offenkundig illegal ist auch, was jahrelang im globalen Staate Siemens praktiziert wurde und erst jetzt nach und nach ans Licht kommt: Die systematische Korruption, die Bestechung von Entscheidern in aller Welt, um unterlegene Technologien zu überhöhten Preisen loszuschlagen, und der mutmaßliche Aufbau eines geschmierten eigenen Betriebsrates, der das alles abnickte. Als eine Erklärung, warum dieses System bei Siemens so lange funktionieren konnte, wird die hermetische Abschottung der Konzernwelt angeführt, und die Tatsache, dass man als Siemensianer nur im »Kaminsystem« aufsteigen konnte, wenn man unten eingestiegen war. Die Menschen haben es nie anders kennen gelernt, die Konzernwelt war ihre zweite Natur.[27]

Genau in der verzerrten Logik solch abgeschotteter Systeme sieht Joel Baran die strukturelle Pathologie des Konzerns an sich begründet und fordert: »Das Regime der Konzerne muss herausgefordert werden, um die Werte und Praktiken wiederzubeleben, denen es entgegenarbeitet: Demokratie, soziale Gerechtigkeit, Gleichheit und Mitgefühl.«[28] Im größeren historischen Kontext ist der Konzern mit Sicherheit nicht die letztgültige Antwort auf die Frage, wie sich größere wirtschaftliche Einheiten organisieren lassen. Douglas Rushkoff ahnt im Zuge der neuen Renaissance, die er ausgemacht hat, auch neue Möglichkeiten, wie sich größere Gruppen als Gemeinschaften organisieren: »Entstand im Rahmen der ursprünglichen Renaissance die Idee vom Individuum, so könnte die aktuelle dem Kollektiv gewidmet sein. Tatsächlich lässt sich das 20. Jahrhundert auch als Abfolge fehlgeschlagener Experimente zum Thema ›Kollektiv‹ deuten. Vom Kommunismus bis zum Aufkommen der Konzerne suchte unsere Gesellschaft neue Organisationsformen als Gruppe.« Wenn sich Kollektive selbst und stärker von unten her organisierten, so seine Hoffnung, ließen sie sich auch besser mit den persönlichen Interessen und Leidenschaften der angeschlossenen Individuen synchronisieren.[29]

Ein Hoffnungsschimmer in dieser Richtung ist die Renaissance des Genossenschaftsgedankens in Deutschland. Lange Zeit galt das demokratische Genossenschaftsmodell als umständlich und angestaubt; die Verbreitung der Rechtsform war über Jahrzehnte hinweg rückläufig. Seit der EU-weiten Reform des Genossenschaftsrechtes im August 2006, die arbeits- und vor allem kostenmäßig eine merkliche Erleichterung brachte, wächst die wirtschafts- und gesellschaftspolitische Bedeutung der Genossenschaften wieder. Nach einer Erhebung des Deutschen Genossenschafts- und Raiffeisenverbandes wurden seither über 150 Genossenschaften neu gegründet. Auf der Website neuegenossenschaften.de wird für die Anwendung des Genossenschaftsgedankens auch außerhalb der angestammten Bereiche Agrar, Banken und Wohnungsbau geworben: »Ob als Erfolgsmodell für die Kooperation mittelständischer Betriebe in Industrie und Handwerk, für Freiberufler und im Dienstleistungsbereich, als Option der Unternehmensnachfolge, Chance der Zukunftsgestaltung im Gesundheitswesen und zur Erfüllung öffentlicher Aufgaben oder aber als Organisations- und Rechtsform für Bürgerengagement – die eingetragene Genossenschaft bietet ein maßgeschneidertes Rechtskleid, um gemeinsam zu erreichen, was allein nicht zu schaffen ist.«[30]

Derlei darf uns nicht darüber hinwegtäuschen, dass die Konzerne, auch wenn ihre relativen Vorteile bröckeln, nicht von heute auf morgen einfach verschwinden werden und einer basisdemokratischen Wirtschaft das Feld räumen. Eine Welt, die ausschließlich von spontaner Selbstorganisation geprägt wird – falls jemand ernsthaft diese Utopie gehegt hat –, können wir uns abschminken, wie auch Clay Shirky betont: »Auch wenn einige frühe Utopien, die sich an die neuen Kommunikationsmittel knüpften, davon ausgingen, wir seien auf dem besten Weg in eine Art posthierarchisches Paradies, ist das nicht, was gerade passiert, und es wird auch nicht passieren.«[31] Stattdessen sind die Kräfte, die zur Vermachtung von Märkten und zur Bildung von Großkonzernstrukturen führen, auch heute noch ziemlich ungebrochen am Werk. Die Treiber dahinter sind heute weniger die Größenvorteile industrieller Produktionsanlagen als vielmehr die börsenwertgetriebene Wachstumslogik der Finanz- und Kapitalmärkte, aber das ändert wenig an den Ergebnissen.

Auch und gerade im Internet fand die Marktbereinigung nach dem New-Economy-Crash mit Siebenmeilenstiefeln statt. Ehemalige Eigenbau-Marken wie Flickr und YouTube werden von Platzhirschen wie Yahoo und Altinsassen der Medienbranche wie NewsCorp geschluckt. Google ist das herausragende Beispiel dafür, dass auch in volatilen Zeiten des Internets noch Monopole entstehen können, wenn auch nur auf Zeit. Gleichzeitig ist Google das Paradebeispiel für einen Konzern, der nie einer sein wollte. Zwar unterhält Google mit dem »Googleplex« in Mountain View ein zentrales Headquarter, in das täglich Tausende von angestellten Mitarbeitern einrücken und Serverparks die hektargroße Industriehallen füllen. (Passenderweise steht ein Großteil davon am Columbia River, wo Wasserkraftwerke große Mengen billigen Stroms liefern – Google tritt damit ausgerechnet in die Fußstapfen ehemaliger Aluminiumwerke und anderer Stromfresser des Industriezeitalters.) Gleichzeitig hat Google das Misstrauen gegenüber hierarchischen Großorganisationen fest in seine organisatorische Struktur hineingewoben. Der Mittelweg zwischen bürokratischer Verkrustung und anarchischem Chaos, der einen Teil von Googles Erfolgsrezept ausmacht, lautet: »Kleine Teams bilden, die so schnell rennen, wie sie können, und dabei ein gewisses Maß an Inkohärenz tolerieren.«[32] Der Eigenlogik der Konzernstruktur konnte aber auch Google nicht wirksam standhalten, der pathetische Firmengrundsatz »Don't be evil« wurde inzwischen so häufig verletzt, dass er vielen nur noch als Farce erscheint.

Einen Wendpunkt stellte der Börsengang 2004 dar, wie Robert Reich eindrücklich nachzeichnet. Davor war Google stolz auf seine kreative Außenseiterrolle und hielt sich vom politischen Establishment fern. Unmittelbar danach begann auch das Unternehmen, eigene Lobbyisten nach Washington zu entsenden und gab bereits 2005 mehr als 500 000 Dollar für Lobbyagenturen und Berater aus.[33] Google ist auf dem besten Weg, ein ganz normaler Konzern zu werden, und unterliegt damit den Gravitationsgesetzen und Limitationen der Wirklichkeit. Damit macht auch die Krise des Konzerns vor Google nicht halt, und der einstige Glanz verblasst. Eine Meldung aus dem April 2008 dazu lautet, dass der

Aktienkurs seit Jahresbeginn um ein Drittel gesunken ist, deutlich stärker als der Technologieindex Nasdaq. Hinzu kommt dass Google die Mitarbeiter davonlaufen, sogar der Chefkoch aus der Kantine des Googleplex hat schon gekündigt.[34] Auch in Mountain View wachsen die Bäume nicht in den Himmel.

Ebenso wenig wie die Dynamik der Finanzmärkte darf man das Beharrungsvermögen gewachsener Strukturen unterschätzen. Wir leben bekanntlich im Zeitalter der Gleichzeitigkeit des Ungleichzeitigen, und was einmal da ist, verschwindet nicht so ohne weiteres wieder. Noch immer gibt es Industrien und Branchen, die relativ immun gegen Wandel sind. Im Bereich der Schwerindustrie, der Grund- und Rohstoffe und der Infrastruktur ragen teilweise noch die Strukturen des 19. Jahrhunderts ins 21. herüber. Eine der härtesten Nüsse, die im Sinne der Marke Eigenbau noch zu knacken sein wird, ist etwa die effektive Umstellung der Elektrizitätsinfrastruktur von zentralistischer auf dezentrale Produktion.[35] Aber auch die erscheint heute nicht mehr unmöglich (vgl. Kapitel 7.4).

In anderen Bereichen ist der Umbau längst in vollem Gange. Konzerne arbeiten munter an ihrer Selbstdemontage, kleine Einheiten erhalten Zugriff auf Ressourcen, von denen sie früher nur hätten träumen können. Die Karten werden komplett neu gemischt. Suzanne Berger und eine Gruppe vom MIT haben 500 erfolgreiche Unternehmen aller Größenordnungen nach ihren Überlebensstrategien befragt und herausgefunden, wie sich globale Wertschöpfungsketten völlig neu zusammensetzen. Dabei ergibt sich keineswegs ein einheitliches Muster, sondern ein bunter Flickenteppich teils ausgelagerter, teils integrierter Produktionsteile und Distributionskanäle, in dem auch die klassischen Industrieländer als Produktionsstandorte durchaus eine Rolle spielen. Statt eines Standardmodells für den Globalisierungswettbewerb fanden sie ein großes Spektrum erfolgreicher Organisationsformen von fragmentierten Unternehmen und Wertschöpfungsketten, über das vollständig vertikal integrierte Unternehmen bis hin zu lokalen Wirtschaftsclustern. »Die Streubreite der Antworten und die Mannigfaltigkeit der Organisationsformen von Unternehmen, die in denselben Märkten konkurrieren, legt den Schluss nahe, dass es tatsächlich viele Arten gibt, auf dieselben ökonomischen Herausforderungen zu reagieren.«[36]

Auch Deutschland ist weit entfernt davon, zum Freizeitpark für reiche Amis und Asiaten zu werden, wie es John Naisbitt voraussagt hat. Anfang 2008 berichtet der *SPIEGEL* über eine »überraschende Renaissance« des verarbeitenden Gewerbes und der spezialisierten Industriefertigung in Deutschland: »Das Comeback der deutschen Industrie widerlegt die These, dass die Zukunft der Dienstleistung gehöre. Produktionsfirmen sind der Wachstumstreiber auch für den Servicesektor.«[37] Die flexible Spezialisierung bringt Weltmarktführer in spezialisierten Nischen hervor, die so genannten Hidden Champions, genau wie es Piore und Sabel in *Das Ende der Massenproduktion* vorhergesagt haben. Im Halbschatten der B2B-Märkte gedeiht der deutsche Mittelstand, und Deutschland profitiert von der industriellen Vielfalt, die sich hier im Gegensatz zu den angelsächsischen Ländern erhalten hat: »Mit China und Indien industrialisieren sich große Teile der Welt, und deutsche Unternehmen haben genau die Produktpalette im Angebot, die Schwellenländer dafür brauchen, von Werkzeugmaschinen über komplette Stahlwerke bis hin zu Autos, die sich der aufstrebende Mittelstand dort gern leisten möchte.«[38]

Für die Wirtschaftsstruktur in Deutschland ergibt sich daraus ein gemischtes Bild, in dem alle Größenordnungen vertreten sind. Würde man die Unternehmenslandschaft als Kurve abtragen, ähnelte sie der Long-Tail-Kurve, die ja mathematisch ausgedrückt einer Pareto-Verteilung entspricht, wie sie für die unterschiedlichsten dynamischen Systeme typisch ist. Die Großunternehmen mit über 250 Beschäftigten in der Spitze machen gerade einmal 0,5 Prozent aus. Die nächste Größenordnung mit mehr als fünfzig Beschäftigten entspricht 1,5 Prozent, weitere 7 Prozent haben zwischen zehn und 49 Mitarbeitern. Den überragenden Anteil – den Unternehmens-Long-Tail, wenn man so will – machen mit 91 Prozent Betriebe aus, die weniger als zehn Mitarbeiter haben. Seit der Wiedervereinigung ist die Zahl der steuerpflichtigen Firmen in Deutschland von gut 2,7 auf 3,1 Millionen gestiegen. Ein Großteil dieses Zuwachses entfiel auf Kleinbetriebe, die dadurch zum »Beschäftigungsmotor« geworden sind.[39]

Unterstellt man die Krise des Konzerns, die beschriebene Wirkung sinkender Transaktionskosten und den anhaltenden Trend zur Marke Eigenbau, dürfte sich die Kurve in Zukunft in der Spitze weiter abflachen. Am langen Ende bei den Unternehmen mit einem oder wenigen Mitarbeitern ist dagegen weiterhin mit starken Wachstumsraten zu rechnen. Die Selbstermächtigung des Individuums als kleinste wirtschaftliche Einheit wird sich langfristig noch stärker in der Wirtschaftsstruktur und -statistik niederschlagen, und dadurch unsere Vorstellung von Wirtschaft allgemein verändern. Allerdings wird sich daran auch die wachsende Bedeutung regionaler Cluster ablesen lassen, die Richard Florida als wichtiges Kriterium für die Ansiedelung der kreativen Klasse hervorgehoben hat.[40] Gerade die Kleingewerbe und kreativen Dienstleistungen der Marke Eigenbau sind auf lokale Infrastruktur und intakte Produzentennetzwerke vor Ort angewiesen. Ihre Standortentscheidung hängt – gerade weil sie dank moderner Kommunikationstechnologie theoretisch von überall aus arbeiten könnten – umso stärker von einem günstigen Mikroklima ab. Solche regionalen Cluster haben in Europa eine lange Tradition, die nur zwischenzeitlich durch die Überlagerung mit der industriellen Massenproduktion aus dem Blick geraten war und jetzt ein Revival erlebt.

Wir haben oben das Beispiel der chinesischen Motorradindustrie als Wikinomics-Modell für die dezentrale Produktion in einem Netz unabhängiger Produzenten angeführt. Ganz ähnliche Strukturen gab es in weiten Teilen Europas, bevor die Oligopolisierungstendenzen der Industrialisierung das Feld bereinigten. Noch mindestens bis zum Zweiten Weltkrieg waren wesentliche Teile der Solinger und Remscheider Messer- und Klingenindustrie so strukturiert, wie Piore und Sabel darlegen: »Diese Industrien waren Zusammenschlüsse kleiner Betriebe, von denen jeder auf einen Produktionsabschnitt – wie Schmieden, Schleifen, Veredeln – spezialisiert war.«[41] Diese organisatorische Offenheit ging sogar bis zur gemeinsamen Nutzung von Ressourcen und zu einer Frühform

des Coworkings, nur dass das Internet damals die Dampfkraft war:
»Bevor der Einsatz von Elektromotoren allgemein üblich wurde,
waren diese Betriebe oft in großen Gebäuden gruppiert, die über
eine Dampfmaschine und ein System von Transmissionsriemen
verfügten, diese Riemen übertrugen die Antriebskraft in die Werkstätten, die tageweise angemietet werden konnten und boten den
Kleinproduzenten so die Möglichkeit, eine effektive Energiequelle
zu nutzen.«[42]

Eines der bekanntesten Vorbilder dieser munizipalen Selbstorganisation war die Lyonneser Seidenindustrie im 19. Jahrhundert.
Neben Fabrikkollektiven schufen die selbstorganisierten Kleinbetriebe dort auch Einrichtungen, um Wissen, das den einzelnen
Unternehmen fehlte, zugänglich zu machen, und Ressourcen zur
Verfügung zu stellen. Sie schufen Berufsschulen, in denen Arbeiter sowohl handwerkliche als auch unternehmerische Fähigkeiten erlernten, und genossenschaftliche Kreditinstitute, woran
heute noch der Name einer der größten französischen Banken, der
Crédit Lyonnais, erinnert. Ein kontrolliertes Gütesiegel sorgte im
Sinne einer Marke dafür, dass keine minderwertigen Güter unter
dem lokalem Warenzeichen verkauft wurden. Noch heute bilden
die spezialisierten Modemanufakturen Norditaliens ein ähnliches
Geflecht flexibler Spezialisierung, am Leben gehalten durch die
Mailänder Luxus-Labels, die in der Lage sind, die Produkte weltweit zu vermarkten und den handwerklichen Aufwand, der für die
hohe Qualität von Kleidern, Schuhen, Taschen und Accessoires betrieben wird, zu refinanzieren. Die zukünftige Landschaft der Organisationen wird diesem Flickenteppich wieder stärker ähneln.
Sie wird eine Textur aus Clustern und vernetzten kleinen Einheiten aufweisen, die abseits der traditionellen industriellen Zentren
liegen und deren Verbindungslinien quer zu den Logistikströmen
der Massenproduktion verlaufen.

Es könnte eine Welt sein, in der die Marke Eigenbau regiert. Der
Grund hierfür sind nicht allein die sinkenden Transaktions- und
Koordinationskosten. Das stärkste Argument, warum die *Army
of Davids*[43], wie Glenn Reynolds die vernetzten Geschwader von
Kleinproduzenten nennt, die Goliaths der Massenproduktion tat-

sächlich besiegen könnten, liegt in der Veränderung der Märkte und der Produktionsprozesse selbst begründet. Die Kombination von sinkenden Abstimmungskosten, neuen Präferenzen der Konsumenten und grundlegend neuen Herstellungsverfahren fördert eine radikal andere, eine kleinteiligere und dezentralere Wirtschaftsstruktur. Das Zusammenwirken dieser drei Faktoren macht die eigentliche Sprengkraft der Marke Eigenbau aus.

So argumentieren auch die Z_Punkt-Forscher, die die Entwicklung der Fabbing-Technologien untersucht und auf gesellschaftlicher Ebene weitergedacht haben. Sowohl der Wandel bei den Konsumenten, die individualisierte Produkte in immer kleineren Losgrößen bevorzugen, als auch die neuen Produktionstechniken, die das zulassen, mache »die Rückführung der Produktion an den Ort des Verbrauchs hoch attraktiv«. Im Übrigen sei diese Vor-Ort-Produktion nicht nur ökologisch sinnvoller, sondern auch robuster und weniger anfällig als die globalisierten Produktions- und Logistikstrukturen. »Eine dezentralisierte Produktionslandschaft wird zwangsläufig zu einem neuen Wirtschaftsspiel führen, einem ›Whole New Game‹, in dem die Rollen zwischen Entwickler, Produzent, Händler und Konsument neu verteilt werden.«[44]

Fast sieht es so aus, als könnte E. F. Schumacher mit seinem Insistieren auf der Frage der Größe und seinem utopistischen Credo des »Small is beautiful« langfristig Recht behalten. Seine Vision einer Wirtschaft mit menschlichem Maßstab lautete schon vor dreißig Jahren: »Die Wirtschaftswissenschaft des Gigantischen und der Automation ist ein Überbleibsel aus den Zuständen und dem Denken des 19. Jahrhunderts und völlig unfähig, auch nur eine der wirklich drängenden Aufgaben der Gegenwart zu lösen. Nötig ist ein neues Denksystem, eines das den Menschen und nicht in erster Linie die Güter in den Mittelpunkt stellt – die Güter kommen von selber! Man könnte es mit dem Satz zusammenfassen: ›Produktion durch die Massen statt Massenproduktion‹.«[45]

Bleibt noch die Frage zu klären, was mit den Konzernen passiert, die wie angezählte Elefanten in einer Welt aus filigranen Strukturen herumstolpern. Sie werden sich evolutionär anpassen müssen und neue Symbiosen eingehen, ihre dicke Außenhaut könnte sich dabei als ihr Hauptproblem erweisen. Denn ohne ein eigenes Ökosystem von kleineren Zulieferern, die Leidenschaft zunehmend autonomer Mitarbeiter und einem harten Kern treuer Prosumenten werden sie kaum eine Überlebenschance haben. So sehen auch die Autoren von *Wikinomics* die Zukunft der Organisation. Sie sagen voraus, das Endergebnis der unternehmerischen Umstrukturierungen werde weniger Ähnlichkeit mit dem klassischen Konzernorganigramm aufweisen, stattdessen »vielmehr wie ein Gemälde von Jackson Pollock aussehen«.

Sinngemäß hatte das ja auch schon Charles Handy, der alte Fuchs, formuliert, als er 1995 in *Beyond Certainty* die Parole ausgab: »Großorganisationen müssen vom reinen Anlagevermögen viel stärker zu Gemeinschaften werden, die weniger über Angestellte verfügen, als auf Mitgliedern bauen, denn die wenigsten Menschen werden sich damit zufriedengeben, das Eigentum von jemand anderem zu sein. Gesellschaften werden in kleinere Einheiten heruntergebrochen werden, sich aber zugleich für bestimmte Zwecke zu größeren und schlagkräftigeren Einheiten gruppieren. Der gute alte Föderalismus wird als neue Doktrin wieder in Mode kommen, trotz seiner inneren Widersprüchlichkeiten.«[46] Die Welt Marke Eigenbau hat viele geistige Väter und Mütter – allmählich könnte sie Realität werden. Ganz auf leisen Sohlen wird aber auch das nicht passieren. Um der vernetzen Mikroökonomie zum Durchbruch in der Breite zu verhelfen, braucht es das Marketing. Denn wie heißt es so schön: Klappern gehört zum Handwerk. Beziehungsweise: Vor dem Abspann kommt die Werbung.

6. Marketing Marke Eigenbau

6.1 Strategischer Konsum: Mit Shopping die Welt verändern

Was kaufen Menschen wann? Dank der Bedürfnispyramide des Sozialpsychologen Abraham Maslow wissen wir schon seit den vierziger Jahren: Zunächst sichert der Mensch körperliche Grundbedürfnisse (Essen, Kleidung, Wohnen, etc.), dann soziale Sicherheit (Krankenversicherung, Bildung), dann investieren wir in soziale Anerkennung und damit gerne in Statussymbole. Wenn all diese Bedürfnisse gedeckt sind, streben wir nach Selbstverwirklichung. Auch ganze Volkswirtschaften folgen bei der Entwicklung ihres Konsumverhaltens einem Vier-Phasen-Modell, wie die Unternehmensberatung Booze Allen Hamilton analysiert hat: Auf den Kampf ums Überleben folgt die Entdeckung der Qualität, danach der Wunsch nach Bequemlichkeit und schließlich die Sehnsucht nach Individualität und Sinnstiftung. Demnach wären zum Beispiel die kommenden Wachstumsfelder im aufstrebenden China Tourismus und Bildung.[1]

Den Bedarf für die Stufen eins bis drei hat die Massenproduktion in den Industriegesellschaften recht gut bedienen können. Ein großer Teil der westlichen Gesellschaft findet sich heute auf Stufe vier wieder – und hier zeigen sich die Defizite des Systems. Die Überflussgesellschaft produziert und konsumiert auf Kosten der Zukunft, und immer mehr Menschen ist dies immer offenkundiger bewusst. Folglich versuchen immer mehr Verbraucher, dem eigenen Konsum Sinn zu verleihen. Bisher haben wir gesehen, warum Eigenbau-Marken entstehen, wie sie produziert werden und auf welchen Märkten sie gehandelt werden. Dieses Kapitel fragt danach, wie sich dadurch die Spielregeln des Marketings verändern, welche Form der Zielgruppenansprache die Marke Eigenbau impliziert und wer sie eigentlich kauft. Wie überzeugt man die Nachfrageseite?

Etwas pauschal vorweg gesagt: Postmaterielle Werte bestimmen die Zielgruppe, über die wir reden. Die Bobos, die »bourgeoisen Bohemiens« von *New York Times*-Kolumnist David Brooks haben die Schneise verbreitert, die ökologisch orientierte Verbraucher in den achtziger Jahren geschlagen haben. In *Die Bobos* schreibt Brooks schon 2000 über das Konsumverhalten der kultivierten Eliten Amerikas: »Man kann den Regenwald retten, den Treibhauseffekt lindern, indianische Traditionen erhalten, bäuerliche Familienbetriebe unterstützen, sich für den Weltfrieden einsetzen – und das alles, ohne sich weiter von zu Hause wegzubewegen als zu den Kühlregalen des nächsten Einkaufszentrums.«[2] Vor acht Jahren schien der Satz wohl mehr Projektion denn Wirklichkeit, gültig allenfalls für die Luxusenklaven der Westküste. Heute hat er auf beiden Seiten des Atlantiks Wucht. Und daran haben Menschen in kleinen Organisationen vermutlich mehr Anteil als Lidl mit seinem bescheidenen Fairtrade-Sortiment. Eigenbau-Marken sind die Treiber der Idee – und Lieferanten einer neuen Lust, mit Sinn und Verstand zu konsumieren. Angebot und Nachfrage für bewussten Konsum wachsen Hand in Hand. Einer jener Lieferanten heißt Bernd Hausmann; gleichzeitig könnte er auch der Prototyp eines Kunden sein, der in seinem Ethical-Fashion-shop einkauft. Doch der Reihe nach.

Hausmanns Lebenslauf kennt viele Umwege. Der 37-jährige Nürnberger war einmal Profifußballer. Nach der A-Jugend beim FC Nürnberg schaffte er den Sprung in die Bundesligamannschaft der Clubberer. Genauer: Er schaffte den Sprung auf die Ersatzbank. »Das Jahr lief ziemlich unglücklich«, sagt er im Rückblick. Kein einziger Einsatz, Vertragsauflösung nach Saisonende. Der Niederlage folgte ein Sieg, die Aufnahme auf eine der großen Schauspielschulen. Die brach Bernd Hausmann dann aus eigener Entscheidung ab, »erneut mangels Talent«, wie er sagt. Dabei lächelt er, keine

Reue, und erzählt von der schönen Zeit als Leiter eines Jugend-
hauses nach dem Pädagogikstudium, einem langen Praktikum
bei einer Obdachlosenorganisation in den USA und seiner ersten
eigenen Geschäftsidee, die wieder mit Fußball zu tun hatte. Nach
der Jahrtausendwende baute Bernd Hausmann ein Label für Fuß-
ball-Retro-Shirts auf. Für große Clubs und Sportfirmen ließ er die
Hemden der Stars seiner Jugend nachproduzieren und fand so ein
anständiges Auskommen. Aber Moral und Fressen sollten bei dem
studierten Pädagogen irgendwie in Einklang stehen. Und so unter-
breitete er allen Shirt-Großkunden stets zu seinen konventionel-
len Trikotsvorschlägen auch ein Angebot mit Bio-Baumwolle von
Herstellern, die zudem mit fairen Sozialstandards produzieren.
»Leider ist es mir kein einziges Mal gelungen, die Leute für die korrekte, ein wenig teurere Variante zu gewinnen. Das war in diesem
Profifußball-Milieu einfach nicht möglich.«

Auf Messen, bei denen er mit seinen Kollektionen antrat, kam
der Ex-Sportler-Schauspieler-Pädagoge dafür immer enger mit
Machern von »Ethical Fashion«-Labels in Kontakt. Und hörte von
deren Dilemma. Die Nachfrage nach ökologisch und sozial ge-
webter Kleidung zog spürbar an – und das zeigte ja auch die Erfolgsgeschichte des kalifornischen Labels American Apparel, das
»sweatshopfree« und ethisch korrekt zu anständigen Stundenlöh-
nen in Downtown Los Angeles produziert, seinen mexikanischen
Arbeitern kostenlos Englischunterricht anbietet und der ganzen
Belegschaft eine Fahrradflotte zur Verfügung stellt. Die gesamte
Kommunikation der Marke erinnert an die Kommunikation von
Nichtregierungsorganisationen wie Greenpeace oder Amnesty
International. Mit dieser Markenstrategie ist Gründer Dov Char-
ney zum größten T-Shirt-Produzenten der USA und zu einem der
am stärksten weltweit expandierenden Bekleidungsherstellern
aufgestiegen. Die Linken lieben ihn für seinen fairen Umgang
mit Arbeitern, die Rechten mögen ihn, weil er bewiesen hat, dass
Amerika – auch bei der T-Shirt-Produktion – besser als Asien ist.
American Apparel hat die Mittel, auf der ganzen Welt eigene Läden
aufzumachen. (Ende 2007 waren es bereits 185.) Kleine, ethisch
korrekte Modemarken wie Slomo, Veja oder Kuyichi haben diese

Mittel nicht. Bernd Hausmann erkannte seine Chance und gründete im Februar 2006 den Webshop glore.de. Das Mission-Statement auf der Seite fasst die Verbindung von Fressen und Moral wie folgt zusammen: »Glore steht für globally responsible fashion: Wir bieten hochwertige Mode, die im Einklang mit Mensch und Natur hergestellt wird. glore führt internationale Labels, die sich durch schöne Styles ebenso auszeichnen wie durch Respekt vor den Menschen, die sie produzieren und Rücksicht gegenüber der Natur, die die Rohstoffe liefert.«

Es sieht so aus, als ob Bernd Hausmanns Lebenslauf nicht so schnell wieder einen Knick erleiden wird, zumindest keinen nach unten. Er ist einer der ersten Kleidungshändler in Deutschland, die mitbekommen haben, dass an jeder Ecke coole Labels nach Eigenbau-Prinzipien entstehen, für die gute Produktionsbedingungen und guter Style kein Widerspruch mehr sind, dass es seit einigen Jahren die Ethical Fashion Show in Paris gibt und der dänische Designer Peter Ingwersen mit seinem Korrekt-Label Noir in Großbritannien, den USA und Japan bereits ein Star ist. Ingwersen verwendet nur Baumwolle von pestizidfreien Farmen in Uganda und Tansania, deren Arbeiter er mit Medikamenten, Ausbildungsmöglichkeiten und Kleinkrediten versorgt. Das Design bestimmt das Bewusstsein.

Beim Trend zu ökologisch und ethisch korrekter Mode hinkt der europäische Kontinent noch hinterher, holt aber jetzt mit Riesenschritten auf. Hausmann profitiert schon jetzt davon. Es ist nicht beim Webshop geblieben. Gut gelaunt steht er im ersten glore-Laden in zentraler Nürnberger Lage. Die Innenarchitektur ist iPod-kompatibel. Mode, zumal hochwertige, wird nun einmal gerne vor Kauf anprobiert. Der Businessplan für die glore-Expansion nach München, Hamburg, Frankfurt, Stuttgart und Berlin liegt griffbereit in der weiß lackierten Schublade.

Im Laden gibt es in Frankreich gefertigte Turnschuhe, deren Sohlen aus Biokautschuk hergestellt wurde. Das Obermaterial besteht aus ökologisch gegerbten Leder und das Innere aus Biobaumwolle. Dennoch sind sie nicht teurer als jeder durchschnittliche Adidas-, Puma, oder Nike-Schuh. Fast alle zwanzig Label, die es online wie analog zu kaufen gibt, hat der Franke Hausmann besucht und bei allen ist er überzeugt, dass auch sie Ethical Fashion nicht als Verkaufstrick instrumentalisieren, sondern voll hinter dem Motto seiner wachsenden Handelsplattform stehen: »Fashion ist eine Frage der Philosophie.« Glore.de und Konkurrenten wie true-fashion.com oder der mit erheblich Gründerkapital ausgestattete Hersteller Armed Angels beweisen eindrucksvoll: Die Zeiten, in denen Naturtextilien ein Synonym war für Sackform gern in Hanf, mindestens aber in kratzigem Leinen und hässlichen Farben, sind ein für allemal vorbei. »In der Kleidungsbranche folgen wir klar dem Trend aus der Lebensmittelbranche. Es ist trendig, sich ethisch korrekt anzuziehen, ohne beim Style Abstriche zu machen«, fasst der glore-Gründer den Ethical Fashion-Aufschwung zusammen. Entsprechend kommen viele seiner Kunden über die gesunde Ernährung auf das Thema Kleidung.

Amerikanische Trendforscher – und im Gefolge natürlich auch die deutschen – nennen Menschen, die bei glore.de einkaufen, LOHAS. Das Akronym steht für »Lifestyle of Health and Sustainability«, also einen Lebensstil, der besonderen Wert auf Gesundheit und Nachhaltigkeit legt. In den USA erlebte der neo-grüne Lebensstil bei der Oscar-Verleihung 2004 seinen ersten medialen Höhepunkt. Charlize Theron, Leonardo di Caprio und Sting fuhren im Toyota Prius vor. Vier Jahre, einen *Vanity Fair*-Titel mit efeuberankter Julia Roberts und einen Oscar für Al Gores *Unbequeme Wahrheit* später kennt der Enthusiasmus der Marketingstrategen für LOHAS kaum noch Grenzen. Das *International Journal of Consumer Studies* taxiert den US-amerikanischen Markt der LOHAS-Industrie auf 300 Milliarden Dollar.[3] Jeder dritte amerikanische Verbraucher wird inzwischen dem Marktsegment des gesunden und nachhaltigen Lebensstils zugerechnet. Für Deutschland gibt es bis dato keine seriösen Schätzungen über Umfang und Wachstum des Markts für Energieeffizienztechnologie, Naturkosmetik, ökologische Lifestyle-Produkte, Alternativreisen, Homöopathie, sozial verantwortungsbewusste Kapitalanlage und was man neben Biokost noch so alles zur LOHAS-Industrie zählen möchte. Auch die hochpreisige Studie *Zielgruppe LOHAS – Wie der grüne*

Lifestyle die Märkte erobert aus dem Zukunftsinstitut von Matthias Horx gibt hier keinen Aufschluss. Immerhin liefert sie ein paar Hinweise, »was die LOHAS wollen und was sie ablehnen«. Nämlich: »Qualität statt Discount. Authentizität statt Spaßgesellschaft. Spiritualität statt Glauben. Partizipation statt Repräsentation. Ankunft statt Steigerung. Werte statt Ironie.« Unter dem Strich kommen Horx' schreibende Mitarbeiter zu folgender Begriffsdefinition: »LOHAS sind eine neue Anspruchselite, die sich entlang von Schlüsselbegriffen wie Werthaltigkeit, Authentizität, Lebensqualität und Wohlfühlen definiert. LOHAS ist der ›Lifestyle des Sowohl-als-auch‹. Die postmaterielle, wertegetriebene Orientierung steht im Kern dieses Lebensstils. Gleichzeitig kreuzen sich Verantwortungsbewusstsein (für das eigene Selbst, für die Familie und für die Umwelt) mit positiver Lebenseinstellung und einem lustbetonten Life-Design.«[4] Das kann man auch etwas einfacher formulieren. LOHAS sind Menschen, denen nicht alles egal ist. Oder wie der Amerikaner sagt: People who give a damn. Dabei wollen LOHAS auch noch gut aussehen.

Der Hamburger Autor Fred Grimm[5] hat bei seinen Vorträgen drei griffige Bonmots parat, die die Konsumentwicklung der letzten 25 Jahre auf den Punkt bringen. Die friedensbewegten Konsumverweigerer der achtziger Jahre sagten: »Ich kaufe, also bin ich ein Schwein.« Die Yuppies der Neunziger glaubten: »Ich kaufe, also bin ich.« Das Motto der LOHAS lautet für Grimm: »Ich kaufe, also bin ich der Bestimmer.« Die neuen Ökos auf beiden Seiten des Atlantiks konsumieren strategisch. Ihre Haltung ist nach herkömmlicher Vorstellung in vielen Punkten widersprüchlich. Sie wollen die Welt ein wenig voranbringen und dabei genießen und sich wohlfühlen. Sie sind moralische Hedonisten, und das macht sie freilich leicht angreifbar, denn sie sind ja Teil jener Mittelschichten, die qua Massenkonsum und Massenmobilität zu den Hauptverantwortlichen für Klimawandel und Raubbau an endlichen Ressourcen gehören. Mit diesen Widersprüchen kommen die LOHAS zurecht, weil sie nicht in Entweder-Oder-Kategorien denken. Veränderung findet für sie Schritt für Schritt, also evolutionär, statt und ein bisschen besser ist für sie deutlich besser als gar nicht besser.

»Ethischer Konsum ist ein innerer Prozess«, weiß Christoph Karras, anerkannter LOHAS-Blogger von karmakonsum.de, Marketingberater und Organisator zahlreicher Konferenzen und Veranstaltungen zum Thema: mit Shopping aus der Welt einen besseren Ort machen. Für Karras läuft dieser innere Prozess ungefähr so ab: Korrekte Konsumentscheidungen dienen in der Regel erst einmal primär der Selbst- und weniger der Weltverbesserung. Sie beruhigen schlechtes Konsumentengewissen. »Doch das fixt an«, beobachtet der 34-jährige Frankfurter. Im Lauf der Zeit internalisiert der kritische Konsument sein Konsumverhalten und weitet es auf immer mehr Bereiche seines Lebens aus. Er fängt an, stärker regional und saisonal zu konsumieren, was ihn zwangsläufig mit Eigenbau-Marken in Kontakt bringt. Und er sammelt Wissen an, das seine Grundhaltung immer weiter bestärkt. Die oberflächliche Beruhigung des schlechten Gewissens tritt dann immer weiter in den Hintergrund. Stattdessen setzt unter der konsumierenden Oberfläche eine schleichende Repolitisierung ein, denn er erkennt, dass der Einkaufswagen ein potentes Machtmittel ist. Der Soziologe Ulrich Beck hat den politischen Konsumenten als Gegenmacht der Zivilgesellschaft bezeichnet, die bislang kaum entfaltet sei. Er glaubt, der schlafende Riese Konsument könne – richtig organisiert – erwachen und den Kaufakt in eine Abstimmung über die weltpolitische Rolle der Konzerne verwandeln. Frei nach dem Motto: Der Einkaufszettel ist der neue Stimmzettel. Bei einer politischen Wahl wissen wir auch, dass die einzelne Stimme nicht wirklich wiegt. Und dennoch gehen wir zu Wahl, weil wir an das System glauben. Tanja Busse, Autorin des Buchs *Die Einkaufsrevolution. Konsumenten entdecken ihre Macht,* fasst es in einem Debattenbeitrag in der *ZEIT* so zusammen: »Es scheint bisweilen fast, als solle die politische Ordnung des demokratischen Staates zukünftig nicht mehr als der Rahmen sein, innerhalb dessen die Bürger vor allem als Konsumenten agieren. Wenn es uns aber immer unwichtiger wird, Bürger zu sein, während wir gleichzeitig immer lieber und öfter Kunde sein wollen, ist es an der Zeit, den Konsum als politische Handlung zu verstehen. Ähnlich wie vor etwa 150 Jahren aus Untertanen Bürger wurden, müssten jetzt aus gefühlsgeleiteten und verführten Käufern aufgeklärte und emanzipierte Konsumenten werden, die Verantwortung übernehmen, statt sich von Werbung benebeln zu lassen.«[6]

Am Beispiel der Lebensmittelbranche lässt sich bis dato am besten zeigen, dass Busse mehr als vage Hoffnungen formuliert. Der Umsatz mit Biolebensmitteln betrug im Jahr 2000 2,1 Milliarden Euro. 2006 waren es 4,5 Milliarden. Deutschland macht damit mehr als 10 Prozent des weltweiten Organic Food-Markts aus. Laut Gesellschaft für Konsumforschung haben heute 90 Prozent der Deutschen ein Biolebensmittelprodukt bewusst gekauft. In großen und mittleren Städten sprießen Biosupermärkte aus dem Boden wie unkontaminierte Pilze – alleine in Berlin gibt es mittlerweile über fünfzig. Und die Wirtschaftswoche hat herausgefunden, dass zwanzig Millionen Deutsche empfänglich für grüne Themen und die ihnen zugeordneten Produkte sind.[7]

Das in Deutschland überzeugendste Beispiel dafür, dass aufgeklärte Verbraucher die Guten nach vorne bringen können, dürfte Bionade sein, »das offizielle Getränk einer besseren Welt« und der neogrüne Liebling der deutschen Wirtschaftspresse. Wir finden den Fall Bionade in vieler Hinsicht faszinierend. Er beweist, dass sich mit Bordmitteln einer kleinen, nahezu bankrotten Brauerei die Massenmärkte der Fast Moving Consumer Goods komplett aufrollen lassen. Und dass ein Unternehmer trotz gigantischem Wachstum den eigenen Prinzipien treu bleiben kann.

»Die Bionadisierung der Gesellschaft«[8] hat im Jahr 1995 in Ostheim vor der Rhön begonnen. Das 4000-Seelen-Dorf, landschaftlich sehr reizvoll, verkehrstechnisch sehr ungünstig im ehemaligen Zonenrandgebiet gelegen, ist die Heimat der Eigenbau-Marke Bionade, die auf dem guten Weg ist, eine lokal verwurzelte Weltmarke zu werden. Sie erfüllte lange vor der zweiten großen Bio- und Wellnesswelle alle Attribute, nach denen LOHAS dürstet. Bionade stammt aus lokaler Produktion, wirkt trotzdem kosmopolitisch und exklusiv und verbindet einen brillanten generischen Produktnamen mit einem charmant erdigen Design. Das alles lässt sich leicht analysieren. Vor allem *nachdem* ein Produkt bereits Erfolg hatte.

Die Geschichte der Bionade GmbH liest sich wie ein Märchen

mit holprigem Einstieg. Anfang der neunziger Jahre verschärften die deutschen Großbrauer den Wettbewerb mit kleinen örtlichen Brauereien – und nahmen ihnen zunehmend Marktanteile ab. Darunter litt auch das Rhön-Pils der Ostheimer Peter Brauerei. Deren Besitzer, Dieter Leipold, stand kurz vor dem Konkurs, als er 1995 mit der Bionade, seiner »Fanta ohne Chemie«, an den Markt ging. Das Rezept der fermentierten Brause hatte er im Hobbylabor in der eigenen Wohnung entwickelt. In langen Versuchsreihen isolierte er dort aus dem asiatischen Getränk Kombucha Bakterien, die den Zucker im Braumalz nicht zu Alkohol vergären, sondern zu Gluconsäure: die Grundlage der Bionade. Sie kommt auch in Honig vor, konserviert das Getränk und bindet Mineralstoffe in einer Form, die der Körper gut aufnimmt.

Rezept und Brauverfahren ließ sich der ostbayrische Tüftler patentieren. Eigentlich wollte er seinen betriebswirtschaftlichen Hoffnungsträger in Lizenz produzieren lassen, wohl wissend, dass er als kleiner No-Name-Hersteller massive Schwierigkeiten haben würde, in den Handel zu kommen. Damit die großen Lebensmittelketten für neue Produkte Platz in Regalen schaffen, werden in der Regel hohe Gebühren fällig (vgl. Kapitel 3.2). Dafür hatte Leipold kein Budget. Aber leider fanden sich auch keine Lizenznehmer für die Produktion. Der Brauer vom Dorf wurde von den Großen der Branche, bei denen er anklopfte, ein bisschen belächelt mit seiner spinnerten Ökolimonade – und vom Bundesforschungsministerium ein bisschen gefördert. Mit dessen Hilfe baute die Bionade GmbH eine kleine Brauanlage für das neue Getränk.

Kurkliniken und Fitnesscenter waren die ersten Abnehmer des Produkts, in das nur Erzeugnisse aus kontrolliert biologischem Anbau Eingang finden und das ungefähr halb so viel Zucker enthält wie handelsübliche Limonade. 1997 nahm der Hamburger Getränkegroßhändler Göttsche – keiner weiß genau warum – Bionade in sein Sortiment. In Hamburg avancierte die neue Marke zum alkoholfreien Favoriten der Szenegastronomie, wo ein Journalist das Getränk für sich und die Geschichte dahinter für das Wirtschaftsmagazin *brand eins* entdeckte. Einige Monate später schrieb dann auch das *manager magazin* über das Bioerfolgsmodell aus der

Rhön. Die nötige Aufmerksamkeitsschwelle war übersprungen, und plötzlich führten auch große Supermarktketten Bionade. Seit 2006 gibt es Bionade in den Speisewagen der Bahn, seit letztem Jahr auch bei McDonald's und bei Starbucks. 2007 verkaufte Bionade 250 Millionen Flaschen vergleichsweise gesunde Brause. Der Sprung zu Produktion und Massenvertrieb in den USA steht kurz bevor. Bionade aus Ostheim vor der Röhn ist ein Getränk, das Managern in Atlanta, Georgia, das Fürchten lehrt. Bionade verkauft heute fast so viel wie die Coca Cola-Marken Fanta und Sprite. Und die Marktanteile verschieben sich weiter zugunsten des Davids. Die Manager aus Atlanta kamen nach Ostheim und boten das, was sie bieten können: Geld. Eine Menge. Peter Kowalsky, Sohn des Gründers und heutiger Geschäftsführer sagte »nein, danke« und begründet: »Wenn wir denen das Unternehmen verkaufen, dann verkaufen wir auch uns. Unsere Identität. Dann sind wir nur noch ein kleiner Posten in der großen Bilanz von Coca-Cola.«[9] Der zentrale Begriff ist Identität. Als Bionade made by Coca Cola würde die Marke ihre Glaubwürdigkeit als authentisches Eigenbau-Produkt verlieren. Und damit auch eine ganze Reihe Kunden, die ja genau das an der Alternativ-Marke schätzen.

Bionade wurde von Lifestyle-Grünen groß gemacht. Andere Marken geraten unter Druck der LOHAS. Davor sind auch Unternehmen mit grundsätzlich positivem Image in kulturell kreativen Kreisen nicht gefeit. Oder besser: Gerade sie nicht, denn an lieb gewonnene Produkte stellen die Neo-Ökos besonders hohe Ansprüche. Das musste im letzten Jahr auch Apple-Gründer und CEO Steve Jobs erfahren. Das Design von iPods und MacBooks ist nicht angreifbar. Die Umweltstandards der Produktion sind es sehr wohl. 2004 startete Greenpeace eine Kampagne, in der die Organisation alle Computerhersteller aufforderte, ihre Produkte endlich umweltfreundlicher zu produzieren: Konkret heißt das, umweltbelastende Chemikalien zu reduzieren und den Anteil recyclebarer Elemente zu erhöhen. Dell und Lenovo nahmen die Kampagne ernst und begannen, ihre Produktpalette schrittweise zu vergrünen. 2006 veröffentlichte Greenpeace ein Ranking mit dem Ergebnis: Der bei progressiven Kreativen so beliebte Apfel lag bei den Ökostandards ganz hinten. Greenpeace stellte daraufhin eine Webseite in Apple-Optik ins Netz, die zwei zentrale Botschaften enthielt. Erstens: We love Apple. Zweitens: Make my Apple green! Sollte Punkt zwei nicht erfüllt werden, entfällt für Punkt eins die Geschäftsgrundlage. So einfach ist das.

Apple hat eine extrem loyale Fanbasis. Auf den Kontakt zu seinen Fans hat Apple seit seiner Gründung großen Wert gelegt. Und die Fanbasis sprang auf die Greenpeace-Kampagne an. Sie schrieb E-Mails an Steve (just Steve, please!). Und bloggte. Und druckte T-Shirts. Und produzierte lustige Spots für Youtoube. Und so weiter. Neun Monate später trat Steve vor die Kameras und kündigte an, dass ab 2008 keine brominierten Flammschutzmittel und keine Polyvinyl Chloride mehr in Apple-Produkten verbaut werden sollten. Das ist ein Jahr bevor Dell die Stoffe endgültig auszumustern verspricht. Bis 2010, auch das hat Jobs angekündigt, will Apple beim Recycling besser als alle Konkurrenten sein.

»Es war für Verbraucher noch nie so leicht, bei Konzernen Gehör zu finden. Zehn Briefe können reichen und ein Anliegen oder eine Beschwerde kommt auf die Tagesordnung einer Vorstandssitzung.« Das sagt Claudia Langer, die Konzernstrukturen ganz gut kennen müsste. Zwei Jahrzehnte steigerte die Münchner Werberin mit ihrer Agentur Start.advertising die Umsätze von Deutsche Bank, Burger King, E.On, Levi's und Konsorten. Als sie Vierzig wurde, entschied sie, ihr Leben zu entschleunigen. Sie verkaufte ihre Agentur an das Werbenetzwerk BBDO und gründete mit etwas Abstand utopia.de. Utopia ist eine Plattform, die gerne zum Leitmedium und Sammelbecken für strategische Konsumenten werden möchte. Dem Hybrid aus Online-Informationsmedium und LOHAS-Community ist eine Stiftung angeschlossen, an die 20 Prozent der Unternehmensgewinne fließen sollen, sobald die AG schwarze Zahlen schreibt. Das Konstrukt versteht sich als »Nichtregierungsorganisation mit unternehmerischen Mitteln«, und deren Kopf weiß exzellent zu kommunizieren. Langer hat den Begriff »strategischer Konsum« erfunden. Oder genauer: Er ist ihre gelungene Übersetzung des amerikanischen »wakening consumers«, des aufwachenden Verbrauchers. Langer wirkt nach wie vor überrascht, wie wach der Verbraucher sich plötzlich präsentiert – und mit ihm die Entscheider in Unternehmen. Als sie 2006 mit ihrer Idee hausieren ging, schüttelten dieselben Entscheider lächelnd den Kopf, die heute bei ihr um Rat fragen. »Das ist die leiseste und härteste Marktrevolution, die in den letzten Jahrzehnten stattgefunden hat«, sagt die Pastorentochter und findet für den Nachsatz gleich noch ein plakatives Bild: »Die Revolution hat sich vollkommen unter Wasser vollzogen und an der Wasseroberfläche ist alles glatt geblieben.« Bliebe die Frage nach der Nachhaltigkeit der Nachhaltigkeit. Wann ist der Hype vorbei und was bleibt übrig, wenn die Marketing-Karawane auf das nächste Kamel aufspringt?

Auch die Ex-Werberin Langer stört sich an dem oberflächlichen Trendgefasel und den Umarmungs- und Vereinnahmungsversuchen rund um den LOHAS-Boom. Sie beobachtet, dass »Unternehmen hektisch einem Phänomen hinterherrennen, das sie oft noch nicht im Ansatz begriffen haben«. Fest steht: LOHAS sind eine Marketingkategorie und das ist den strategischen Konsumenten auch recht, denn in ihrer Kaufkraft liegt ja gerade der Hebel, mit dem sie die Welt in ihrem Sinne verändern wollen. Die Zielgruppe dreht den Spieß um. Ja, es hat sich viel getan. Bio finden wir in jedem Discounter, Aldi ist der größte Händler von Biokartoffeln, Lidl, der ewige Unsympath, verkauft das Greenpeace-Magazin in allen Filialen, McDonalds schenkt Fairtrade-Kaffee aus, Puma macht Clean-Clothes-Projekte, und die letzte IAA in Frankfurt bekam den Beinamen »Zweite grüne Woche«, weil die Automobilhersteller sich bei ihren Präsentationen von echter und vermeintlicher Spritspartechnologie nur so überboten. Fein. Schon mal den Begriff »greenwashing« gehört?

Bekannt machte die Vokabel eine Titelstory des linksintellektuellen US-Magazins *Mother Jones* im Jahr 1991:[10] Greenwashing ist eine sprachliche Anspielung an »whitewashing«, englisch für schönfärben. Seit dem *Mother Jones*-Artikel gilt: Greenwashing liegt immer dann vor, wenn ein Unternehmen deutlich mehr Mittel für grüne PR-Maßnahmen und Kampagnen in die Hand nimmt als für die beworbenen Aktionen oder Veränderungen. Besonders intensiv und erfolgreich betreibt diese Technik der britische Öl-Multi BP. Im Jahr

2000 verpasste er sich eine gelb-grüne Sonne als Firmenlogo und seitdem steht BP angeblich für »Beyond Petroleum«. Die deutsche BP-Tochter verteilt in Schulen Unterrichtsmaterialien zum Thema Klimaschutz, in denen die berechtigten Fragen gestellt werden: »Woher kommen die CO_2-Emissionen?« und »Was können wir gegen die CO_2-Emissionen tun?« Tatsächlich ist es BP mit der »Beyond Petroleum«-Kampagne gelungen, sich vom negativen Image der Branche ein wenig abzusetzen. Dabei ist BP keineswegs Primus in Sachen alternative Energien. Und seltsamerweise ist von 5,8 Millionen Barrel Benzin, Diesel, Kerosin und artverwandten Klimakillern, die BP täglich verkauft, in den Broschüren wenig zu lesen. Auch die Kommunikationsstrategen der Daimler AG verstehen es, sich als »CO_2-Champion« zu profilieren. So zumindest nennen sie ihr verkaufslahmes Nischenprodukt »smart«. Die Kleinstwagenmarke sponserte die Live-Earth-Konzerte samt Logo auf Bühne und Website. Die verheerende CO_2-Bilanz des Mutterhauses und seiner Topseller-Marke Mercedes (durchschnittlich 192 g/km bei Neuwagen im Jahr 2006) geriet da angenehm in Vergessenheit.

Greenwashing ist der Versuch, auf der LOHAS-Welle zu surfen, ohne in ein anständiges Board zu investieren. Nun ist es freilich nicht so, als ob Eigenbau-Marken nicht ebenfalls Greenwashing in kleinerem Maßstab betreiben könnten. Zum Beispiel Produkte als »Bio« deklarieren, die es nicht sind. Oder billig zugekaufte Artikel als »bei uns handgemacht« verkaufen. In der Regel dürfte das aber in dem auf persönlichem Vertrauen bauenden lokalen Markt nicht funktionieren. Ein falscher Mensch ist leichter zu erkennen als eine Hochglanzkampagne, die auf gefälschten Zahlen basiert. Doch auch für Konzerne wird sich Greenwashing in der Mehrzahl der Fälle nicht auszahlen. Denn dazu ist die Zielgruppe zu gut informiert. Sie merkt es, wenn hinter biofreundlichen Unternehmensblogs konzernbeauftragte Werber oder PR-Journalisten stecken. Gleichwohl berührt grüne Schönfärberei eine der großen Fragen des strategischen Konsums: Wer ist drin, wer ist draußen? Die Mehrheit der LOHAS unterscheidet sich von ihren radikaleren Ökoahnen in ihrer Kompromissfähigkeit und der Gabe, die Welt nicht nur in Schwarz und Weiß zu sehen. Strategische Konsumenten glauben, dass der Kapitalismus reformierbar ist. Sie vertrauen darauf, dass ihr Lebensstil ansteckend wirkt. »Ich fühle mich als Multiplikator und ich bin auch ein bisschen stolz darauf«, sagt karmakonsum.de-Blogger Christoph Karrach. Der Autor Fred Grimm bringt es auf die Formel: »Wir müssen den Großen die Philosophie der Kleinen aufdrücken.« Und gleichzeitig müssen wir feststellen, dass noch viel Wegstrecke zurückzulegen ist. Wo bleibt das 1-Liter-Auto, das VW seit Jahren ankündigt? Warum gibt es nach wie vor kein Ökohandy zu kaufen? Her mit größeren Stückzahlen von Möbeln aus Recycling-Hölzern!

In Deutschland fühlen wir uns zudem gerne als Musterknaben der Neoökologie. Im Bereich der Biolebensmittel ist das nicht ganz falsch. Nur Österreich hat einen höheren Marktanteil. Und dennoch bewegen wir uns auf einem sehr niedrigen Niveau. Weniger als 4 Prozent der deutschen Nahrung kommt aus ökologischem Anbau. Allein dieser verschwindend geringe Anteil führt dazu, dass wir mit der heimischen Produktion nicht nachkommen und Bioäpfel aus Neuseeland anschippern lassen. Nicht nur bei »ethical fashion« sind andere weiter. Zum Beispiel beim Carbon-Labeling. Die britische Handelskette Tesco hat angekündigt, bald auf jeder Packung seiner 70 000 Produkte kenntlich zu machen, wie viel Kohlendioxid bei Herstellung, Transport und Wiederverwertung in die Atmosphäre entweichen. Bei einer Tüte Chips sind das um die 75 Gramm. Metro, Edeka und Co. kommen hier nicht voran. Aber auch das ändert sich langsam. Die ersten Initiativen zum CO_2-Fußabdruck gehen gerade an den Start.

LOHAS und solche, die es werden wollen, sind nach wie vor leicht angreifbar. Auch das Zentralorgan der lakonischen Besserwisserei, der *SPIEGEL*, hat Ende 2007 scharfsinnig bemerkt: »Die Ökobranche steckt voller Widersprüche.« Und schüttete kübelweise Spott hinterher. »Autos verbrauchen weniger Kraftstoff, aber die Leute fahren mehr Kilometer. Und wenn sich das Starpaar Brad Pitt und Angelina Jolie – die Ikonen der amerikanischen ›Neo-Greens‹ – aufmacht, um irgendwo auf der Welt ein Ökoprojekt zu besuchen oder ein Kind zu adoptieren, benutzen sie gern den Privatjet und nehmen dafür in Kauf, dass die Ozonschicht – ähnlich wie Jolie selbst – immer dünner wird.«[11] Das regt durchaus zum Schmunzeln an, ähnlich wie wenn Harald Staun in seiner Medienkolumne in der *FAS* schreibt: »Aber man möchte doch, um da nicht eingemeindet zu werden, schnell einen Kanister Altöl in den nächsten Fluss kippen. Nur zur Sicherheit.«[12] Es gehört nun einmal zum Spiel mit kulturellen Codes und der eigenen Identität, sich nicht eingemeinden zu lassen. Das sollte aber nicht darüber hinwegtäuschen, dass hinter dem ambivalent schillernden Etikett eine grundsätzlich richtige Lebenshaltung steht. »Noch gleicht der politische Verbraucher einem Stier, der sich von einem Lattenzaun bremsen lässt, weil er nicht weiß, wie stark er ist«, schreibt Tanja Busse in der *ZEIT*. Der Stier ist gerade dabei, loszurennen. Und auf der anderen Seite des Lattenzauns wird er die Großen überrennen oder links liegen lassen. Die Schlussfolgerungen für Eigenbau-Marken liegen auf der Hand. Ein großer Teil der LOHAS-Euro und Dollar gehört ihnen. Denn strategische Verbraucher wollen wissen, wo und wie ihre Produkte herkommen. Die Geschichten der lokalen Produzenten sind glaubwürdiger und interessanter als die der Massenhersteller. Hier liegt die große (Markt-)Chance der Kleinen. Davon berichtet das nächste Unterkapitel. Übrigens: Selbst die Konsumverzichter können nicht mehr auf einen trendigen Kurznamen verzichten. Sie nennen sich in Anlehnung an die LOHAS stolz LOVOS. Das steht für Lifestyles of Voluntary Simplicity. Die Übergänge sind fließend. Denn auch LOHAS stellen sich immer öfter die Frage, ob sie ein Produkt tatsächlich brauchen oder einfach nur haben wollen.

6.2 Social Commerce: Lass uns nicht nur über Geld reden!

Noch so ein Buzzword: »Social Commerce« bereitet Online-Marketingprofis gerade vor Aufregung schwitzige Hände wie seinerzeit der Vorläufer E-Commerce. Dennoch gehört Social Commerce zu den Begriffen, die man sich merken sollte, denn er beschreibt einen sehr tiefgreifenden Wandel in der Art und Weise, wie Handel generell und elektronischer Handel im Besonderen künftig funktioniert. Eine ehemalige Kunststudentin und freie Kunsthandwerkerin aus Athens/Georgia beherrscht Social Commerce besonders gut. Vor ein paar Jahren, noch an der Uni eingeschrieben, legte sich Emily Martin ein MySpace-Profil an und baute sich ein Netzwerk von Gleichgesinnten auf, die sich wie sie für Comic-inspirierte Malerei, lustig genähte Puppen und Kleider aus Secondhand-Läden interessierten, die man prima umnähen oder in irgendeiner Form verschönern kann. Wenig später richtete sie ihren Blog »Inside A Black Apple« ein. Darin beschreibt sie, wie sie ihre Puppen und Mäppchen näht, wo sie Ideen für ihre Bilder findet und wie leicht es ist, eine bestimmte Flechttechnik zu erlernen. Zudem sieht der Blog-Besucher, dass Emily eine hübsche, dunkelhaarige junge Frau ist, die gerne Blaubeer-Muffins isst. Er lernt ihre Katze kennen, die um die Nähmaschine herumschleicht und er erfährt, dass die Produzentin gestern in einem Comic-Seminar ihrer alten Universität mit jungen Studenten über ihre Arbeit diskutiert hat. Die Kids heute sind übrigens ganz genau so drauf wie sie selbst vor sieben Jahren und das beruhigt sie »somehow«. Was das alles soll? Emily Martins gehört zu den erfolgreichsten Verkäuferinnen auf etsy.com. Ihre Ware ist hübsch, aber gewiss nicht herausragend. Comic-inspirierte Bilder, Täschchen und Puppen gibt es zu Hauf auf der Plattform für Handgemachtes. Aber Emily erzählt ihre Geschichte – und damit auch die Geschichte ihrer Produkte – ausführlicher und interessanter als viele Konkurrentinnen in ihrem Marktsegment. Ihr Netzwerk mag sie, kauft ihre Produkte und empfiehlt sie weiter. The Black Apple hat sich über mehrere Jahre hinweg geschickt die Reputation aufgebaut, dass eine besondere Person besondere Dinge zu erschwinglichen Preisen anbietet. Das macht unterm Strich Dutzende verkaufte Handmade-Produkte zwischen 10 und 100 Dollar. Wie eine einzelne Person das überhaupt produzieren kann? Bei den Bildern verkauft Emily heute hauptsächlich limitierte Drucke. Die Originale sind dafür im Preis kräftig gestiegen. Und bei den genähten Waren zeigt die Produzentin, wie eine einzige Näherin Effizienztechniken für Kleinserien anwenden kann. Im Grunde verfolgt Emily einen Open Source-Ansatz. Jeder könnte ihre Techniken kopieren, wenn er mag. Aber die meisten Etsy-Besucher klicken ihre niedlichen Mädchenartikel lieber in den Einkaufswagen – und erhöhen den Umsatz von Black Apple.

»Bei handgemachten Produkten kauft ein Kunde nicht nur ein Produkt, er kauft eine Person und eine Geschichte hinter dem Produkt«, sagt Jochen Krisch, der in seinem Blog excitingcommerce.com innovative Verkaufstrends anaylsiert. »Die richtige Geschichte kann Wunder bewirken«, weiß der Münchner Unternehmensberater. Die große Kunst besteht darin, die Verbindung von Produkt und Produzenten authentisch herzustellen. Genau das gelingt Emily Martin besser als vielen anderen. Etsy ist für sie nicht nur die geeignete Plattform, weil sie sich thematisch um Handgemachtes dreht. Robert Kalins Plattform bietet allen Verkäufern ausreichend Platz, sich selbst darzustellen. Diesen Platz brauchen und wollen Eigenbau-Marken. Social Commerce bedeutet (zumindest in der engen Begriffsdefinition): direkter Handel zwischen Produzent und Kunde mit Einzelstücken oder Produkten aus Kleinserie. Etsy-Günder Kalin bringt die Faszination so auf den Punkt: »Wir nutzen das Web, um den Konsumenten und den Produzenten wieder zusammenzubringen.«[13]

Diese Handelsform hat seit Dezember 2006 auch eine erste, wichtige Adresse mit .de-Kennung, dawanda.de. Die Gründer des deutschen Start-ups DaWanda, Claudia Helming und Michael Pütz, haben mit finanzieller Unterstützung von Spreadshirt-Erfinder Lukasz Gadowski eine technisch und optisch anspruchsvolle Alternative zu Etsy hochgezogen. Im ersten Jahr haben über 7 000 Handarbeiter Shops für Eigenkreationen auf der Plattform aufgemacht. Dabei ist auffällig: Die meisten von ihnen sind (wie bei Etsy) zwischen zwanzig und 35 Jahre alt oder über 55. Die Jungen sind oft angehende Mode- oder Produktdesigner und freie Künstler. Die Älteren entdecken vielfach ihre alten Hobbys wieder und stricken und werkeln nicht nur für die eigenen Enkel. »Wir haben alles. Vom reinen Hobbyisten über die Semi-Professionellen bis hin zu einigen Kleinunternehmern«, beschreibt Claudia Helming ihre anbietende Klientel. Die stellt neben handgemachter Kleidung, Möbeln und Schmuck auch eine Reihe Delikatessen aus

Hausproduktion ein – ein Trend der im Mutterland der Lebens-
mittel-Discounter erfreuen mag. Und natürlich gibt es jede Menge
Skurriles zu finden: Hundebesitzer können zum Beispiel an einen
DaWanda-Shop Fotos ihres Vierbeiners schicken und bekommen
ein paar Wochen später einen Strumpfhund zugeschickt, der dem
lebenden Original angeblich überraschend ähnlich ist.

Die DaWanda-Gründer gründen ihre Social Commerce-Philoso-
phie auf drei Eckpfeiler: 1. Ich kaufe direkt beim Hersteller. Hier
lerne ich viel mehr über das Produkt, die Materialien, die Herstellungsverfahren und die Ideologie des Produkts als beim Händler.
Im Ergebnis gibt es eine neue Qualität in der Identifikation mit
einem Produkt, weil der Produzent seine Lebenshaltung viel klarer ausdrücken kann als der Händler. 2. Ich werde wahrgenommen. Als Käufer kann ich dem Hersteller direkt Verbesserungs-
vorschläge machen oder Praxiserfahrungen mit seinem Produkt
schildern. Dies ist ein wichtiger Mehrwert. 3. Von hier ist es nur
ein kleiner Schritt zur Einflussnahme auf weitere Teile des Her-
stellungsprozesses. Als Käufer kann ich Farben, Materialien oder
sonstige Extras individuell beauftragen.

Zwar basieren die Social Commerce-Plattformen auf dem gleichen Geschäftsmodell wie eBay. Die Plattform kassiert Gebühren
für das Einstellen von Artikeln und/oder eine kleine Provision für
jedes verkaufte Produkt. Darüber hinaus verbitten sich die Gründer von Etsy oder DaWanda aber den auf den ersten Blick nahe liegenden Vergleich mit Online-Auktionshäusern. Bei letzteren geht
es, wie der Name ja bereits andeutet, um die alte Logik des Massen-
markts mit ihren beiden Hauptvariablen Verfügbarkeit und Preis.
Im Mittelpunkt steht das Produkt mit seinem Markennamen und
gegebenenfalls klar beschriebenen technischen Daten. Von einem
eBay-Powerseller will der Käufer nur wissen: Ist der Mann seriös,
liefert er pünktlich und wie geht er im Problemfall mit Reklama-
tionen um. Ansonsten ist es dem Käufer im Normalfall egal, wer
liefert. Drei, zwei, eins, Hauptsache, der Preis stimmt.

Bei Social Commerce ist das Geld eher Nebensache. Die Produkte sind weder billig noch horrend teuer und der Preis auf den
Plattformen ist nicht verhandelbar. Das hat einen schönen Neben-

effekt für Anbieter: Da der Zugang zum Markt nicht primär über den Preis läuft, sind die gehandelten Produkte auch nicht dem permanenten Preisverfall der Massenproduktion unterworfen. Der Treibstoff des Social Commerce ist die Transparenz. Der Verkäufer erzählt, wie das Produkt entsteht. Der Kunde bekommt ein Gefühl für den Kreationsprozess, für Herstellungsaufwand und für Materialkosten. Er denkt vielleicht darüber nach, ob er sich ein Produkt leisten, aber nicht, wie er einen Anbieter drücken kann. Denn er weiß ja, was der ungefähr in die Produktion investieren musste.

Manche Anbieter gehen gar dazu über, die Preisgestaltung ganz dem Kunden zu überlassen und ihm freundlich zu sagen: Zahle so viel wie du möchtest. Oder besser: So viel, wie dir das Angebot wert scheint! Das Zahlungsmodell mit enormem Vertrauensvorschuss mag sich nicht für jedes Geschäft eignen und ist auf den Social Commerce-Plattformen bislang noch nicht gängig. Aber »Pay what you want«, kurz PWYW, ist häufiger eine Option als auf den ersten Blick gedacht. Ganz neu ist die Idee nicht, dafür aber einigermaßen erprobt. Bereits 1995 kam die Marketingchefin der Hotelgruppe Ibis, Anne Schüller, auf die Idee, ihre Gäste im Rahmen einer zeitlich befristeten Aktion selbst entscheiden zu lassen, wie viel sie für eine Übernachtung zahlen wollten. Die meisten Gäste zahlten ungefähr 20 Prozent weniger als den Normalpreis. Dafür kamen 20 Prozent mehr, sodass der Umsatz ungefähr gleich blieb. Das Ganze geriet zum gelungenen PR-Gag. Ibis, bis dato eher unbekannter Spieler im Businesshotel-Markt, war über Nacht in aller Munde. Über die erste große PWYW-Aktion in Deutschland berichteten 110 Zeitungen, zwanzig Radiosender und mehrere TV-Kanäle. Aufmerksamkeit zu generieren war auch das Hauptmotiv der Rockband Radiohead bei ihrem PWYW-Coup im Jahr 2007. Die Briten boten ihre neue CD zum freien Download an, verbunden mit der Bitte um freiwillige Spende. Nur 38 Prozent zahlten – aber dafür verdiente kein Plattenlabel mit, die Band gewann haufenweise neue Fans und Bandleader Thom Yorke stellt fest: »Das ist das Beste, was wir je gemacht haben.«[14]

Kunden sind selbst bei anonymen Hotelkonzernen und gestopft reichen Rockstars bereit, halbwegs angemessen zu zahlen. Die Erklärung hierfür ist psychologisch nicht allzu komplex. Sie würden sich schlecht fühlen, wenn sie die Trittbrettfahreroption wählten. Bei sympathischen Eigenbau-Marken kann die PWYW-Rechnung noch viel besser ausfallen. Das beweist seit einiger Zeit das persische Restaurant Kish in Frankfurt Bockenheim. Das bot seit Jahren ein leckeres Mittagsbuffet für 7,99 Euro an – und niemand kam. Forscher vom Handelslehrstuhl der Universität Frankfurt überredeten den Besitzer Poury Feili zu einem Praxistest, und der Gastwirt hatte ja auch wenig zu verlieren. Der Versuch war zunächst auf zehn Tage angelegt. Bereits in der zweiten Woche war das Restaurant gepackt voll und die Gäste zahlten im Schnitt 7,46 Euro. Die Internetplattform evenadam.de (an der Thomas Ramge beteiligt ist) hat das Modell für eine Dating-Seite für Menschen mit sozialer oder ökologischer Grundhaltung adaptiert. Jedes neue Mitglied muss hier beim Anlegen seines Profils einen finanziellen Beitrag leisten. Der kann theoretisch auch nur einen Cent betragen. Die Hälfte der selbstbestimmten Mitgliedsbeiträge reichen die Betreiber direkt an eine Organisation weiter, die behinderte Menschen dabei unterstützt, sich selbstständig zu machen. Es gibt daher fast niemanden, der einen Obolus verweigert. Pay What You Want hat freilich seine Grenzen. Ein Ferrarihändler dürfte mit PWYW eher rote Zahlen schreiben. Aber wie gesagt: Wir sind davon überzeugt, dass für lokal verwurzelte Geschäftsmodelle die Idee allemal bedenkenswert ist. Denn sie zwingt Menschen, ihr Einkaufsverhalten zu reflektieren. Und genau dazu sind eine wachsende Zahl von Verbrauchern bereit, wenn sie den Eindruck gewinnen, dass der Kommerz soziale Komponenten hat.

Der Begriff Social Commerce ist – wie fast immer bei neuen Trend-Marketing-Begriffen – umkämpft. Die Etsy- und DaWanda Gründer plädieren für eine enge Definition. Es gibt auch eine etwas weitere. Auf Wikipedia steht sie so: »Unter Social Commerce (Empfehlungshandel) wird eine konkrete Ausprägung des elektronischen Handels (beziehungsweise Electronic Commerce) verstanden, bei der die aktive Beteiligung (zum Beispiel Kommunikation untereinander) der Kunden und die persönliche Beziehung der Kunden untereinander im Vordergrund stehen. Als zentral können

Beteiligungen der Kunden am Design, Verkauf und/oder Marketing, zum Beispiel über Kaufempfehlungen oder Kommentare anderer Kunden (Recommendation) gesehen werden. Dies geschieht zum Beispiel, indem Kunden Einkaufslisten mit Lieblingsangeboten in ihren Weblogs veröffentlichen.«[15] So verstanden hat Social Commerce nicht nur Anbietern wie Emily Martin die Möglichkeit gegeben, Handgemachtes so zu vermarkten, dass sie davon leben können – und das in manchen Fällen sogar sehr gut. Social Commerce demokratisiert den Internethandel. Die Zeiten, in denen die Großen zu Quasimonopolisten in ihren Marktsegmenten werden konnten, sind endgültig vorbei.

Ende der neunziger Jahre hieß es: »The winner takes it all.« Es kann nur einen Online-Buchhändler, nur ein Auktionshaus, nur ein großes Reiseportal geben. Das Web 2.0 mit seinen emanzipierten Usern hat den Internethandel in den letzten Jahren zu einer riesigen Tupper-Party werden lassen. Viele der einstigen Allesgewinner zählen zu den Verlierern, allen voran eBay. Dort sinken Angebot und Umsätze, auch die Qualität der gehandelten Waren hat nach Eindruck vieler Stammkunden abgenommen. Der Ramsch bleibt übrig, weil nur er noch ohne persönliche Empfehlung zum Tiefstpreis gekauft wird. Sobald es um qualitativ hochwertigere Ware geht, besonders wenn Beratungsbedarf besteht, wird das Shoppen im Netz zum Gemeinschaftsprojekt.

Die entscheidenden Pfade zum Produkt sind nicht mehr die Bookmarks mit amazon.de, exepedia.de oder otto.de. Der ehemalige Endkonsument ist mal Käufer, mal Berater, mal Preisagent. Und wie bei Etsy oder DaWanda ist auch in der Welt nichthandgemachter Waren der Schritt zum Online-Verkäufer kein großer mehr. Mit so genannten Widgets, das sind individuell gestaltbare Einbaufenster für Webseiten, können Weblog- oder MySpace-Nutzer mit wenigen Handgriffen einen Miniladen auf ihrer Seite eröffnen. Dort stellen sie Produkte oder Produktkategorien selbst zusammen und kassieren für jeden Abschluss eine Provision.

Zurück in der Käuferrolle, vertraut der Online-Handelnde immer stärker der Weisheit der Online-Shopper-Masse. Eine zunehmende Zahl von Internetgründern schickt sich an, die globale

Tupper-Party zu organisieren. Deutsche Jungunternehmen gehören weltweit zu denen mit den cleversten Ideen. Zum Beispiel
Yieeha aus Hamburg. Die Site yieeha.de wird bislang aus dem
Wohnzimmer einer Hamburger WG betrieben und verfolgt das
Ziel, weitgehend unbekannten Produkten eine Bühne zu bieten.
Unternehmen haben auf Yieeha die Möglichkeit, Produkte zu ver-
losen und bei der Beschreibung auch gleich den Link zur Kaufop-
tion einzubinden. Private Mitglieder können ihre Lieblingswaren
einfach nur so vorstellen.

Bis dato nutzen eher Markenartikler die Yieeha-Bühne. Auf
iliketotallyloveit.com empfehlen hingegen ausschließlich Nutzer
ihre Lieblingsprodukte. Die Seite funktioniert wie das Nachrich-
tenfilterportal Digg, auf dem sich die Nutzer gegenseitig auf interessante Meldungen hinweisen. Über eine Punktebewertung entstehen »Hitlisten« für Produkte, die auf quelle.de nicht zu finden
sind. Ganz oben stehen dann Dinge wie der »Wrong-Number-Dia-
ler«, der an ein Festnetztelefon angeschlossen Anrufe an irgend-
welche falschen Anschlüsse weiterleitet, oder Vogelnistkästen, die
aussehen wie Verkehrsampeln oder tragbare Mikrowellen für das
frische Popcorn für unterwegs. Das Magazin *Wired* hat die deutsche Produktexotenplattform in englischer Sprache kräftig hoch-
gejubelt und sie damit in eine Spitzenposition im jungen Emp-
fehlungs-Business jenseits des Massengeschmacks gebracht.[16] Die
empfohlenen Produkte stammen hier übrigens fast immer von
kleinen Firmen, die bislang niemand wahrgenommen hat.

Das Modell sozialer, sprich menschlicher Empfehlung funktioniert besonders gut für Mode von Eigenbau-Marken. Für Mode gilt
heute mehr denn je: Bitte nicht das, was alle haben. Darauf gründet der Erfolg von A Better Tomorrow aus Düsseldorf. Auf dem On-
line-Marktplatz sind nur kleine Modelabels von meist jungen Designern zu finden, die ihre Ware in kleinen Shops vertreiben. Die
registrierten Nutzer küren T-Shirt-, Hosen- oder Kleiderkreationen
in regelmäßigen Wettbewerben und können so das Angebot ein
wenig direkter beeinflussen als bei H&M.

Das alles heißt freilich nicht, dass die großen Player des E-Commerce beim Social Commerce außen vor bleiben müssen. Grund-

sätzlich entstehen durch den Wandel der Verkaufskanäle wie der Handelskultur große Chancen für diejenigen, die durch direkten Kontakt emotionale Nähe und Vertrauen zu potenziellen Kunden aufgebaut haben. Eigenbau-Marken sind hier logischerweise in der Pole-Position und sollten diese Chancen nutzen. Gut produzieren reicht nicht. Gut verkaufen gehört ebenfalls dazu. Gleichwohl können auch große Player Nischenmärkte erreichen, und Amazon gehört wie beim Crowdsourcing auch hier wieder zu den intelligentesten Vorreitern.

Der Online-Buchhändler begann Mitte der neunziger Jahre als einer der ersten mit Kundenrezensionen und stellte früh in Autorenblogs von »Amazon Connect« den Kontakt zwischen Autoren und Lesern her. Inzwischen trägt eine Heerschar assoziierter Kleinhändler zum Amazon-Angebot bei. Sie ergänzt das Kernangebot von Büchern, CDs und DVDs um so ziemlich alles, was ein Standardhaushalt so braucht. Elektrische Wärmeunterbetten gibt es ungefähr zwei Dutzend zur Auswahl. Wenn ein Kunde ein elektrisches Wärmeunterbett über die Amazon-Seite kauft, kassiert Amazon eine Provision. Umgekehrt bietet der US-Händler jedem Betreiber privater oder kommerzieller Webseiten an, das komplette Amazon-Angebot per White Label-Lösung in die eigene Webseite einzubinden. White Label bedeutet: der kleine Partner kann das Design des integrierten Shops selbst bestimmen, hat aber keinen Aufwand für die komplette technische Infrastruktur, die zum Beispiel Auftragsabwicklung, Bezahlfunktionen, Bewertungssysteme etc. umfasst. Das Ganze heißt dann aStore, der Blogger kann auf Produkte hinweisen, die zu seiner Leserschaft passen, und er bekommt eine Provision, wenn Amazon aufgrund seiner Empfehlung Umsatz macht. Yahoo verfolgt mit seiner Shoposphere – eine Wortschöfung aus Shopping und Blogosphäre – einen ähnlichen Ansatz. Auch der Burda-Konzern hat sich, wie bereits angedeutet, mit seinem Schnittmuster-Mitmachangebot BurdaStyles bei DaWanda beteiligt. Diese Großunternehmen haben verstanden, dass ihre solitären Angebote nicht mehr ausreichend Traffic auf ihre Seite ziehen – und sie besorgen ihn sich in Allianzen mit kleinen Partnern, die besser im Kundenkontakt stehen.

6.3 Open Source-Marketing: Neue Spielregeln für die Markenkommunikation

Die Massenmärkte der Industriegesellschaft kannten vor allem eine Form der Kommunikation: Sender zu Empfänger. Also Hersteller zu Käufer. Also Einwegkommunikation. Der Marketingfeldzug eroberte das Terrain, auf dem der Massenvertrieb die Massenware in den Markt drückte. Irgendwann ging man dazu über, den kommunikativen Teil dieses Prozesses Markenkommunikation zu nennen. Marketingfeldzüge und andere kriegerische Auseinandersetzungen um die Gunst der Kunden haben im 20. Jahrhundert gut funktioniert. Die Masse nahm die Botschaften der Marketingkommunikation bereitwillig auf und griff besonders bereitwillig zu, wenn es einer Marke gelungen war, Vertrauen in Qualität aufzubauen oder ein Produkt emotional aufzuladen. Über die Werte der Marke entschieden die Marketingverantwortlichen in den Unternehmen und wenn das Werbebudget nur hoch genug war, gelang es in der Regel auch, eine ausreichende Masse von Menschen von den Werten der Marke zu überzeugen.

Im Jahr 2005 sagte Kevin Roberts folgende Sätze: »Zum ersten Mal in der Geschichte ist heute der Konsument der Boss. Das ist auf faszinierende Weise beunruhigend, beängstigend und furchterregend. Denn alles, was wir bisher glaubten zu wissen und gewohnt waren zu tun, wird nicht länger funktionieren.« Roberts ist der Vorstandsvorsitzende von Saatchi & Saatchi, einer der großen globalen Agenturen, die Einwegkommunikation für Massenmärkte in Perfektion beherrschen.

Es ist auch unter klassischen Werbern kein Geheimnis mehr, dass sich klassische Markenkommunikation in verschiedener Hinsicht überlebt hat. Sie ist unglaubwürdig, denn sie hat über Jahrzehnte mehr versprochen, als sie halten konnte. Und sie nervt, weil sie zu laut ist, optisch zu aufdringlich und tödlich überdosiert. Wir haben gelernt, uns zu wehren. Wir haben Filter entwickelt, Werbung zu ignorieren. Die Filter sind zum einen technischer Natur und kommen in Form von Fernsehgeräten und Festplattenrekordern daher, die Werbung automatisch herausschneiden. Die Filter sitzen aber auch in unseren Köpfen. Immer mehr Menschen nehmen sich erfolgreich vor, Werbung einfach nicht mehr wahrzunehmen. Befragungen ergeben: 60 Prozent der Deutschen gehen Werbung aktiv aus dem Weg. Gerade einmal 12 bis 13 Prozent der Fernsehzuschauer können sich an einen Werbespot erinnern. Die ökonomische Bilanz klassischer Werbung – dem einstigen Treiber von Erfolg im Massenmarkt – fällt nüchtern betrachtet katastrophal aus: Nur 18 Prozent der TV-Werbung spielt die eigenen Kosten durch Mehrverkauf wieder ein. Schließlich konnten 70 Prozent der Werbekampagnen in Deutschland im Jahr 2003 Umsatz oder Marktanteil der Werbetreibenden nicht maßgeblich steigern.[17]

Viele Werber und Budgetverantwortliche ignorieren diese Zahlen, vermutlich weil sie gerade zu beschäftigt damit sind, einen Spot zu produzieren, der prima auf den Werbeplatz vor dem Spitzenspiel in der Sportschau passt. Oder weil sie sich generell ungern mit Fakten auseinandersetzen, welche die eigene (berufliche) Existenz in Frage stellen. Zunehmend hören jedoch auch Marketingverantwortliche hierzulande auf eine Botschaft, die in der angelsächsischen Welt schon länger durch die Marketing-Blogs wandert: »Market with consumers, not against them!« Vermarkte mit den Verbrauchern, nicht gegen sie. Kunden wollen mitmachen beim Marketing. Wenn sie das Produkt mögen und man sie lässt. Einer der ersten, der das gesehen und verstanden hat, ist Liam Mulhall, ehemals die Nummer zwei des Linux-Beratungsunternehmens Redhat für Südostasien.

2001 hatte der Australier Mulhall keine Lust mehr auf Software-Business im Angestelltenstatus und kündigte seinen gut dotierten Posten. Seine zweite Karriere, so der Plan, sollte eher bodenständig ausfallen. Mit zwei Freunden – ebenfalls Gestrandete der Technologieindustrie – wollte er eine Bar mit hausgebrautem Bier aufmachen. Die drei suchten in Sydney eine passende Lokalität zur Pacht. Der Zeitpunkt war leider nicht ideal gewählt. Ein neues Gesetz hatte gerade die Glücksspielrestriktionen gelockert. Aus vielen Bars wurden kleine Casinos, und die Preise für geeignete Lokale schossen so weit in die Höhe, dass sich Gastronomie als Geschäftsmodell darin nicht mehr lohnte.

Nach Monaten vergeblicher Suche entschied Mulhall notgedrungen, doch wieder ein etwas größeres Rad zu drehen. Das neue Ziel lautete: Die Erfahrungen aus seinem Leben als Open Source-Software-Spezialist auf die Welt des Bieres zu übertragen und das faktische Duopol der beiden australischen Großbrauereien mit 94 Prozent Marktanteil aufzubrechen. »Im Grunde ist das alles ein Marketing-Experiment gewesen«, resümiert der CEO der Brewtopia Aktiengesellschaft heute. Und im Mittelpunkt des Experiments stand folgende Frage: »Wie schaffe ich eine Nachfrage für ein Produkt, das noch nicht existiert, von einer Firma, von der noch niemand etwas gehört hat, in einem hochkompetetiven Markt mit starken Playern, ohne einen Cent für klassisches Marketing auszugeben, ohne eigene Produktion, ohne Mitarbeiter und überhaupt ohne Investitionskapital?«[18]

Die Antwort in Kurzform lautet: Indem ich genug Leute finde, die mitmachen. Mulhalls Idee: Biertrinker entwickeln gemeinsam ein Bier, das sie gemeinsam vermarkten. Und natürlich gemeinsam trinken. Das Experiment begann 2002 mit einer Webseite mit Community-Login-Funktion und 140 Mails an alle Outlook-Kontakte des Gründers. Der Inhalt in Kurzform lautete: Hi Kumpels, wer möchte mitmachen, in den kommenden 13 Wochen eine Biermarke zu entwickeln? Wir entscheiden gemeinsam über Geschmack, Name, Farbe der Flasche, Layout des Etiketts, Preis, Vertriebswege etc. Jeder kann Vorschläge machen. Die Koordinatoren werden zu allen wichtigen Entwicklungsschritten Online-Abstimmungen durchführen. Wer mitmacht, bekommt für jedes Voting eine Brewtopia-Aktie. Und für jeden Freund, der sich ebenfalls anmeldet und mitmacht, gibt es weitere Anteilsscheine. Die werden irgendwann bestimmt ganz viel wert sein. Vorerst gibt es immer mal wieder Freibier, wenn wir unser Produkt gemeinsam in einer Bar in Sydney verkosten. Let's go, mates!

Die Laufzeit seiner Kampagne – 13 Wochen vom Start der Webseite bis zum Abschluss der Produktentwicklung – hatte Liam Mulhall einfach von der ersten Big Brother-Staffel übernommen, die damals in Australien lief. »Ich dachte mir: Die haben mit Sicherheit viel Marktforschung betrieben, wie lange Menschen bei einem gemeinschaftlichen Auswahlprozess am Ball bleiben.« Die Rechnung ging auf. Und zwar auf ganzer Linie. Aus den 140 Outlook-Kontakten wurden binnen weniger Wochen 13 000 Brewtopisten, die jeder Wahl entgegenfieberten. Am Ende hatten sie sich mehrheitlich für ein Lager-Bier in einer braunen Flasche in bunten Kisten entschieden, das »Blowfly« hieß und im mittleren Preissegment angesiedelt war. Das Bier war weder besser noch schlechter als viele andere auch. Den großen Unterschied fasst Mulhall so zusammen: »Es hatte 13 000 Markenbotschafter, bevor es überhaupt zu kaufen war.« Mit der Logistik war das virtuelle Unternehmen in der Tat zunächst überfordert. Produzenten und Vertriebsstruktur mussten ohne nennenswertes Eigenkapital aufgebaut werden. Doch bald schon verkaufte Brewtopia tausend Kisten pro Monat, ohne auch nur einen Cent für Werbung ausgegeben zu haben. Die Open Source-Marke Blowfly war nur der Anfang. Heute versendet Brewtopia Bier, Wasser und Wein in fünfzig Länder. Den größten Teil seines Umsatzes macht es mit personalisierten Getränke-Labels für Unternehmen – eine Marktlücke auf die der Geschäftsführer einer der größten australischen Werbeagenturen aufmerksam machte, der auf der Suche nach 10 000 Kisten Bier für einen Kunden war und keine australische Brauerei fand, die bereit war, den Namen des Kunden auf das Etikett zu drucken. 2006, vier Jahre nach Gründung, ging Brewtopia an die Börse. Börsenrechtlich war es nicht ganz einfach, die Anteilsscheine der Brewtopisten in echte Aktien umzutauschen. Doch auch das Problem konnte gelöst werden und Brewtopisten der ersten Stunde bekamen in der Regel zehn Aktien. Die sind heute knapp sechs australische Dollar wert. Das würde zwar nur für vier bis fünf Flaschen reichen, aber auch hier gilt: Die Geste zählt! Und wird im Gegenzug belohnt.

Die wichtigste Schlussfolgerung aus Mulhalls geglücktem Marketing-Experiment lautet: Nichts ist überzeugender, als wenn dein Freund dir sagt: Kauf das. Je mehr Leute du an einem Produkt beteiligst, desto mehr werden versuchen, ihre besten Freunde von »ihrem« Produkt zu überzeugen. »Das ist besser als jede 20-Millionen-Dollar-Kampagne«, fasst Mulhall den eigenen Unternehmenserfolg zusammen. Damit beschreibt er ziemlich exakt den

wichtigsten Glaubenssatz einer wachsenden Gemeinde von Marke-
tingmenschen, die einen Begriff für sich entdeckt haben, der seit
2005 durch die Marketing-Blogs geistert: Open Source-Marketing.
Die Urheberschaft für diesen Formulierungstreffer darf vermutlich
der Londoner Unternehmensberater James Cherkoff in Anspruch
nehmen. Der lancierte vor zwei Jahren auf seinem Blog collaborate-
marketing.com eine Generalabrechnung mit klassischer Werbung.
Der Kern seiner Argumentation: Die Verbraucher haben sich weiterentwickelt. Sie sind zum einen cleverer, zum zweiten skeptischer
und drittens weniger beeinflussbar. Marketing und Werbung bedienen sich aber weiterhin in großem Stil der Werbemethoden, die in
den fünfziger und sechziger Jahren entwickelt wurden, allen voran
des 30-Sekunden-TV-Spots. Das Ergebnis ist bekannt. Klassische
Werbung kostet immer mehr und bringt immer weniger. Im Gegenzug entwarf Cherkoff sein Bild vom Marketing der Zukunft, das er
nicht unbescheiden *Open Source Marketing Manifesto* nannte.

Das Konvolut war im Grunde die Anwendung des berühmten
Cluetrain-Manifests auf das Marketing in Zeiten des flächendecken-
den Breitbandanschlusses. Märkte sind Gespräche, sagten die Clue-
train-Theoretiker 1999 voraus. Bezogen auf Marketing entwickelte
Cherkoff daraus folgende These: »Verbraucher lehnen sich nicht
länger zurück, um sich von Marken und deren Werten berieseln zu
lassen. Sie wollen mit der Quelle der Marke interagieren. Das heißt,
dass Verbraucher Zugang zur Marke bekommen müssen und dass
sie zur kreativen Teilnahme an gebrandeten Projekten eingeladen
werden.« Hieraus leitete der Berater eine Liste von Techniken ab,
die große Unternehmen von Phänomenen wie Liam Mulhall und
seinem australischen Open Source-Bier lernen können:

1. Finde Markenfans. Mutige Werber stellen ihnen ihr Material zur
   Verfügung, lehnen sich zurück und genießen dann die Show.
2. Sei ein Marken-Moderator. Denn die Zeit der Markenwächter
   ist vorbei. Verbraucher wollen in Gespräche verwickelt werden.
   Marken können die Party sehr wohl noch schmeißen. Sie müssen aber wissen, dass der neue Verbraucher einen vollen Ter-
   minkalender und viele Angebote hat.

3. Höre zu. Open Source-Marketing bedeutet, sehr genau auf die Gerüchte und Hinweise zu hören, die den neuen Markt zum Leben erwecken und ihn am Leben halten.

4. Sei ehrlich. Authentizität ist eine der wertvollsten Währungen im transparenten Markt. Menschliche, freundliche und ehrliche Fürsprecher (wie Robert Scoble, der Microsoft Blogger) sind besonders wirksam. Firmengelaber und PR-Kram wird einfach ignoriert. Und so zu tun als ob, wird nicht funktionieren. Im Gegenteil: Sie werden dich kriegen!

5. Deine Kunden wissen mehr als du. Open Source-Marketingleute sind sich bewusst, dass ihre Verbraucher clever sind, cleverer als sie und ihre Agenturen. Also versuchen sie, diese Intelligenz anzuzapfen, um ihren Marken beim Wachstum zu helfen. Das schließt übrigens auch besessene Verbraucher mit ein, die sich über jedes einzelne Produkt-Feature auslassen, es weiterspinnen und abgedrehte Ideen haben. Das sind wahrscheinlich die wertvollsten.

6. Open your Mind. Open Source-Marketingleute wissen ebenfalls, dass diese Umgebung nicht so gefährlich ist, wie es den Anschein hat. Sie wissen, dass die größten Hürden die mentalen sind, die während der Herrschaft des Massenmarketings und des Fernsehens aufgebaut wurden.[19]

»Als ich vor zwei Jahren mein Manifest ins Netz gestellt habe, hat sich das alles sehr radikal angehört und so ist es auch wahrgenommen worden«, erinnert sich der Brite und fügt an: »Heute ist das alles mehr oder weniger common sense, zumindest unter Marketingleuten, die offen für neue Konzepte sind.« Mittlerweile ist auch die Zahl der Beispiele gestiegen, mit denen Open Source-Marketing-Advokaten ihre Idee von der offenen Markenkommunikation plausibel in die Welt tragen können.

Eines der überzeugendsten kommt aus einem besonders naheliegenden Bereich: der Open Source-Software selbst. Die Popularität des Open Source-Browsers Firefox von Mozilla ist Ergebnis einer konsequenten Open Source-Marketing-Kampagne. Die gemeinnützige Mozilla Foundation organisiert und koordiniert die

Entwicklung des Webbrowsers. Ihre Seite spreadfirefox.com verfolgt vor allem ein Ziel: Die Nutzerzahlen des Browsers zu erhöhen.

Das Marketing für Firefox wird über konstruktiven Ideenaustausch in Foren, Blogs und Chats gemeinschaftlich geplant und koordiniert. Arbeitskreise aus Freiwilligen bewerten Ideen, erarbeiten inhaltliche Details und koordinieren die praktische Umsetzung. Mittlerweile beschäftigen sich gut ein Dutzend unterschiedlicher Arbeitsgruppen mit spezifischen Marketing-Schwerpunkten. So entstanden bereits spektakuläre Ideen, wie die einer Gruppe an der Oregon State University im Sommer 2006: In bester Außerirdischenmanier trampelte sie in einer Nacht-und-Nebel-Aktion das Firefox-Logo mit knapp 70 Metern Durchmesser in ein Kornfeld. Die Anwohner bekamen nichts davon mit, aber die Luftbilder, mit einem eigens gecharterten Hubschrauber dokumentiert, verbreiteten sich rasend schnell durch Blogs in aller Welt.[20]

Um die Mitglieder langfristig zu motivieren, vertraut Firefox auf ein simples Belohnungssystem. Jedes Mitglied der Community bekommt eine Identifikationsnummer zugewiesen, die bei Anwerbungen ausgewiesen wird. Wem es gelingt, viele Downloads des Browsers zu generieren, wird auch hoch bei Firefox gelistet und sichert sich einen kontinuierlich hohen Besucherstrom auf der eigenen Seite. Das Ergebnis ist beeindruckend: In den ersten zehn Monaten nach Launch wurde Mozilla über achtzig Millionen Mal heruntergeladen. Mit einem Marktanteil von deutlich über 20 Prozent in Europa ist Firefox seit Jahren der erste ernst zu nehmende Herausforderer des Microsoft-Browsers Internet Explorer. Und täglich kommen Zehntausende neue Nutzer hinzu.

Auch in der kommerziellen Welt greift der Ansatz nachweislich immer stärker um sich. Den Anfang hier machten Marketingleute, die den Crowdsourcing-Ansatz für die Kreation von klassischen Kampagnen nutzten. Zu ihnen gehörte die Nike-Tochter Converse mit ihren Stoffschuhen Chucks. Converse rief Amateurfilmer und Möchtegernwerber dazu auf, Selbstgedrehtes bei einem Chucks-TV-Spot-Wettbewerb einzureichen. 500 Beiträge gingen ein. Die besten erhielten 10 000 Dollar und die Ehre, ihren Clip an promi-

nentem Sendeplatz tatsächlich im Fernsehen platziert zu sehen. ✓
Die anderen fanden sich auf conversegallery.com wieder. Einen
Schritt weiter ging der amerikanische Snack-Hersteller Kettle
Foods Inc.

Kettle Foods hat das selbstgesteckte Ziel, vergleichsweise gesundes Fast-Food herzustellen, und verzichtet auf die üblichen
Geschmackskeulen aus dem Baukasten der Lebensmittelchemie.
Auch in der Kommunikation gibt man sich innovativ. 2005 bat das
Unternehmen die Chips-Fans der Welt, im Rahmen seiner »People's
Choice Campaign« über neue Geschmacksrichtungen zu entscheiden. Ähnlich wie beim Blowfly-Experiment musste sich der potenzielle Chipswähler zunächst online registrieren und konnte dann
in einem mehrstufigen Vorschlags- und Auswahlverfahren seine
Vision vom Kartoffelchip der Zukunft kreieren. Am Ende machten Spicy Thai und Cheddar Beer das Rennen, gewählt von 15 000
engagierten Chips-Experten. Der Aufwand für Kettle hat sich ge-
lohnt. Die Markteinführung lief doppelt so gut wie geplant.

Auch die systematische Einbindung von erwachsenen Lego-Fans
in die Produktentwicklung des dänischen Spielsteine-Herstellers
(vgl. Kapitel 3.1) hat ein starkes Element von Open Source-Marketing. Die AFOL reisen mit den von ihnen entwickelten Bausätzen
von Fan-Messe zu Fan-Messe – und sprechen mit der Autorität von
Markenbotschaftern, die Einblick in ein heiliges Unternehmen
haben. Der Clou dabei: Leute wie Reinhard »Ben« Beneke machen
ihre Promo-Touren nicht nur honorarfrei, sie bekommen nicht
einmal die Reisekosten erstattet. Mit seinem crowdgesourcten
Ultimate Train flog Beneke zu einem AFOL-Treffen bis in die USA
und zahlte das Ticket aus eigener Tasche. Warum? Er wäre doch
sowieso hingeflogen, sagt er.

Vor 200 Jahren kauften die meisten Kunden fast alles direkt
vom Hersteller oder zumindest von Händlern, die den Hersteller
und seine Produktionsverfahren persönlich kannten. Das für Ge-
schäftsbeziehungen zentrale Element des Vertrauens entstand
über direkte Kommunikation der Geschäftspartner. Direkte Kommunikation ist Mehrwegkommunikation, hat also den Rückkanal
gleich mit eingebaut. Der zufriedene Kunde lobt, was ihm gefällt.

Und er beschwert sich, wenn ihm etwas nicht gefällt. In der Massenproduktion trat an die Stelle des direkten Dialogs die Marke. Der Markenkommunikation kam fortan die Aufgabe zu, Vertrauen zu schaffen, das den Boden für die Kaufentscheidung bereitete. Mit einem Sender viele Empfänger zu erreichen, war mit dem Siegeszug der Massenmedien relativ einfach. Allein ein leistungsfähiger Rückkanal fehlte.

Nun hat auch das traditionelle Marketing den Versuch unternommen, Feedback-Möglichkeiten für Kunden zu schaffen. Rückkanäle sollen sichern, dass die Entwicklungsabteilung auch in Zukunft weiß, welche Produkte sie erfinden soll, die das Marketing dann mithilfe von Werbung wieder in den Markt drücken kann. Der wichtigste Rückkanal heißt Marktforschung. Marktforschung stellt vielen Menschen viele Fragen, von denen die Marktforschung denkt, dass sie sinnvoll sind. Mit den Mitteln der Stochastik werden daraus Zahlenkolonnen aggregiert. Zugehört wird den Kunden dabei nicht. Für das Zuhören ist der zweite Rückkanal des Massenvertriebs zuständig, die Callcenter. Wir alle kennen sie gut. Ihr schlechter Ruf kommt nicht von ungefähr, sondern basiert auf Abermillionen Frustrationserlebnissen. Open Source-Marketing bedeutet an erster Stelle: Die Rückkehr des Rückkanals im Zeitalter vernetzter Kommunikation.

Die Borniertheit von Marketingverantwortlichen ist nur eine Facette der aktuellen Marketingkrise. Konsumenten, die sich die Ohren zuhalten, sobald sie mit Werbebotschaften beschallt werden, eine zweite. Das dritte Problem sind online vernetzte Kunden in Verbraucherforen und Blogs. »Die Kunden reden heute sowieso weltweit miteinander über Produkte. Im Positiven wie im Negativen. Marken haben nur noch die Wahl, ob sie an dieser Kommunikation teilhaben wollen. Dann können sie diese Kommunikation zumindest in Teilen beeinflussen. Oder sie bleiben eben ganz außen vor«, argumentiert Martin Oetting. Der 35-Jährige ist Leiter des Berliner Büros der Marketing-Agentur trnd, die aus vernetzter Kommunikation von Konsumenten ein Geschäftsmodell gemacht hat. Trnd steht für »The real network dialogue«. Seit der Gründung 2005 hat die Agentur mit Hauptsitz in München 55 000 konsumaffine Menschen dafür gewinnen können, Mitglied der trnd-Community zu werden und dort das eigene Verbraucherprofil zu hinterlegen. Mitglieder der trnd-Community dürfen Produkte testen. Sie bekommen Kaugummis, die noch nicht auf dem Markt sind. Oder sie dürfen Autos zur Probe fahren, erhalten für eine bestimmte Zeit einen HD-Beamer für den Heimkinoabend oder einen Sack voll Cellulite-Creme für den Kollektivtest unter besten Freundinnen. Die besonders Glücklichen reisen auf Kosten eines Fernreiseveranstalters nach Asien und testen Blicke aufs Meer. In allen Fällen wird im Gegenzug erwartet: Wenn euch das Produkt gefällt, redet mit euren Freunden darüber und empfehlt es weiter. Die Tester sollen zudem Erfahrungsberichte an die Agentur schreiben und in Blogs, die zu jeder Kampagne eingerichtet werden, Einträge posten. »Viele Unternehmen verstehen nicht, dass viele Kunden Lust haben, sich für Produkte, die sie mögen, richtig ins Zeug zu legen«, stellt Oetting immer wieder in Gesprächen mit Marketingleitern fest. Offenbar unterschätzen sie auch die Kraft von Mundpropaganda.

Mundpropaganda ist eine der Lieblingsvokabeln der Open Source-Marketing-Anhänger. Auf Englisch klingt das noch besser und heißt »word of mouth«, kurz WOM. Nach McKinsey-Erkenntnissen werden zwei Drittel der US-Wirtschaft von WOM beeinflusst. Die wenigen auf Mundpropaganda spezialisierten Agenturen haben in der Word of Mouth Marketing Association (WOMMA) ihr Sprachrohr gefunden und freuen sich über wachsende Budgets. Nach WOMMA-Berechnungen wurden dieses Jahr fast eine Milliarde Dollar in WOM-Kampagnen investiert. Wie alle Marketing-Menschen können auch die Mundpropagandisten schwer belegen, wie viel ihre Form der Werbung unter dem Strich tatsächlich bringt. Sie verweisen in der Frage nach der Wirkung gerne auf eine amerikanische und eine skandinavische Studie. Die kommt zu folgendem Ergebnis: Ein auf WOM gebriefter Tester spricht im Schnitt mit zwanzig Leuten über seinen Test. Die zwanzig Freunde reden jeweils mit vier Freunden über das Produkt. Macht Faktor 80. Die Freunde der Freunde reden wiederum mit weiteren Freunden. Es gelten die Regeln des Kettenbriefs. Die positiven Botschaften von 5000 Testern können, drei- oder vierfach vermittelt, locker eine Million potenzielle Kunden erreichen – und das auf die persönlichste aller denkbaren Arten, nämlich als Botschaft eines neutralen Konsumenten. Warum Leute sich kostenlos als Vertriebsehrenamtliche von Produkten zur Verfügung stellen? Martin Oetting kennt viele Antworten. Eine lautet:»Weil Menschen gerne über Produkte reden und sie als Tester zeigen können, dass sie Informationsvorsprung haben.« Die vermutlich wichtigere Motivation dürfte sein:»Weil sie spüren, dass sie als Kunden ernst genommen werden, ihre Anregungen tatsächlich den Adressaten erreichen und aus Einwegkommunikation wieder ein echter Dialog zwischen Hersteller und Kunden entsteht.« Bei trnd-Kampagnen wird deshalb jeder Kommentar, jede Frage, jede Anregung eines Produkttesters umgehend und persönlich per E-Mail beantwortet. Die kommunikative Schwäche der einen ist die Chance für diejenigen, die es besser machen.

6.4 Basar-Branding: Ordnung im Chaos

Nicht nur das Cluetrain-Manifest ist feste Bezugsgröße für Open Source-Marketing. Der Brite James Cherkoff greift auf Raymonds Bild von Kathedrale und Basar zurück (vgl. Kapitel 5.2) und übersetzt es in die Welt der Marken:»Traditionelle Marken sind Kathedralen, erbaut von Unternehmen. In den Kathedralen predigen dann die Werbeleute der Unternehmen zur gläubigen Gemeinde.« Nur wollen immer weniger Menschen die Botschaft hören. Die Kunden fliehen aus den Kathedralen und gehen lieber zum Basar, wo sie mit den Händlern und Produzenten interagieren können. Cherkoffs Warnung lautet deshalb:»Das Risiko, mit Marken-Kathedralen eine Menge Geld in den Sand zu setzen, wächst rasant.«

Die Entstehung oder der Relaunch einer Kathedralen-Marke sieht so aus: Eine Branding-Agentur wird mit der Markenentwicklung beauftragt. Falls selbst der Markenname erst noch gefunden werden muss, wird noch eine spezialisierte Naming-Agentur vorgeschaltet. Diese entwickelt auf Basis eines Briefings einen möglichst wohlklingenden und anspielungsreichen Namen, der noch nicht viel bedeuten muss, so etwas wie Arcandor (vormals KarstadtQuelle) oder Altria (vormals Philip Morris). Danach erst beginnt die Branding-Agentur mit dem Design des Logos, das oft fälschlich für die Marke gehalten wird, denn zur Marke gehört weitaus mehr: das gesamte Corporate Design, Schrifttypen, Briefbögen, ein Farbklima, das bei Messeständen zum Einsatz kommt, sogar Regeln dafür, wie Fotos aufgenommen werden müssen, die in Unternehmenspublikationen Verwendung finden. Darüber wölbt sich das freitragende Kuppeldach der Corporate Identity, ein ungreifbares Fluidum, das den Kern der Marke und die Markenphilosophie ausmachen soll, die auch auf das gesamte Unternehmen zurückstrahlt. Bei Großkonzernen entscheiden mehrere Abteilungen und zahlreiche Bedenkenträger so lange, bis am Ende etwas herauskommt, was garantiert niemandem mehr weh tut. Bei Mittelständlern soll oft die Ehefrau des Chefs noch ein entscheidendes Wörtchen mitzureden haben. All diese Details und Erkenntnisse werden in telefonbuchartige Brand Manuals, so genannte »Markenbibeln« gepackt, in denen jede Eventualität der Gestaltung festgelegt ist. Das hehre Ziel dieser Verrenkungen ist die Einheitlichkeit im Auftritt, die allgegenwärtige Wiedererkennbarkeit. Die Gestalteinheit gilt den Markendesignern als höchstes Gut, das bis zum Letzten verteidigt wird. Etliche Kleinkriege wurden schon ausgefochten entlang der Farbabweichungen von Druckunterlagen und der Platzierung von Schrift im Umfeld des Logos. Dass dem Logo nichts semiotisch Bedenkliches zustößt, wird zu einer Frage von Leben und Tod.

Wie in radikaler Abgrenzung hierzu eine Basar-Marke funktioniert, kann man sich wiederum bei Etsy abschauen. Viel wichtiger als die einheitliche Erscheinung sind Offenheit und Transparenz. In einer langen programmatischen Erklärung unter der Headline »Open Etsy« nahm Robert Kalin am 1. August 2007 im Firmenblog eine Positionsbestimmung vor und beschrieb sehr offen, persönlich und unprätentiös die aktuellen Baustellen und die zukünftige Strategie des Unternehmens. Auch die Kompromisse, die man eingehen muss, wenn eine Firma so schnell wächst wie Etsy, kamen zur Sprache: dass hier und da ein wenig Hierarchie nicht schadet, wenn sehr viele neue Leute an Bord kommen. Das Team wurde namentlich vorgestellt, am Ende entschuldigte sich der Autor, es sei mittlerweile 2 Uhr 34 morgens und er habe noch zu arbeiten.

Wie eine solche Ansprache bei den Adressaten ankommt, kann man in den über hundert Kommentaren zu diesem Blogpost nachlesen. Gleich der Erste verleiht spontan seinen Gefühlen Ausdruck: »Das treibt patriotische Tränen in meine Augen. Ich bin stolz, stolz, stolz, ein Mitglied dieser Website zu sein.«[21] So bilden Basar-Marken nicht nur eine neue Alternative zum »stahlharten Gehäuse«, als das Max Weber die von protestantischer Ethik durchsetzten Institutionen des Industriekapitalismus beschrieben hat, sondern ziehen en passant noch die Loyalität auf sich, die lange genug einer anderen großen bürgerlichen Institution, der Nation, galten. Anders ausgedrückt: die Teilhabe an einer Basar-Marke kann Identität stiften. Und die Summe dieser Identitäten ist besser als jede Corporate Identity, mehr noch: Sie bildet die Corporate Identity der Basar-Marke.

Natürlich spielen auch bei Basar-Marken die Marke und das Logo eine wichtige Rolle: Sie verkörpern die Ideen und Überzeugungen der Gemeinschaft, stiften ein Gefühl von Zugehörigkeit und Kollektividentität, garantieren Sichtbarkeit und Wiedererkennbarkeit. Kurz: Sie bringen Ordnung ins Chaos. Dabei kommt es jedoch weniger auf die sklavische Einhaltung von Gestaltungsregeln an; viel entscheidender ist der Partizipationsgedanke – dass das Logo in unterschiedlichen Kontexten und Konstellationen auftauchen kann, mit den Aktivitäten der Community harmoniert und von dieser mitgetragen wird. Ein schlagendes Beispiel für eine Basar-Marke im Kontext der Hybrid-Ökonomie liefert Spreadshirt, eine Marke, die 2007 schon zum zweiten Mal im Rahmen ihres Open-Logo-Projekts das eigenes Firmenlogo zum Abschuss durch ein besseres freigegeben haben, das aus der Community stammen sollte. Spreadshirt stellte ein Designer-Briefing ins Netz und lobten Geld- und Sachpreise im Gesamtwert von 14 000 Euro aus, rund ein Zehntel von dem, was eine professionelle Markenentwicklung kosten würde. Seit Frühjahr 2008 ist das Gewinnerlogo namens »Lovetab«, ein Entwurf des jungen Schweden Kim Larsen, bestehend aus einem eingenähten Wäschezeichen mit einem stilisierten Herzen, auf der Website und in der gesamten Unternehmenskommunikation im Einsatz. Bei der Community kam das gut an. Allerdings wurde der Gewinner in diesem Fall nicht per Abstimmung, sondern von einem Jury-Gremium bestimmt, vielleicht ist es auch nicht die beste Idee, über Designfragen basisdemokratisch entscheiden zu lassen. Vielmehr ging es um die Botschaft, dass ein Unternehmen überhaupt bereit ist, eine breite Öffentlichkeit an sein Allerheiligstes, die Markenidentität, heranzulassen, diesen Prozess transparent zu machen und breit diskutieren zu lassen. Ein Web-Kommentator sieht im Open-Logo-Projekt denn auch einen Akt von symbolischer Tragweite: »Das Unternehmen lässt nicht nur sein Corporate Design von der eigenen Kunden-Community entwickeln, sondern gibt sein Schicksal und seine Zukunft mehr und mehr in die Hände seiner Kunden.«[22]

Andreas Miles, nach amerikanischem Vorbild »Marken-Evangelist« des Leipziger T-Shirt-Druckers, ist der Überzeugung, dass dieser Weg ohnehin die Zukunft der Markenführung ist. Unter der Überschrift »Marken werden flüssig« weist er im von Spreadshirt herausgegebenen *Web Designer's Calendar 2008* darauf hin, dass auch Kathedralen-Marken inzwischen von respektlosen Verwendern geschliffen und gehackt werden: »Nach ›No Logo‹ kommt das ›Brand Mashup‹: mühevoll hochgestylte Supermarken werden immer häufiger aus ihrem unrsprünglichen kommerziellen Umfeld gelöst und in neuem Kontext zu allgemeinem Kulturgut verarbeitet. Jeder kann, jeder darf.«[23]

Nach dem Motto stellte eine Hand voll Londoner Werber die Marketing-Abteilung von Volkswagen vor eine echte Nervenprobe: Sie bastelten einen absolut »echt« aussehenden Spot, der an eine Kampagne über die Solidität des Kleinwagens Polo anknüpfte. In dem »gefälschten« Clip steigt ein Sebstmordattentäter mit Sprengstoffgürtel in einen Polo. Der Wagen parkt direkt neben potenziellen Opfern. Der Täter zündet im Wagen die Bombe, aber die Kleinkarosse ist so stabil, dass es nur ihn selbst im Fahrgastraum erwischt. Der Wagen selbst bleibt – stabil wie er ist – unversehrt.

Es folgen der Claim »Polo. Small but tough« und das VW-Logo. Der Clip wurde millionenfach im Netz geschaut. Die Marketing-Abteilung des VW-Konzerns reagierte, wie man es von Marketing-Abteilungen alter Schule erwartet. Sie rief ihre Anwälte an. Die forderten von den Machern das »Quellenmaterial« zurück. Die alte Schule hat nicht verstanden: Man kann Quellenmaterial nicht mehr zurückfordern. Es schwirrt da draußen herum, jeder ambitionierte Schüler kann damit machen, was ihm gefällt, und es anonym verbreiten, bis die Rechtsabteilung grün anläuft vor Ärger.

Generell tun sich Kathedralen-Marken nicht leicht bei dem Versuch, in ihren geheiligten Hallen einen Basar zu veranstalten. Der Schuss, die kreative Gemeinde zum Mitmachen zu animieren, geht gern nach hinten los, wenn man sich im Vorfeld nicht bewusst macht, dass diese natürlich erst einmal die Grenzen des Möglichen ausreizt. Das weiß kein Unternehmen besser als Chevrolet. Zur Einführung des neuen Modells des Geländewagens Tahoe stellte der Autobauer eine Flashapplikation ins Netz, mit der Fans glorreiche Werbespots mit Geländewagen in wilder Landschaft basteln sollten. Leider entdeckten dieses Tool vor allem Kreative, die übergroße, spritfressende, Kleinwagenfahrer-gefährdende Fahrzeuge gar nicht mögen. Und die formten dann entsprechende Clips, die unter Menschen, die Geländewagen in Vorstädten für unsinnig halten, großen Anklang fanden. Chevrolet war tapfer und konsequent genug, die Anti-Werbung auf der eigenen Website zu belassen. Selbst in diesem Fall stellt sich die Frage, ob die Aufmerksamkeit, die einige kreative Markengegner schaffen (auch Sie lesen gerade über den Chevy Tahoe!), unter dem Strich nicht mehr wert ist als der potenzielle Imageschaden.

Die wichtigste Lektion, die Verantwortliche von Kathedralen-Marken zur Zeit beherzen können, lautet: gelassen bleiben gegenüber dem, was da draußen im Web mit ihrer Marke und ihrem Logo geschieht. Auch wenn es mitunter weh tut, ist es fürs Image besser, die Rechtsanwälte an der Leine zu lassen. Das gilt im Übrigen auch gegenüber Markenfälschungen, Fakes und Counterfits, die im Umlauf sind. So ließ die Luxusmarke Prada in ihrem 2004 in Manhattan eröffneten »Epicenter«-Flagshipstore Terminals installieren, auf denen man sich über aktuelle Angebote von Prada-Fakes auf eBay informieren konnte. Für den damaligen Prada-Chef Patrizio Bernelli gehörten Fälschungen einfach zum Spiel der Mode, wie er öffentlich erklärte.

Die zweite Empfehlung ist, nicht so sehr das frei flottierende Image der Marke kontrollieren zu wollen, sondern sich wieder stärker auf das eigentliche Produkt zu besinnen, das die Marke besser transportiert als jede noch so raffinierte Viral-Marketing-Kampagne. Die Produkte werden nämlich wieder zum eigentlichen Träger und Medium der Marke, weil über sie viel mehr gesprochen wird als über Kampagnenmotive, wie Douglas Rushkoff beobachtet hat: Längst kommunizierten die Produkte selbst wieder mehr als die Werbung, die für sie gemacht wird. »Das liegt vor allem daran, dass die Menschen aufgrund der interaktiven Medien viel mehr Zeit damit verbringen, über Produkte zu reden.«[24] Die Zeiten der vom Produkt abgelösten Superbrands und deren Images, an denen sich die No-Logo-Bewegung noch abarbeiten konnte, sind heute fast Geschichte.

Deshalb lautet die dritte Regel, nichts zu verschweigen, statt dessen die Firewall um das Unternehmen herum abzurüsten und nicht mehr nur durch PR- und Werbeagenturen mit der Öffentlichkeit zu kommunizieren. Letztlich steht jedes Unternehmen heute nackt da, denn Lügen und Verstellungen haben im Zeitalter von Watchblogs und kritischen Konsumenten eine extrem kurze Lebensdauer, wie Clive Thomson in *Wired* herausstellt. Deshalb empfiehlt er die entwaffnende Strategie radikaler Transparenz, eine Art Glasnost für Unternehmen. Dabei auch Schwächen und Fehler offen einzugestehen, sei der erste Schritt, um in den Augen der Öffentlichkeit menschlich zu erscheinen und Sympathie zu ernten.[25] Unternehmen, die diese Offenheit praktizieren, sind von vornherein besser geschützt gegenüber Kommunikations-GAUs. Markenpolitik unter diesen Bedingungen bedeutet tatsächlich, dass die Marke sich vom Logo löst: Die Marke wird nicht mehr in den Marketing- und PR-Abteilungen verwaltet, sondern zu einem Gemeinschaftsprojekt des gesamten Unternehmens, das auf offener Bühne aufgeführt wird.

Auch auf Seite der Konsumenten beobachten wir einen tiefgreifenden Wandel in der Funktion von Marken und deren Bedeutung für die eigene Identität. Noch bis vor kurzem war es völlig
ausreichend, das richtige, hinlänglich bekannte Logo an der richtigen Stelle zu tragen und sein Leben mit den richtigen Marken zu
möblieren, um den eigenen Status zu markieren. Aber diese Form
von Statuskonsum hat ihre beste Zeit eindeutig hinter sich. Seit
Neuestem offenbaren sich Status und wahre Kennerschaft in der
Verwendung von Marken und Labels, die nur wenige Eingeweihte
kennen, die schwer zu beschaffen und deren Besonderheiten er-
klärungsbedürftig sind, dafür aber eine gute Geschichte abgeben.
»Status Stories« nennt trendwatching.com diesen Trend und fasst
zusammen: »Diese Marken haben gar kein Interesse, der breiten
Masse ihre Geschichte aufzudrängen, abgesehen davon, dass sie
(und sei es aus finanziellen Gründen) gar nicht dazu in der Lage
wären. Was im Umkehrschluss bedeutet, dass sich die Konsumenten nicht auf die Instant-Wertschätzung und -Bewunderung
ihres Umfeldes für diese Produkte und Dienstleistungen verlassen können. Von daher ist es an den Konsumenten, die Geschichte
weiterzutragen, mit denen sie die Marke versorgt.«[26] Je mehr die
gesellschaftliche Wertschätzung für bewusstes, abweichlerisches
und kritisches Konsumverhalten steige, desto statusträchtiger
würden solche Geschichten, die von genialen Eingebungen, abseitigen Fertigkeiten, nichtkommerziellem Engagement oder ökologischer Überzeugung erzählen. Hier liegt der große Vorsprung
und die Chance der Marke Eigenbau, den professionell vermarkteten Superbrands die Bühne streitig zu machen und ihnen die
Show zu stehlen.

Die Markennamen und Logos dürfen dabei etwas weniger eingängig und aalglatt sein als die von Branding-Agenturen ausge-
spuckten – vielleicht müssen sie es sogar. Das Spröde, Sperrige und
Erklärungsbedürftige macht ja gerade ihren Reiz aus und signalisiert, dass der Absender mehr Energie und Herzblut ins eigentliche
Produkt als in die Vermarktung gesteckt hat. Nicht selten sind die
Namen zufällige Findungen, erste Anläufe oder generische Arbeitstitel, die sich dann verselbstständigt haben, siehe Strike Bike oder

Premium-Cola. Manchmal steckt darin die ganze Markenidee, etwas umständlich verpackt, wie beim Kinderfahrrad Like A Bike. In der Mode sind es oft schlicht die Namen der Personen, die hinter dem Label stehen. Auch die Logos sind oft anspielungsreiche Trouvaillen, die niemals die Hand eines ausgebildeten Grafikers gesehen haben. Nicht selten sind sie handgezeichnet oder speisen sich aus den hermetischen Codes und Chiffren, die nur in einer bestimmten Szene verstanden werden. Manchmal spielen sie auf irgendein Detail, eine Inspiration oder einen Ort an, die bei der Genese der Marke eine wichtige Rolle gespielt haben. Oft verändern sich die Logos auch, variieren von Objekt zu Objekt oder mutieren im Zeitverlauf wie die Signatur des Künstlers. Die 2004 von Oliver Gehrs und Jochen Förster gegründete Zeitschrift *Dummy* verkörpert diese Idee radikal: jedes Heft wird von einem anderen Art-Direktor gestaltet, damit verändert sich mit dem Schriftzug auch das gesamte Erscheinungsbild, Layout und Format. Man muss schon gut informiert sein, um die neue Ausgabe im Regal wiederzuerkennen. Auch hier ist die Botschaft klar: Die Marke ist das Gegenteil von Massenproduktion, es kommt nicht so sehr auf das Logo an.

Nach einer wissenschaftlichen Definition ist eine Marke nichts anderes als ein »Nutzenbündel mit spezifischen Merkmalen, die diese von anderen Marken differenzieren«.[27] Gemeint sind damit sowohl physische Komponenten des Produkts als auch immaterielle, die durchaus mit Inszenierung zu tun haben und mit übergeordneten Wertvorstellungen der Zielgruppe korrespondieren. Dass ein eigenes Logo, die Wiedererkennbarkeit anhand spezifischer Merkmale und ein basales Verständnis von den Mechanismen der Markenkommunikation grundsätzlich wichtig sind, um den eigenen Ideen zur Durchsetzung zu verhelfen, haben indessen nicht nur die kommerziellen Marke Eigenbau-Anbieter begriffen, sondern auch eine neue Generation von Aktivisten, die ganz andere Ziele verfolgt. Nichtregierungsorganisationen (NGOs) sind ja letztlich nichts anderes als politische Eigenbau-Marken. Erst ein griffiger Name und ein gemeinsames Erkennungszeichen macht aus einer diffusen Stimmungslage eine Bewegung. Ein schönes

Beispiel aus der Geschichte ist das Peace-Zeichen, das 1958 aus einer Auftragsarbeit des britischen Designers Gerard Holton für die damals noch eher unscheinbare Campaign for Nuclear Disarmament hervorging. Holton kombinierte die beiden letzten Anfangsbuchstaben »N« und »D« aus dem Winkeralphabet und setzte sie in einen Kreis. Obwohl kaum jemand diese Entstehungsgeschichte und ihre Bedeutung kannte, flankierte das Logo den Aufstieg der Friedensbewegung und wurde zu einem der mächtigsten Symbole des 20. Jahrhunderts, bevor es als leeres Zeichen der Popkultur endete.[28] Auch die serbische Volksbewegung Otpor, die mit friedlichem Protest und symbolischem Widerstand maßgeblich zum Sturz von Milosevic beigetragen hat, setzte massiv auf Marke. Ihr Logo, eine weiße Faust auf schwarzem Hintergrund, tauchte zunächst nur auf Plakatwänden und im Stadtbild auf, später, als die Bewegung bekannt wurde, kamen T-Shirts, Uhren und Regenschirme hinzu. Ivan Marovic, ein Sprecher der nicht nur finanziell, sondern auch strategisch von der Soros-Foundation unterstützten Bewegung, erläuterte damals das Prinzip: »Wenn du als Revolutionär erfolgreich sein willst, musst du sein wie Coca-Cola. Du musst überall deine Marke platzieren.« Nach dem Umsturz in Serbien expandierte die Marke nach Georgien, wo das Logo mit der weißen Faust der Opposition dabei half, Präsident Eduard Schewardnadse aus dem Parlament zu vertreiben.[29]

NGOs von Attac bis Aktion Mensch beherrschen heute nicht nur das Spiel der Marke, ihre Kommunikationsweise und Ästhetik dienen als Vorbilder für Großkonzerne. Die spektakulären Stunts, mit denen Greenpeace auf Umweltsauereien aufmerksam macht, haben das Repertoire für so genannte »Guerilla Marketing«-Maßnahmen entscheidend erweitert. In einem Sammelband zur *Ausweitung der Markenzone* analysiert der Soziologe Kai-Uwe Hellmann, wie sich die Idee und das Konzept der Marke in immer mehr Lebensbereiche ausgebreitet und inzwischen auch den gesamten Nonprofit-Sektor ergriffen hat. Auch wenn er der Ausdehnung des Einflussbereichs der Marke skeptisch gegenübersteht und »inflationäre Effekte« befürchtet, sieht er doch einen eindeutigen Trend zum »No-Profit-Branding«.[30] Für viele im Web und in der New Economy sozialisierte Aktivisten stellt sich die Frage, ob gut oder schlecht, gar nicht. Die Mechanismen der Markenbildung sind ihnen in Fleisch und Blut übergegangen, sie wenden sie an, wie andere Kulturtechniken auch, ohne damit ein ideologisches Problem zu haben. Zum Teil wenden sie diese Mechanismen sogar gegen Konzerne und Kapitalismus an, wie Thomas Knüwer, Chefblogger beim *Handelsblatt*, bemerkt hat: »Krawalle und Gewalt waren gestern – die Gegner der Globalisierung haben ihre Strategie dramatisch geändert. Die neue Generation der Aktivisten setzt auf Werbung, Internet und eigene Firmen. Die Wirtschaftswelt ist gewarnt. Denn schon kleine Teams können das Image großer Unternehmen verschrammen.«[31] Als Beispiel für diesen neuen Schlag der »Antipreneure« bringt Knüwer die Yes Men an, die sich über eine gefälschte Website der Welthandelsorganisation GATT auf Konferenzen und Kongresse einladen lassen, um dort eine bizarre und entlarvende Show abzuliefern.

Auch die kanadische Organisation Adbuster ist ein gutes Beispiel, wie mit einer eigenen Marke gegen den Konzernkapitalismus zu Felde gezogen wird. Ursprünglich als werbekritisches Hochglanzmagazin gestartet, bietet Adbuster unter dem Label Blackspot mittlerweile auch zwei ethisch korrekte Schuhmodelle, den »Classic Sneaker« und den »Unswoosher«, an, die direkt gegen Nike gerichtet sind. Auch ein Blackspot-Café in Edmonton wurde inzwischen eröffnet und auf der Website adbuster.org wird öffentlich diskutiert, ob man unter dem Label nicht auch Computer, Sonnenbrillen, Taxis und Wasser anbieten sollte. Zur Frage, ob Anti Corporate-Aktivisten selbst Entrepreneurgeist entfalten sollten, steht dort zu lesen: »Während Großkonzerne unser Leben mit Füßen treten, weinen wir und beschweren uns, protestieren und boykottieren. Aber was wir noch nie gemacht haben, ist, sie von Angesicht zu Angesicht zu bekämpfen.«

Wie weit verbreitet die markenbewusste Denkweise inzwischen ist, zeigt auch ein Beispiel, dem wir uns im nächsten Kapitel noch ausführlicher widmen: Creative Commons ist eine Nonprofit-Organisation, die für offenere Regeln im Umgang mit geistigem Eigentum kämpft, wozu auch das Markenrecht zählt. Gleichzeitig aber legt Creative Commons selbst sehr viel Wert auf einen stimmigen Markenauftritt: Das Logo, ein abgewandeltes Copyright-Zeichen mit zwei »c« im Inneren, ist weltweit einheitlich, dazu passend sind die Symbole für die unterschiedlichen Lizenzen gestaltet. In jedem Land wacht ein Markenverantwortlicher über die Marke Creative Commons. In Deutschland ist das derzeit Markus Beckedahl, der auf Nachfrage erklärt: »Es klingt vielleicht auf Anhieb gewöhnungsbedürftig, aber obwohl wir uns für ein flexibleres Urheberrecht und mehr Offenheit im Netz einsetzen, legen wir trotzdem viel Wert darauf, dass die eigene Markenstrategie nicht verwässert wird.« Die Erfahrung habe gezeigt: Gerade bei einer Basar-Marke im Nonprofit-Sektor, die sich den Grundsätzen der freien Partizipation verschrieben hat, ist die Marke als Organisator und Fixstern der Gemeinschaft einfach zu wichtig, als dass man sie vollständig unbeaufsichtigt lassen könnte.

7. Welt Marke Eigenbau

7.1 Digitale Allmende: Ressourcen kollektiv nutzen

Das althochdeutsche Wort *Algimeinida* stammt aus dem Bodenrecht. Die Allmende bezeichnet ursprünglich eine Weide, einen Dorfanger oder generell ein Stück Land, Wald oder Fischgewässer, das sich im Eigentum der Dorfgemeinschaft befindet. Alle Dorfbewohner und Allmendegenossen dürfen es nutzen. Im frühen Mittelalter gab es in fast jedem Dorf eine Allmende-Wiese, auf der jeder seine Kühe und Schafe weiden lassen konnte. In Preußen wurden die Allmenden mit der Agrarreform von 1821 aufgeteilt und dem Privateigentum zugeschlagen. In Bayern haben sie sich bis ins 20. Jahrhundert erhalten, im Alpenraum existieren sie teilweise noch heute, in vielen Kantonen der Schweiz leben sie etwa als Alpgenossenschaften fort.

Im übertragenen Sinn und in der Wirtschaftstheorie sind Allmendegüter solche, die öffentlich zur Verfügung gestellt werden und niemanden von der Nutzung ausschließen, also öffentliche Kultur- und Bildungseinrichtungen, Bibliotheken oder kommunale Schwimmbäder. Nils Minkmar benutzt dieses letzte Beispiel in einem Artikel über die US-amerikanischen Superreichen, in dem er der Frage nachgeht, ob Reichtum wirklich glücklich macht, wenn alle anderen rund herum arm sind und der öffentliche Sektor verkümmert: »Das rührendste, von allen Besuchern aus Übersee bewunderte Bild der bundesrepublikanischen Gesellschaft ist das kommunale Freibad, in dem sich alle Altersgruppen, Geschlechter, Rassen und Einkommensschichten vergnügen. Superreiche haben die Möglichkeit, eigene Superpools zu unterhalten.

Aber das Bild vom abgesonderten, von mehr oder weniger zuverlässigen Privatwachleuten überwachten Villenvierteln, in denen je ein bis zwei Kinder in je einem Pool nebeneinander her planschen, ist schon arg trostlos.«[1] Leider sieht es auch bei uns nicht gut aus für die 6 700 öffentlichen Schwimmbäder, die zum Großteil in den glücklichen sechziger und siebziger Jahren entstanden sind, als die Kommunen selbst noch im Geld schwammen. Viele sind von der Schließung bedroht oder sollen zu kostspieligen Wellness-Oasen umgerüstet werden, und sich dann von selbst tragen.[2]

In anderen Bereichen funktioniert die Idee des Teilens von Gütern längst schon kommerziell. Car-Sharing, die gemeinschaftliche Autonutzung, ist in den letzten Jahren von einem Nischenphänomen fundamentalistischer Umweltfreunde zu einer echten Mobilitätsalternative für jedermann geworden. Rund hundert Anbieter teilen sich den wachsenden Markt in Deutschland, im Schnitt kommen bei ihnen dreißig Personen auf ein Fahrzeug. Dennoch funktioniert die Koordination dank technologischer Hilfsmittel immer reibungsloser. »Es hat lange gedauert«, berichtet die *Frankfurter Allgemeine Sonntagszeitung*, »aber seit sich die Technik rasant hin zu Bordcomputern, Positionsbestimmung per Satellit und elektronischen Zugangskarten entwickelt hat, gibt die Bewegung Gas«.[3] Selbst bei den Amerikanern, die Autos traditionell als ihre rollenden Wohnzimmer betrachten (nicht zuletzt, weil sie damit täglich stundenlang im Pendlerstau stehen), gewinnt diese Idee Anhänger.[4] Seitdem zuerst in Los Angeles, später auf vielen verstopften Highways anderer Ballungsgebiete eigene Spuren für Autos mit mehr als einer Person Besatzung eingerichtet wurden, erfreut sich neuerdings sogar das organisierte Trampen, »slugging« genannt, in der mittelständischen Angestelltenkultur wachsender Beliebtheit.

Ähnliches erleben wir bei Fahrrädern. Während hierzulande die CallaBike-Leihfahrräder der Deutschen Bahn von Jahr zu Jahr ein solides Wachstum melden, hat sich in Frankreich im vergangenen Jahr eine regelrechte »Vélorution« ereignet. Mit mehr als 200 000 Fahrrädern an über 750 computergestützten Verleihstationen hat die Stadtmarketing-Firma JCDecaux Paris zur »Welthauptstadt des

Fahrradverleihs« gemacht. Im Sommer 2007 wurde jedes Rad im Schnitt täglich zehnmal benutzt. »Wir sind zu einem Teil des öffentlichen Nahverkehrs geworden«, stellt Firmenchef Jean-François Decaux befriedigt fest und darf im Gegenzug seine Werbung weiterhin im Stadtraum platzieren. In ganz Europa breiten sich Leihfahrräder in den Innenstädten aus. Selbst die USA, wo das Fahrrad bislang nur als Sportgerät in Erscheinung trat, entdecken das Leihfahrrad als Transportalternative. Und Peking, traditionelle Fahrradstadt, will Paris noch überflügeln, um dem endgültigen Verkehrskollaps zu entgehen.[5]

Der amerikanische Zukunftsforscher Jeremy Rifkin vertrat in seinem Buch *Access* schon im Jahr 2000, womöglich etwas beflügelt durch die hochtrabenden Phantasien der New Economy, die These vom »Verschwinden des Eigentums« und wagte die Prognose: »In 25 Jahren wird ein Großteil der Unternehmen und Konsumenten Eigentum wahrscheinlich für altmodisch halten. Es ist eine zu langsame Institution in einer Welt, die immer schnelllebiger wird, in der auch das kulturelle Leben im Takt von Nanosekunden pulsiert.«[6] Die Zukunft gehöre dagegen dem geregelten Zugang durch smarte Miet- und Leasinglösungen, die eine bessere und bedarfsgerechtere Ressourcenallokation ermöglichen würden. Auch wenn heute absehbar ist, dass die Vorhersage vielleicht etwas zu vollmundig war, bleiben die Überlegungen in ihrer Tendenz doch richtig.

Der Allmende-Gedanke, der im Kern ja die gemeinschaftliche Nutzung von Ressourcen meint, hat viele Berührungspunkte mit der Marke Eigenbau: Wo viele kleine Produzenten am Werk sind, ist es sinnvoll, Ressourcen zu teilen. Jeder besitzt nur die Produktionsmittel, die er als alltägliche Werkzeuge benötigt. Kapitalintensivere Anschaffungen werden geteilt, das muss nicht auf dem Wege des Gemeinschaftseigentums gehen, das die bekannten Probleme der Trittbrettfahrer (in der Theorie bezeichnet als »Tragedy of the commons« oder Tragik der Allmende) mit sich bringt. Oft reicht es aus, wenn neue Anbieter auf den Plan treten, die die Anschaffungskosten aufbringen und anschließend über Miete, Nutzungsgebühren oder Auftragsfertigung auf die Nutzer umlegen. Coworking Spaces sind hierfür ein Paradebeispiel. Copyshops, Repro-Anstalten, Tonstudios und Anbieter für Books On Demand verfolgen allesamt das Geschäftsmodell, teure Maschinen durch eine möglichst breit gestreute Auslastung zu refinanzieren. Gemeinsam bilden sie eine Support-Infrastruktur, die auch Einzelpersonen den Zugriff auf teure Technologien erlaubt, und sie in die Lage versetzt, mit mittelständischen Firmen zu konkurrieren. Wenn demnächst Fabbing-Center hinzukommen, werden sich diese Spielräume noch deutlich erweitern.

Die Frage der gemeinsamen Nutzung von Raum und Ressourcen mag wichtiger werden, aber sie ist in unserem Kontext nicht einmal entscheidend. Wo sich die Wertschöpfung von physischer Produktion immer mehr in den Bereich der immateriellen Güter – Patente, Software, kulturelle Erzeugnisse und Geschmacksmuster – verlagert, drängt sich die Frage nach dem Umgang mit geistigem Eigentum auf. Dies gilt umso mehr, als dessen Nutzung im Zeitalter digitaler Reproduzierbarkeit nicht – wie physische Allmendegüter – der Rivalität unterliegt. Eine Software, ein MP3-Musikstück und ein Digitalfoto kann verlustfrei kopiert und verbreitet werden, ohne dass dadurch die Nutzung des Originals beeinträchtigt würde, wenn man in diesem Zusammenhang überhaupt noch von Original sprechen kann. Für wirtschaftlich nutzbare Erfindungen und Kunstwerke galt das immer schon, deshalb hat der Gesetzgeber zum Schutz der Erfinder das Patentrecht und zum Schutz der Künstler das Urheberrecht erfunden, die den Erzeugern von Ideen und immateriellem Vermögen für einen begrenzten Zeitraum die Erträge daraus exklusiv sichern sollen. Das war gut und richtig. Aber das 20. Jahrhundert erlebte eine enorme Ausweitung dieser geistigen Eigentumsrechte, und immer stärker übernahmen Unternehmen die professionelle Verwertung und Ausbeutung. Diese Entwicklung hält an und »geistiges Eigentum wird das Öl des 21. Jahrhunderts«, wie es Mark Getty, Erbe einer Öldynastie und Gründer von Getty Images sprichwörtlich auf den Punkt gebracht hat. Man könnte auch sagen, es ist das Fließband des 21. Jahrhunderts. Diejenigen, die diesen Bereich zentralisieren und monopolisieren, wie es Getty Images und die Microsoft-Tochter Corbis im Bereich der Stock-Fotografie fast geschafft haben, erhalten eine Lizenz zum Gelddrucken, während anderen das Wasser abgegraben wird. Die Größen- und Skalenvorteile aus der Ära der industriellen Massenproduktion pflanzen sich in der schwerelosen digitalen Ökonmie fort als immer weiter ausgedehnte Schutzräume geistigen Eigentums. So konnte sich die Deutsche Telekom die Farbe Magenta markenrechtlich schützen lassen und Bill Gates zum reichsten Mann des Universums werden, weil seine Windows-Software lange Zeit ein De-facto-Monopol bei den PC-Betriebssystemen darstellte und eine entsprechende Monopolrendite abwarf.

Dass dieses Monopol heute bröckelt, hat nicht unwesentlich mit der Bewegung der freien Software zu tun, deren Flaggschiff, das Open Source-programmierte Betriebssystem Linux, dem Marktführer kontinuierlich Marktanteile abgräbt. Das Programm steht unter einer General Public Licence (GPL) der Free Software Foundation, das heißt, jeder Nutzer hat Zugang zum Quellcode, darf die Software kopieren, verändern und weitergeben. So konnte etwa auch das kleine Land Bhutan Linux für seine Zwecke anpassen und in die Amtssprache Dzongkha übersetzen, die im Land selbst nur 130 000 Menschen und weitere 3 000 im angrenzenden Indien sprechen. Für Microsoft wäre das kein Markt gewesen. Mit anderen Worten: Die Freigabe des Copyrights nach dem Basar-Prinzip hat eine Evolution des Programms ermöglicht, wodurch Linux mittlerweile in vielen Bereichen überlegen ist und in Nischen vordringt, die für eine Kathedralen-Software unerreichbar sind. Ganz ohne finanzielle Mittel geht das freilich nicht. Die Firefox-Organisation erhält Geld aus Spenden und hat ein Google-Suchfeld in den Browser integriert, wofür sie an den Werbeeinnahmen von Google beteiligt wird. Shareware-Programme dürfen wie Freeware verbreitet werden, enthalten jedoch die Aufforderung, sich nach einer Testphase beim Hersteller zu registrieren und eine Lizenzgebühr zu entrichten. Viele Anwendungen sind in einer Basisversion für Privatanwender gratis und verlangen die Lizenzierung der Vollversion nur von kommerziellen Anwendern. Dadurch erhält freie Software einen merkwürdigen Doppelcharakter: Sie ist Produkt und Prozess, Privateigentum und öffentliches Gut zugleich.

Der Medienwissenschaftler Volker Grassmuck hat für die Bewegung der freien Software den Begriff der »Wissens-Allmende« geprägt und ist überzeugt davon, dass alle Software im Grunde danach strebt, sich frei zu verbreiten. Als Analogie dient ihm die Wissenschafts-Community, in der geistiges Eigentum immer nur bedingt zur Anwendung kam und stattdessen schon immer eine frei Zirkulation und gegenseitige Befruchtung von Ideen zu den hehren Grundsätzen gehörte. Dieser »akademische Kommunismus« drückt sich auch darin aus, dass »das Weiterreichen der Grundwerkzeuge an die Studierenden Teil der wissenschaftlichen Lehre« war und ist.[7] In der Frühphase des Internets, das ja ursprünglich starke Überschneidungen mit der akademischen Sphäre hatte, war dieser Geist noch sehr verbreitet. Grassmuck beschreibt die Kultur des frühen Netzes, die viel mit dem Geist der Marke Eigenbau zu tun hat, als »eine breite Mischung aus Hightech und Hobbyismus, Science und Science Fiction, Hackern und Hippies.«[8] Es war ein utopischer Ort, an dem andere Gesetze galten als in der realen Welt und man sich über geistiges Eigentum wenig Gedanken machte.

Später, als die Konzerne das World Wide Web entdeckten und kolonialisierten, kam es zum offenen Kampf der Kulturen. Exemplarisch wurde dieser ausgefochten im »Toywar«, der um die Jahrtausendwende als ungleicher Markenrechtskonflikt zwischen der Schweizer Künstlergruppe Etoy und dem US-Online-Spielwarenhändler eToys tobte, und den die Journalisten Adam Wishart und Regula Bochsler packend als »Schlacht um die Seele des Internets« beschrieben haben.[9] Auslöser war, dass der erst 1997 gegründete US-Konzern auf Herausgabe der schon länger auf die Künstler registrierten Domain etoy.com klagte. Das mittellose Kunstkollektiv wehrte sich mit Zähnen und Klauen und erfuhr breite Unterstützung durch die Web-Öffentlichkeit; unter anderem wurde die eToys-Aktie in Investorenforen systematisch schlechtgeredet. Am Ende einigte man sich erschöpft mit einem außergerichtlichen Vergleich, da hatte die Aktie aber schon über 50 Dollar an Wert eingebüßt, das Unternehmen war 4,5 Milliarden Dollar weniger wert und wurde von einer Holding geschluckt. Trotz dieses »teuersten Happenings in der Kunstgeschichte«, wie Etoy die Aktion im Nachhinein bezeichnete und trotz des etwa zeitgleich einsetzenden Zusammenbruchs der New Economy ließ sich die Kommerzialisierung des Netzes und die Ausdehnung der Sphären geistigen Eigentums im Web nicht wirksam aufhalten. Erst in jüngster Zeit konnte die Freie-Software-Bewegung wieder etwas Boden gut machen, und das Pendel scheint zurückzuschwingen in Richtung Marke Eigenbau. Festzuhalten bleibt: Der Aufstand gegen die Massenproduktion im digitalen Zeitalter richtet sich gegen die Monopolisierung geistigen Eigentums; der Kampf zwischen unabhängigen, frei assoziierten Produzenten und den Markenkolossen wird auch im Internet ausgetragen und entschieden werden – wenn er überhaupt je entschieden wird. Denn die Frontverläufe werden immer unübersichtlicher.

Schon zu New Economy-Zeiten war »Follow the Free« der Schlachtruf all derer, die erst einmal Marktanteile erobern wollten, bevor sie sich ums Geldverdienen kümmerten. Im März 2008 überraschte Long Tail-Erfinder Chris Anderson mit einem langen *Wired*-Artikel unter der Überschrift »Free!« – der auch schon sein nächstes Buch erahnen lässt –, in dem er argumentiert, warum die Zukunft des Business die »Freeconomics« sind.[10] Seine radikalste These lautet, dass durch das Wunder der digitalen Technologie viele Dinge wie Rechnerleistung oder Speicherplatz so billig geworden seien, dass die Ökonomie als Lehre der Verteilung knapper Ressourcen ausgedient habe und man sich fortan dem Umgang mit dem Überfluss zuwenden müsse. Die reine Geschenkökonomie macht aber nur einen kleinen Ausschnitt des Panoramas aus, das Anderson zeichnet. Die meisten anderen Modelle, die er in Anschlag bringt, laufen auf Quersubventionierung freier Güter durch Werbung, Premiumversionen oder die Arbeitsleistung der Kunden hinaus. Weil die nachwachsende Generation mit der Gratismentalität des Web aufgewachsen ist, werde »free« in der kommenden Ära von der Ausnahme zur Regel.

Viele Produzenten kultureller und intellektueller Inhalte – Musiker, Filmemacher, Fotografen und Autoren – werden die Botschaft mit gemischten Gefühlen zur Kenntnis nehmen. Einerseits sehen sie ihre Einnahmen wegbrechen, weil ihre Musikstücke und Filme über Filesharing-Plattformen heruntergeladen werden und ihre Bilder und Texte frei und ohne Vergütung im Netz zirkulieren. Andererseits sind auch sie in ihrer kreativen Arbeit dadurch beeinträchtigt, dass sie die Kulturleistungen anderer immer weniger als Rohstoff verwenden können, ohne mit dem Urheberrecht in Konflikt zu geraten. Der Stanford-Jurist Lawrence Lessig ist einer derjenigen, die unermüdlich darauf hinweisen, dass die gesamte Kultur durch die derzeitige rechtliche Situation bedroht ist. Ähnlich wie die Wissenschaft hat auch die Kulturproduktion immer schon als Allmende funktioniert, deren Ideen, Motive, Plots und Melodien sich gegenseitig befruchten konnten und ins Allgemeingut einer Gesellschaft übergingen. Nicht nur die kommerzielle Hochkultur, sondern vor allem die praktizierte Alltagskultur leidet darunter, dass die Schutzsphären der Rechteinhaber im digitalen Zeitalter immer weiter ausgedehnt wurden: »Das Eigentumsrecht, zu dem das Urheberrecht wurde, ist aus dem Gleichgewicht und tendiert zu einem Extrem. Die Möglichkeit, kreativ zu schaffen und zu arbeiten, wird geschwächt in einer Welt, in der schöpferische Tätigkeit eine Erlaubnis und Kreativität einen Rechtsanwalt benötigt.«[11] Im Gegensatz zu vielen Anti-Copyright-Aktivisten, die die vollständige Abschaffung des Urheberrechts fordern, sehen Lessig und seine Mitstreiter die Dinge allerdings differenzierter. Wenn sie von »freier Kultur« sprechen, weisen sie darauf hin, dass sie damit eher das frei aus »freie Rede« meinen als das aus »Freibier«. Sie wollen das Urheberrecht, das ja ursprünglich zum Schutz der Produzenten gedacht war, nicht abschaffen, aber sie wollen erreichen, dass der kulturelle Austausch in der nichtkommerziellen Sphäre der Hybrid-Ökonomie dadurch nicht erstickt wird.

Creative Commons, die Organisation, die Lessig 2001 ins Leben rief, wendet das Vorbild der Freie-Software-Lizenzen auf die kulturelle Produktion an. Es ist eine Art Lizenzbaukasten, mit dem die Schöpfer von Musik, Filmen, Texten oder Bildern die Rechte zur Bearbeitung und Weiterverbreitung ihrer Erzeugnisse unkompliziert und selektiv steuern können. So kann man festlegen, dass ein

Werk nur unter Namensnennung des Autors weitergegeben werden darf, dass keinerlei Verfremdungen vorgenommen werden dürfen oder die Verwendung auf den nichtkommerziellen Bereich beschränkt ist. Als Nonprofit Organisation ist Creative Commons derzeit in über vierzig Ländern vertreten, arbeitet dort mit Freiwilligen an der Anpassung der Lizenzen an die jeweiligen Rechtssysteme und der Popularisierung der Idee. Gerade für die Kulturproduktion Marke Eigenbau stellen die Lizenzen eine unschätzbare Erleichterung dar. Einerseits schaffen sie Rechtssicherheit für die Verwender, die bei vollständiger Beachtung keine Abmahnungen mehr zu fürchten haben, andererseits geben sie den Urhebern die volle Kontrolle über die Verwendung ihrer Werke zurück.

Dass sich der Allmende-Gedanke und Creative Commons-Lizenzen durchaus mit einem auskömmlichen Verdienst für die Urheber vereinbaren lassen, beweisen zahlreiche Beispiele aus der jüngeren Vergangenheit. Nicht nur Radiohead veröffentlichten ihr Album *In Rainbows* als kostenlosen Download gegen beliebiges Entgelt, beim britischen Web-Label Magnatune (magnatune.com) kann man schon seit längerem Musik gegen Spende herunterladen. Das erfolgreichste Beispiel für Musik ohne Plattenfirma, dafür mit CC-Lizenz, stammt von den Nine Inch Nails, die ihr opulentes Instrumentalwerk *Ghosts I–IV* in abgestuften Varianten von fünf Dollar für den Basis-Download bis hin zur Luxusvariante in limitierter Stückzahl für 300 Dollar veröffentlichten. Nicht nur diese Edition war sofort ausverkauft, auch die digitale Version wurde 800 000-mal heruntergeladen, obwohl sie auf einschlägigen Tauschbörsen nebenan sofort gratis zu haben gewesen wäre. Die Plattform OrangeMusic aus Österreich (orangemusic.at) bietet ein exklusives Forum für Musiker, die ihre Musik unter einer CC-Lizenz veröffentlichen. Bei Gefallen kann man ihnen Geld spenden, es gibt Links zum Kauf von CDs und Merchandising. Nicht nur Lawrence Lessig bietet seine Bücher unter einer CC-Lizenz an, auch der kanadische Blogger und Science Fiction-Autor Cory Doctorow hat seine Verlage davon überzeugt, seine Werke gratis freizugeben. Den Abverkäufen hat das anscheinend eher genützt als geschadet.

Neben den freiwilligen Spenden erlebt auch das Subskriptionsmo-
dell, nach dem Buchverlage schon früher kostspielige Editionen
durch Subskribenten vorfinanzierten, eine Neuauflage im digitalen Zeitalter. Die Einstürzenden Neubauten emanzipierten sich
2007 mit ihrem »Supporter Project« aus der Abhängigkeit von Plat-
tenfirmen. Wer vor Produktionsbeginn 35 Euro bezahlte, konnte
der Band via Webcam bei den Studioaufnahmen zuschauen und
bekam am Ende eine exklusive CD. 2000 Unterstützer ließen sich
auf das Experiment ein. Auch der Bestsellerautor Stephen King
hat schon mit dieser Methode experimentiert und seine Erzäh-
lung »The Plant« aus dem Jahr 2000 kapitelweise zum Download
freigegeben. Die neuen Kapitel erschienen erst, wenn drei Viertel
der Downloader einen Dollar an King überwiesen hatten. In Verbindung mit der Freigabe des Copyrights nennt sich dieses Modell »Street Performer Protocol« und basiert auf der Idee, dass ein
Künstler ein Projekt vorstellt und eine Marke festsetzt, ab der er
bereit wäre, das Werk in die Tat umzusetzen. Kommt genug Geld
zusammen, wird das Werk realisiert und unter einer CC-Lizenz
veröffentlicht. Auf diese Weise konnte etwa das 3D-Modellierungs-
programm Blender aus der Konkursmasse der Herstellerfirma
ausgelöst werden, indem die Verwender gemeinsam 100 000 Euro
aufbrachten. Die Software wurde danach unter eine Open Source-
Lizenz gestellt und kann jetzt von jedermann benutzt werden, um
etwa Animationsfilme damit zu realisieren. Mittlerweile arbeiten
in der gegründeten Blender-Stiftung in Amsterdam 14 Menschen
an der Weiterentwicklung von Open Source-Geschäftsmodellen.[12]

   Auch die Großen beginnen damit, geistiges Eigentum nicht mehr
nur als feste Burg zu betrachten: Sun Microsystems, ein Global
Player der Computer- und Internetindustrie, ist seit Jahren dabei,
Open Source in sein Geschäftsmodell zu integrieren, sei es mit der
Programmiersprache Java, der Bürosoftware OpenOffice oder der
jüngsten Akquisiton, der Open Source-Datenbanksoftware MySQL,
die Sun im Frühjahr 2008 für eine Milliarde Dollar übernommen
hat. Die Anwendungen werden gemäß dem Open Source-Gedanken frei distribuiert, Einnahmen werden vor allem duch Wartungs-
und Serviceverträge generiert, die insbesondere von großen Unter-

nehmen in Anspruch genommen werden. Vor allem aber dienen die freien Programme als Botschafter der Marke Sun.

Wenn wir in einer Welt Marke Eigenbau leben wollen, werden wir uns an den Gedanken gewöhnen müssen, Ressourcen zu teilen, einen generöseren Umgang mit geistigem Eigentum zu pflegen und für Dinge, von denen wir wollen, dass es sie gibt und dass jemand sie produziert, freiwillig zu bezahlen. Das ist kein naives Plädoyer für Altruismus oder für eine Welt, in der das Geldverdienen keine Rolle mehr spielt. Im Gegenteil: Die Menschen sollen ja von ihrer Arbeit gut leben können. Vielmehr zeigt sich dahinter der Aufschein eines neuen unternehmerischen Denkens, in dem Profitmaximierung nicht mehr an oberster Stelle steht und Rentabilität nur die notwendige und nicht die hinreichende Bedingung wirtschaftlichen Handelns ist. Dass der Werkzeugkasten des Unternehmertums gut gefüllt ist mit wirksamen Instrumenten zur Durchsetzung gleich welcher Ziele, erkennen mittlerweile auch viele, die dem globalen Konzernkapitalismus ansonsten eher skeptisch gegenüberstehen und eine ganz andere Vorstellung hegen von der Welt, wie sie sein sollte.

7.2 Soziale Entrepreneure: Kapitalismus mit menschlichem Gesicht

Irgendwie hatten die Guarana-Bauern aus dem brasilianischen Bundesstaat Amazonas da etwas missverstanden. Sie dachten, die drei Dänen von Superflex seien Investoren. Oder zumindest Entwicklungshelfer. Aber keine Künstlergruppe, die auf Einladung einer skandinavischen und einer brasilianischen Kunststiftung für Forschungsarbeiten in die Provinzhauptstadt Maués gereist war. Die Amazonas-Region ist weltweit der größte Exporteur von Guarana, dem Wachmacherstoff in süßklebrigen Energydrinks. Wo sie schon mal da waren, erzählten die Bauern den vermeintlichen Geschäftsleuten dann dennoch, was ihnen auf dem Herzen lag. Ihre Guarana-Kooperative kam trotz harter Arbeit und guter Ernten auf keinen grünen Zweig, denn die internationalen Ener-

gydrink-Hersteller zahlten immer weniger für ihren Rohstoff. Der
Preis für ein Kilo Guarana war wegen Preisabsprachen der Großabnehmer binnen vier Jahren von 25 Dollar auf 4 Dollar gefallen.
Eine Geschichte wie aus dem Bilderbuch von Globalisierungskri-
tikern und trotzdem wahr. Wie es der Zufall wollte, landeten die
in ihrer Existenz bedrohten Bauern genau bei den richtigen. Die
Künstlertruppe Superflex, 1993 von drei Absolventen der Königli-
chen Kunstakademie in Kopenhagen gegründet, gilt unter Kunst-
kritikern »als undankbarer Bastard aus Kunstmarkt und Attac«.[13]
Kurz nach ihrer Gründung hatte Superflex mit der Entwicklung
von tragbaren Anlagen zur Herstellung von Biogas für Familien in
Afrika und Asien auf sich aufmerksam gemacht. Publikumswirk-
sam stellten sie die mithilfe von afrikanischen und dänischen In-
genieuren konstruierten Geräte mit Markennamen Supergas in
Galerien aus und gründeten gleichzeitig eine kleine Firma, die Su-
pergas-Anlagen nach wie vor produziert und günstig zum Nutzen
von armen Familien ohne Strom- und Gasversorgung in Entwicklungsländern vertreibt. Als sie die Geschichte von der international koordinierten Guarana-Abzocke hörten, war Superflex sofort
klar: Da muss man mit den Mitteln des Markts zurückschlagen.

Gemeinsam mit den Bauern entwickelten die Künstler mit
Unternehmeranspruch eine Counter Economic Strategy. Die Strategie mündet am Ende in ein Produkt, das »Guarana Power« heißt
und das erste fair produzierte und gehandelte Energiegetränk der
Welt ist. Die grafisch wild gestaltete Guarana-Kampagne wanderte
wieder durch Museen und Ausstellungen – als Beispiel für zeitge-
nössisch-politische Kunst mit Schnittstelle zur Marktkompetenz.
Denn Guarana Power ist inzwischen in mehreren europäischen
Ländern zu haben und ernährt die Zulieferer deutlich besser als
es die unfairen Konzerneinkäufer zuvor taten. Mit Guarana Power
bewiesen die Künstler von Superflex so zum zweiten Mal die Wir-
kungsmacht von Social Entrepreneurship, also dem Rückgriff auf
die Organisationstrukturen und Prozesse eines Unternehmens,
dessen primäres Ziel nicht die Maximierung von Profit ist, sprich:
Weltverbesserung mit den Mitteln des Kapitalismus.

Das Phänomen ist weniger neu als der Begriff. Historische Beispiele finden sich auch hierzulande. Nach dem Unfalltod ihres Sohns Björn – der Krankenwagen brauchte eine Stunde zur Unfallstelle und kam damit ein paar Minuten zu spät – baute das schwäbische Ehepaar Steiger in den sechziger und siebziger Jahren quasi im Alleingang die deutsche Luftrettung auf. Sie retteten damit Tausenden von Menschen das Leben und schufen nebenbei tausende Arbeitsplätze. Die Lebensleistung von zwei Menschen, die anderen Eltern ein ähnliches Schicksal ersparen wollten, ist in Deutschland nicht sehr bekannt. Bis dato fehlt hier eine Kultur der Anerkennung für sozialunternehmerische Leistung, wie sie in angelsächsischen Ländern üblich ist. Erst seit 2006 Mohammad Yunus und seine Garmeen-Bank mit den Mikrokrediten für arme Bangladeshis den Friedensnobelpreis erhalten haben, erfährt das Thema auch bei uns eine erfreuliche Konjunktur. Das neue Branding »Social Entrepreneurship« hilft dabei.

Auch bei uns merken immer mehr Menschen, dass soziale Innovationen nicht in erster Linie von Politikern und Beamten der Sozialbürokratie zu erwarten sind. Ebenso wenig möchte man sich auf Konzerne verlassen, von denen trotz aller Lippenbekenntnisse zur Corporate Social Responsibility letztlich keine substanziellen Beiträge auf diesem Feld kommen. Etwas pathetisch gesprochen sind Sozialunternehmen eine besonders schöne (oder im Wortsinn gute) Form der beruflichen Selbstverwirklichung. Denn mit der Gründung macht der Sozialunternehmer ein tief gefühltes Anliegen zu seiner beruflichen Existenz. Unter anderem an den Wirtschaftsfakultäten der Universitäten hat eine lebhafte Diskussion über Rolle und Chancen von Sozialunternehmen begonnen. Zudem wird fleißig nach Definitionen geforscht. »Soziale Entrepreneure sind nicht damit zufrieden, armen Menschen Fische zu schenken oder ihnen zu zeigen, wie man Fische fängt. Sie werden nicht ruhen, bis sie die Fischindustrie revolutioniert haben«, lautet ein Bonmot von Bill Drayton, einem Ex-McKinsey-Mann, der mit Ashoka eine Organisation gegründet hat, die Sozialunternehmern Anschubfinanzierung verschafft. Die weniger blumigen Formulierungen dürften praxistauglicher sein, sie betrachten die Motivation des Unternehmers: »Wenn er primär die Lösung eines gesellschaftlichen Problems anstrebt, spricht man von einem Sozialunternehmer. Wenn er primär seinen Gewinn maximieren möchte, spricht man von einem klassischen Unternehmer«, unterscheidet Ann-Kristin Achleitner, Professorin für Entrepreneurial Finance an der Technischen Universität in München.[14]

Social Entrepreneurs sind Menschen, die genug davon haben, nur über das Versagen von Gesellschaft und Markt zu lamentieren. Sie bringen beides zusammen. Bei der Motivation sind sie oft von Künstlern und Aktivisten – siehe Superflex – nicht weit entfernt. Sie wollen etwas schaffen, das bleibt. Meist legen Sozialunternehmer dabei Wert auf eine Abgrenzung zum klassischen Wohlfahrtsgedanken, denn Social Entrepreneurs wollen – zumindest nach einer Anschubfinanzierung – nicht dauerhaft von Spenden oder Stiftungserlösen abhängig sein. Ihre weltverbessernden Produkte oder Dienstleistungen sollen sich mit einem angemessenen Preis auf dem Markt behaupten können und damit das anvisierte Problem strukturell und langfristig lösen. Der Abnehmer des Produkts oder der Dienstleistung kann freilich sehr wohl der Staat sein, in vielen Situationen muss er es sogar, zum Beispiel im Bildungswesen. Sozialunternehmen unterliegen aber immer dem Wettbewerb. Öffentliche oder private Auftraggeber können sich den Anbieter von sozialen Dienstleistungen aussuchen, der ihnen am besten erscheint. Und sie können den Vertrag wieder kündigen, wenn das Sozialunternehmen die versprochene Leistung nicht erfüllt. Sozialunternehmen arbeiten wie klassische Unternehmen, mit zwei wichtigen Unterschieden: Ihr Erfolg misst sich an der sozialen Rendite, also daran, ob und in welchem Umfang das Unternehmen die selbstgesteckten sozialen Ziele erreicht. Zum Zweiten bekommen Investoren ihre Einlagen zwar erstattet, wenn das Sozialunternehmen die finanzielle Gewinnzone erreicht. Eine zusätzliche Rendite wird aber nicht ausbezahlt. Überschüsse werden umgehend in das eigene Geschäftsmodell investiert oder dienen als Startkapital für andere Sozialunternehmen. Die Gründer selbst und ihre Mitarbeiter müssen von der Unternehmung freilich angemessen leben können. Selbstausbeutung ist nicht das Ziel – wenn auch in der Startup-Phase oft nur schwer vermeidbar.

Aber hierin unterscheiden sich Social Entrepreneurs ja nicht von ihren profitorientierten Kollegen.

Es gibt noch eine Parallele zur Marke Eigenbau: Unterordnung unter hierarchische Strukturen mögen Sozialunternhemer in der Regel gar nicht. David Bornstein, ein kanadischer Journalist, der fünf Jahre auf den Spuren der Macher um die Welt gereist ist, hat beobachtet: Social Entrepreneurs hätten zunächst oft versucht, in Unternehmen Menschen für ihr Anliegen zu überzeugen. Meist stießen sie dann an enge Grenzen und entschieden an einem bestimmten Punkt im Leben, jetzt ihr eigenes Ding zu machen.[15] Oft sind es emotional einschneidende Erlebnisse, die einen Social Entrepreneur dazu bringen, seine eigene Organisation zu gründen. Das war auch beim bekanntesten und vermutlich erfolgreichsten Social Entrepreneur der Welt nicht anders.

Mohammad Yunus kam Mitte der siebziger Jahre – kurz nach einer verheerenden Hungersnot – mit seinen Studenten für ein Forschungsprojekt in ein Dorf und traf eine arme Frau, die Korbstühle herstellte. Die Stühle verkauften sich gut, aber pro Tag machte die Frau nur wenige Cent Gewinn, weil sie nicht das Kapital hatte, das Bambusmaterial vorzufinanzieren. Der Bambushändler nahm 10 Prozent Zinsen. Pro Woche! Die Frau war ihm hoffnungslos ausgeliefert, obwohl das Bambusmaterial für einen Stuhl gerade einmal 25 Cent kostete. In seinen Vorlesungen referierte Yunus über Weltbankmilliarden, und vor seiner Tür hatte eine Frau keinen Vierteldollar, der sie aus einem miesen Abhängigkeitsverhältnis bringen würde. Yunus schämte sich seiner Theorien – und entschied zu handeln. Er ging durch das Dorf und fragte, wie viele Leute in ähnlicher Situation ebenfalls Geld brauchten. Auf seiner Liste standen am Ende 42 Namen, die zusammen gerade einmal einen Kapitalbedarf von 27 Dollar hatten. Zu einer Bank mit normalen Zinskonditionen brauchten diese Menschen nicht zu gehen. Bezogen auf die kleinen Summen lohnt sich klassisches Bankgeschäft nicht, ganz abgesehen davon, dass klassische Banker nicht dazu neigen, armen Menschen einen Vertrauensvorschuss zu geben. Das war zumindest so, bevor Yunus mit seiner Idee der Mikrokredite die Welt veränderte. Der Fortgang von Yunus' Geschichte ist inzwischen recht bekannt.

Der Professor lieh den Menschen im Dorf die 27 Dollar aus eigener Tasche und bekam jeden Cent fristgerecht zurückgezahlt. Mithilfe von Studenten verschaffte er der Idee eine immer breitere Basis. 1983 gründete Yunus die Grameen-Bank. Deren Geschäftsziel heißt: Armutsbekämpfung. Grameen hat heute knapp acht Millionen Kreditnehmer und 25 000 Mitarbeiter. Über die Jahre hat die Bank der Armen fast sieben Milliarden Dollar verliehen. Die Rückzahlquote bei Mikrokrediten liegt bei über 98 Prozent und seit 1995 kommt die Bank vollkommen ohne finanzielle Beihilfen von außen aus. Nach dem Prinzip einer Genossenschaft organisiert, gehört die Bank zu 94 Prozent den Kunden. 6 Prozent sind im Besitz des Staates.

Grameen hat unter Führung von Yunus in eine Reihe von neuen Sozialunternehmen investiert, darunter ein Energieversorger für Slums und den ländlichen Raum, eine Telefongesellschaft, die Telekommunikation in entlegene Dörfer bringt (einzelne Frauen kaufen auf Kredit ein Mobiltelefon und werden zum profitablen, örtlichen Callshop), Fisch- und Viehzucht sowie Sozialunternehmen im Gesundheitssektor und in der Textil- und Baubranche. Grameens neuestes Projekt ist ein Joint-Venture mit Danone zur Herstellung von Joghurt für unterernährte Kinder. Der Joghurt soll günstig in Bangladesh produziert, mit Vitaminen und Mineralstoffen angereichert und dann für wenige Cent von Frauen vertrieben werden, die mit Kühltaschen von Haus zu Haus laufen. Auch bei diesem Projekt vertraut der Ökonom Yunus auf die Kräfte des Markts, wenn ein paar Dinge grundsätzlich neu geregelt werden. »Ich glaube an den freien Markt als Quelle der Inspiration und Freiheit für alle, aber ich glaube nicht an den Markt als Katalysator der Dekadenz einer kleinen Elite«, schreibt Yunus in seinem neuesten Buch.[16] Der Fehler im System liegt für den Nobelpreisträger in einer Unfähigkeit von Ökonomen und Managern, das Wesen des Menschlichen zu begreifen. Langsam, zu langsam, verabschieden sich die Wirtschaftswissenschaft und Entscheider vom Leitbild des allein am Profit orientierten *homo oeconomicus*. Menschen hätten dagegen ein grundlegendes Bedürfnis, anderen Menschen zu helfen. Sozialunternehmen, so sein Credo, können das Missing Link von Markt und Menschlichkeit bilden. Denn wenn eine gemeinnützige Unternehmung kostendeckend arbeitet oder gar Gewinne abwirft, so Yunus, sind ihre Möglichkeiten grenzenlos.

Sebastian Metzger ist von der Gewinnzone noch deutlich entfernt. Er hat auch nicht den Eindruck, dass seine Möglichkeiten grenzenlos sind. Aber er hat sein Sozialunternehmen Marke Eigenbau auch erst im April 2007 gegründet. Ziel seiner ecochoice.de ist es, Konsumenten unabhängig und effektiv beim Kauf von Elektrogeräten mit geringem Energieverbrauch zu beraten. Und durch Änderung von Konsumverhalten den CO_2-Ausstoß zu reduzieren. Die Idee kam Metzger, als er – noch hauptamtlich bei einer Tierschutzorganisation beschäftigt – selbst auf der Suche nach einer neuen Waschmaschine war und wie wir alle im Wust der Online-Verbraucherinformationen nicht mehr durchblickte. Er ging in den nächsten Laden und kaufte einfach irgendeine Maschine mit grünem Aufkleber, ohne recht zu wissen, ob das nun tatsächlich eine nachhaltig gute Entscheidung war. In dem Moment war Metzger klar: Wenn es gelingt, irrationale Entscheidungen von eigentlich bewussten Verbrauchern zu Gunsten der Umwelt zu beeinflussen, ist viel gewonnen. »80 Prozent der Leute sagen, sie mögen Bioprodukte. Aber nur 20 Prozent kaufen sie auch. Ich wollte einen Online-Ratgeber für Energieeffizienz schaffen, der Verbraucher da abholt, wo sie sind. Und ich war mir sicher: Ich kann das besser als die aktuellen Angebote.« Eine gemeinnützige Organisation kann nur an das Marktverhalten appellieren. Oder an die Politik. Oder an die Entscheider in der Wirtschaft. Um Verbraucherverhalten zu ändern, davon ist Sebastian Metzger nach wie vor überzeugt, hat ein Unternehmen mit sozialer Mission die besseren Karten. Zudem war er gerade an einem Punkt im Leben angelangt, der nach Veränderung geradezu schrie.

In seinem Job bei der Tierschutzorganisation kam Sebastian Metzger nicht weiter. Jeder Vorschlag, Dinge vielleicht einmal ein bisschen anders zu machen, wurde gnadenlos abgebügelt. Zudem fiel dem gebürtigen Ulmer just zu diesem Zeitpunkt ein kleines Erbe zu, das ihm sein Urgroßvater, ein schwäbischer Schuhfabrikant, hinterlassen hatte. »Ich habe mir gesagt: Wenn nicht jetzt, wann dann im Leben«, erinnert sich Metzger. Ein gutes Jahr später hat er mithilfe von Freunden, Praktikanten, Freiwilligen und ein paar Honorarkräften einen sehr übersichtlichen, gut gepflegten Online-Ratgeber geschaffen, der auf Basis von Testurteilen und Umweltinformationen eine verlässliche Vorauswahl für umweltbewusste Verbraucher bietet, die nicht zwei Wochen Recherchezeit haben, wenn sie sich einen neuen Staubsauger, Elektroherd oder Laptop kaufen wollen. Gutes Preis-Leistungsverhältnis, gute Umweltwerte sind die Kriterien und bei letzteren wird nicht nur oberflächlich hingeschaut. Was nützt ein Kühlschrank, der wenig Strom frisst, aber bei der Herrstellung einen yetihaften CO_2-Fußabdruck hinterlässt? Das Geschäftsmodell von Ecochoice sind Provisionen. Das Sozialunternehmen erhält einen kleinen Anteil vom Umsatz, wenn ein Kunde ein empfohlenes Produkt online bei einem Versandhändler kauft oder von ecochoice.de an einen Händler vor Ort vermittelt wird. Auf die Empfehlungen haben die Händler freilich keinen Einfluss. Wie angedeutet: Noch ist das Geschäftsmodell nicht aufgegangen. Bislang reichen die Einnahmen nicht, das Unternehmen ohne Verluste zu führen. Doch das Erbe des Urgroßvaters schmilzt schon langsamer dahin.

»Ich habe gelernt, viel zielorientierter zu arbeiten«, zieht der Schwabe Metzger Zwischenbilanz. Budget heißt eigenes Geld, nicht das Geld von anderen Leuten. Er versteht sich als »Unternehmer, aber im Geiste eines NGOlers«. Angst vorm Scheitern hat er keine. Denn er hat ebenfalls gelernt: »Das mit dem unternehmerischen Risiko ist doch auch sehr relativ.« Viele Menschen verbänden damit ein Bild von Verarmung. Seit er selbst Unternehmer ist, weiß Metzger: »Wenn ich jeden Monat weiter 20 Euro in die Soziaversicherung zahle, habe ich weiter Anspruch auf Arbeitslosengeld, wenn alles in die Hose gehen sollte.« Er zahlt sicherheitshalber die 20 Euro, geht aber fest davon aus, ecochoice.de mit dem Provisionsmodell profitabel zu bekommen, das Unternehmen dann abzugeben und eine neues Sozialunterfangen anzugehen.

Sebastian Metzger ist gerade dreißig geworden und durchaus kein untypischer Repräsentant seiner Generation. Man muss nicht zunächst als McKinsey-Berater reich geworden sein und einen Ekel vor der eigenen Arbeit empfinden, um in der zweiten Lebenshälfte ein Sozialunternehmen zu gründen – beziehungsweise das tief in die Miesen gerutschte Karmakonto mit Charity-Events aufzubessern. Social Entrepreneurship ist eine Karriereoption für Menschen frisch von der Uni, nach der Lehre oder für manche gar direkt nach der Schule. Viele neue Social Entrepreneurs sind gut ausgebildete junge Leute, die das Gefühl haben: Sie sind nicht nur im richtigen Teil der Welt geboren, sondern auch noch in der richtigen Familie. Sie können eigentlich direkt zurückgeben und müssen nicht erst den Umweg einer klassischen Karriere gehen, für die sie ihre Ausbildung eigentlich vorgesehen hat. »Das Interesse an Social Entrepreneurship ist gewaltig«, weiß Autor David Bornstein von Dutzenden Vorträgen an Businessschools rund um die Welt. An Ideen und potenziellen Gründern fehlt es nicht, eher an Startkapital und dem Knowhow, wie man eine Unternehmensgründung im sozialen Bereich erfolgreich angeht.

Das hat auch Norbert Kunz erkannt – und die Idee des Sozialunternehmens selbst zur Geschäftsidee gemacht. Seine Berliner Agentur Enterability hilft Menschen mit Behinderung, selbstständige Unternehmer zu werden. Er feilt mit ihnen an der Geschäftsidee, unterstützt sie beim Schreiben von Geschäftsplänen und vermittelt aussichtsreichen Kandidaten öffentliche oder private Gründerdarlehen. Mit Kunz' Hilfe hat unter anderem eine fast gehörlose junge Frau eine Yoga-Schule für Gehörlose aufgebaut. Ein Blinder hat einen Musikladen eröffnet. Ein junger Mann mit Downsyndrom hat eine mobile Snackbar eröffnet. Mit Enterability, die für Social Entrepreneurship Schneeballeffekte erzielen möchte, war Kunz selbst Stipendiat von Ashoka und 2007 Finalist des Social Entrepreneurship-Wettbewerbs, den der Gründer des Weltwirtschaftsforums Klaus Schwab ins Leben gerufen hat. Beides sichert die Anfangsfinanzierung und Aufmerksamkeit, die ein junges Sozialunternehmen braucht. Und beides ist nach wie vor nicht leicht zu bekommen. Zwar gibt es jetzt mit der Münchener Bonventure das erste deutsche Risikokapitalunternehmen, das sich auf die Finanzierung von Social Entrepreneurs spezialisiert hat. Doch die Skepsis bei potenziellen Investoren ist nach wie vor groß, was nicht zuletzt an mangelnder Effizienz und Transparenz von klassischen Hilfsorganisationen liegt.

In der angelsächsichen Welt, aber auch in Asien und Südamerika, ist man gedanklich und finanziell schon weiter. Dazu gehört auch, dass Sozialunternehmen klare Benchmarks erreichen müssen, um weitere Kredite oder Förderung zu erhalten. Hier erkennt man bereits öfter die dritte große Parallele von Social Entrepreneurs und profitorientierten Unternehmern: Nichts kann sie stoppen, wenn sie die richtige Idee zur richtigen Zeit haben und die notwendigen Manangement-Fähigkeiten besitzen. Social Entrepreneurship ist der Beweis, dass ein anderer Kapitalismus möglich ist. Finanzielle und soziale Rendite sind keine natürlichen Gegensätze. Allein die Spielregeln des Finanz- und Konzernkapitalismus müssen ein wenig verändert werden. Kurz nach der Nobelpreis-Auszeichnung hielt Mohammad Yunus einen Vortrag vor hundert deutschen Bankern. Die fragten den Mann aus Bangladesh nach seinem Erfolgsrezept. Yunus antwortet mit seinem freundlich bestimmten Lächeln: »Wir mussten uns nur ansehen, wie es die traditionellen Banken machten, um dann einfach genau das Gegenteil zu tun. Genauso entsteht dann ein funktionierendes Bankensystem für die Armen.«[17] Keine traditionelle Bank der Welt leiht einem obdachlosen Bettler ohne festen Wohnsitz Geld. Grameen tut genau das. Sie bietet Bettlern einen Kredit, um Süßigkeiten und Waren des täglichen Bedarfs zu kaufen. Die Obdachlosen ziehen weiter von Haus zu Haus. Nur bitten sie nicht mehr um Almosen, sie verkaufen Waren. Der Gewinn neben dem Geld für ein- oder zwei warme Mahlzeiten: Unabhängigkeit und Selbstwertgefühl. Viele ehemalige Bettler haben es mittlerweile vom Bauchladen zum kleinen Stand gebracht. Die erfolgreichsten gar zum eigenen Geschäft Marke mikrokreditfinanzierter Eigenbau.

7.3 Entwicklungshilfe DIY: Lokal denken, global handeln

Sozialunternehmen beweisen, dass der Geist von NGOs und die Mittel des Markts hervorragend zusammenarbeiten können. Damit ist nicht gesagt, dass klassische Entwicklungshilfe durch staatliche oder halbstaatliche Institutionen nie und in keinem Kontext sinnvoll ist. Es gibt gute und funktionierende Projekte. Und Katastrophenhilfe für Arme in Notsituationen – ob vor der Haustür oder an anderen Enden der Welt – wird sowieso immer notwendig bleiben. Gleichzeitig wächst die Überzeugung, dass nur eine lokale Initialzündung und globale Vernetzung von kleinteiligen Wirtschaftseinheiten jenen Entwicklungsschub bringen könnten, auf den Afrika und weite Teile von Asien und Südamerika trotz Weltbank-Milliarden und Heerscharen von hochbezahlten Entwicklungshelfern in nagelneuen Toyota-Jeeps bis heute vergebens warten. Nach wie vor müssen rund vier Milliarden Menschen mit weniger als 2 Dollar pro Tag auskommen. 500 Milliarden Dollar Entwicklungshilfe sind in den letzten fünfzig Jahren alleine nach Afrika geflossen.[18] Das Ergebnis ist bekannt, und es gilt als Zwischenbilanz festzuhalten: Viele haben Vieles versucht und ihr Bestes getan. Doch die Armutsbekämpfung, wie wir sie kennen, ist gescheitert. »Was braucht Afrika am dringendsten: Technologien oder Finanzhilfe?«, war im Sommer 2007 die Fragestellung der globalen TED-Konferenz, die jährlich die führenden Köpfe aus Wirtschaft, Wissenschaft und Medien versammelt, und die in dem Jahr erstmals außerhalb der USA in Aruscha, Tansania abgehalten wurde. Die Präferenz der Teilnehmer fiel eindeutig aus: Mit dem richtigen Zündfunken aus smarten Technologien könnte Afrika die führenden Industrienationen sogar »leapfroggen«, sprich: überspringen und mit einem großen Satz mitten im 21. Jahrhundert landen.[19]

Trotzdem wäre es kein Zeichen von überbordender Intelligenz und Realitätssinn, zu glauben, dass Eigenbau-Marken im Handumdrehen die Armut abschaffen können. Doch im Kontext einer stärker marktbasierten Entwicklungspolitik – und dahin geht der Trend spätestens seit den Entwicklungserfolgen vieler asiatischer Staaten – können sie auf mindestens drei Ebenen entscheidend zu globaler Entwicklung beitragen. Sie können erstens bezahlbare Produkte entwickeln, die arme Menschen in ihrem täglichen Kampf um ein menschenwürdiges und halbwegs gesundes Leben voranbringen. Kleine und mittlere Unternehmen mit Eigenbau-

Charakter verschaffen zweitens Produzenten aus Entwicklungsländern Zugang zu Märkten und tragen dazu bei, dass es in neuen
Formen globaler Kooperation endlich fairer zugeht. Drittens: Sie
machen beides gleichzeitig.

Beginnen wir mit Ansatz Nummer eins, also jenen, die mit
klassischem Gewinnstreben neue Märkte erobern wollen, indem
sie sinnvolle Produkte herstellen und zu attraktiven Preisen vertreiben. Hier beginnt schon das Problem, denn dafür müssten die
sinnvollen und marktfähigen Produkte erst einmal erfunden und
entwickelt werden. Und wer tut das? »Die große Mehrheit der Designer der Welt konzentriert sich darauf, ausschließlich Produkte
für die reichsten 10 Prozent der Verbraucher zu entwickeln. Wir
brauchen eine echte Design- und Entwicklungsrevolution, um die
anderen 90 Prozent zu erreichen«, sagt Paul Polak, Buchautor[20]
und Gründer von International Development Enterprises, einer
Nonprofit-Organisation, die Bauern hilft, ihre Farmen langfristig
profitabel aufzustellen. Bislang hat die Revolution, von der Polak
träumt, gerade mal das Ausmaß einer Revolte, die noch nicht bis in
die Paläste der Design-Päpste vorgedrungen ist – aber sie gewinnt
Anhänger. Einer davon ist Mikkel Vestergaard Frandsen. Der Däne
und Afrika-Fan, heute Mitte dreißig, stieg Anfang der neunziger
Jahre in den Betrieb seines Vaters unter der Bedingung ein, er dürfe
Geschäftsfelder in Afrika entwickeln. Sein erster Coup: Aus einer
Million Quadratmeter Stoff, die der Vater nicht mehr brauchte,
ließ Frandsen Junior Decken schneiden, die er mit ordentlichem
Profit an Entwicklungshilfeorganisationen verkaufte. Billigde-
cken aus China unterminierten bald das neue Geschäftsfeld und
Frandsen suchte nach neuen Produkten für seine alten Abnehmer. Besonders robuste, waschfeste Moskitonetze waren der erste
Lowtech-Verkaufsschlager. Heute verkauft er davon vier Millionen
pro Monat. Das verschaffte ein Budget für die Entwicklung einer
sehr günstigen aber hocheffektiven Falle für den Malaria-Träger
Tse-Tse-Fliege, die mit einem Lockstoff arbeitet. Das Beste kommt
jedoch gerade erst. 2005 stellte Frandsen den Prototypen für ein
3 Dollar-Produkt vor, welches das Leben von mehr als einer Milliarde Menschen unendlich sicherer machen könnte, die keinen

ständigen Zugang zu sauberem Trinkwasser haben. Das 30 Zentimeter lange Plastik-Gadget trägt den Namen LifeStraw, zu deutsch Lebens-Strohalm. Der LifeStraw ist ein daumendickes Röhrchen mit eingebautem Wasserfilter. Der Durstige saugt am oberen Ende und trinkt ohne Gefahr. Ein einziger LifeStraw kann 700 Liter Wasser filtern, also einen Menschen zum Preis von fünf Wasserflaschen ein Jahr lang vor schädlichen Bakterien schützen.

Bemerkenswert und vorbildlich am LifeStraw: Das Produkt-Design des mittelständischen Unternehmers hat genau hingeschaut, was die gefährdeten Menschen Tausende Kilometer von Dänemark entfernt wirklich brauchen. In ihren Hütten und Häusern haben diese nämlich fast immer die Möglichkeit, Wasser abzukochen. Aber wenn sie unterwegs durstig werden, trinken sie aus verschmutzten Quellen. Der LifeStraw hat eine Schlaufe zum Umhängen – und soll immer am Mann, an der Frau oder am Kind sein.

Dass Mikkel Vestergaard Frandsen nur die Vorhut einer Bewegung von Eigenbau-Entwicklern und Kleinunternehmern bildet, zeigt eine interessante Ausstellung (und der dazu gehörende Katalog) des Cooper-Hewitt National Design Museum in New York. 2007 griffen die Museumsverantwortlichen den oben erwähnten Satz von Paul Polak auf und organisierten eine Überblicksschau zum Thema unter dem Titel »Design for the other 90%«. Neben dem LifeStraw finden sich Hunderte brillanter Ideen. Ein 26-Quadratmeter-Haus aus imprägnierter, extrem stabiler Pappe mit robustem Planendach, das für anderthalb Jahre als Notunterkunft für obdachlos gewordene Familien dienen kann. Ein rund zwei Meter langes Fahrrad mit großem Laderaum, dicken Mountainbike-Reifen und Trittbrettern für weitere Passagiere, das nicht mehr kostet, als die gängigen Modelle in Entwicklungsländern. Der transportable Holzkohleofen, der 50 Prozent weniger Brennstoff braucht als die bisher in Afrika üblichen Öfen, ebenfalls kaum teurer ist und in Kenias Städten bereits in jeder zweiten Küche steht.

In der Ausstellung gibt es sowohl Beispiele, die mit Patentschutz arbeiten, um Entwicklungsinvestitionen in neue Technologien zu refinanzieren, als auch Open Source-Ansätze, die auf möglichst rasche Verbreitung von Ideen setzen, von denen die Erfinder dann zum Beispiel durch Vertrieb profitieren wollen. Beides kann dazu beitragen, dass das Wesentliche geschieht: Technische Lösungen tragen zur Bekämpfung von Armut und sozialen Problemen bei. Es ist gewiss kein Zufall, dass »Design for the other 90%« nahezu ausschließlich Produkte von Design-Studenten, studentischen StartUps oder kleinen und mittleren Unternehmen zusammengetragen hat. In den Forschungs- und Entwicklungsabteilungen der Konzerne scheinen für diese Art der Innovationen offenbar keine Kapazitäten frei zu sein. Auffällig ist ebenfalls, dass ein Schwerpunkt der New Yorker Ausstellung auf Erfindern und Herstellern lag, die bei der Entwicklung der Produkte sehr bewusst die Zusammenarbeit mit denen gesucht hatten, die diese später nutzen sollten. Prosuming und User-Innovation sind keine Phänomene, die auf Lego-Sets oder Trendsportgeräte beschränkt bleiben müssen. Gerade bei der Produktentwicklung für die anderen 90 Prozent ist die Methode besonders vielversprechend, haben die Entwickler der Massenproduktschmieden die tatsächlichen Bedürfnisse (und Fähigkeiten) der »armen« Zielgruppe doch komplett aus den Augen verloren.

Dies hat auch Mondialogo erkannt. Die Initiative der UNESCO wird von einem Konzern mitfinanziert, der global gesehen eher Transportmittel für die oberen 10 Promille baut: Daimler. Mondialogo bringt Technikstudenten und junge Ingenieure aus »Erster« und »Dritter Welt« zusammen, um gemeinsam Produkte zu entwickeln, die die Welt als Ganzes gut gebrauchen kann. Auf der Community-Website der Organisation haben sich zum Beispiel der Palästinenser Awad Naser und der Student Christopher Fox aus Salt Lake City zu einer technisch sehr eindrucksvollen Ölmühlenkooperation zusammengetan: Ihre Zusammenarbeit erinnert stark an den InnoCentive-Ansatz, den wir aus Kapitel 4 kennen. Naser suchte auf der Webseite von Mondialogo nach einer Lösung zur Aufbereitung von chemisch verunreinigtem Abwasser von Mühlen, die aus Oliven Öl pressen. Der Amerikaner experimentierte gerade mit Harzen, die Phenolverbindungen aus Wasser herausfiltern können, hatte aber keine wirklich sinnvolle Anwendung gefunden. Die palästinensisch-amerikanische Lösung hat jetzt hervorragende Umsetzungschancen, weil als Abfallprodukt wertvolle Chemikalien entstehen, die Olivenbauern zusätzliche Einnahmen bringen können.

Interkulturelle Zusammenarbeit beim Kreationsprozess, ein intelligenter Mix bekannter Technologien und die Konzentration auf Quantensprünge im Preis-Leistungsverhältnis für basale Anwendungsfelder wie Licht, Wärme, Wasser, Strom oder Kommunikation sind auch zentrale Zutaten eines Entwicklungskonzepts, das der in den USA lehrende indische Ökonom und Unternehmensberater Coimbatore Krishnarao Prahalad treffend »Bottom of the Pyramid« nennt.[21] Oder kürzer: BoP. Seine Kernthese ist relativ einfach, und gerade deshalb besonders überzeugend: Wenn wir endlich aufhören, die Armen der Welt als Opfer und Belastung anzusehen, sondern in ihnen kreative Unternehmer und wertvolle Verbraucher erkennen, erschließt sich eine ganz neue Welt der Möglichkeiten. Im Grunde ist Prahalads unteres Ende der Pyramide das Yunus-Konzept abzüglich des Gedankens, dass im doppelten Wortsinn gute Unternehmen keine Profite an Investoren ausschütten. Wie Yunus hält Prahalad es für dringend angezeigt, mit ein paar ökonomisch falschen Annahmen aufzuräumen, die die Entwicklung am unteren Ende der Pyramide massiv behindern. Dazu gehört zum Beispiel die fixe Vorstellung, dass Menschen, die weniger als ein paar Dollar Tagesbudget haben, nicht markenbewusst seien. Oder dass Arme mit neuen Technologien mangels (formaler) Bildung ohnehin nichts anfangen könnten. Die für den Ökonomen schädlichste Fehleinschätzung lautet jedoch: Am unteren Ende der Pyramide ließe sich kein Geld verdienen. Letzteres führt nun einmal dazu, dass die Armen von marktwirtschaftlicher Entwicklung grundsätzlich ausgeschlossen und immer auf Fürsorge angewiesen bleiben.

Wenn die Armen der Welt als Verbraucher entdeckt werden, ist Entwicklung auch ohne einen sympathischen wie klugen Idealisten à la Yunus möglich. Das zeigt zurzeit unter anderem der schwarzafrikanische Mobilfunkmarkt – der am schnellsten wachsende Mobilfunkmarkt der Welt. Festnetzanschlüsse sind in weiten Teilen des Kontinents nie verfügbar gewesen, und wenn doch, war der Service besonders in Regenzeiten oft sehr unzuverlässig. Nationale Mobilfunkanbieter wie Vodacom Congo oder die kenianische Safaricom haben binnen weniger Jahre zuverlässig funktionierende GSM-Netze aufgebaut und mit flexiblen Prepaid-Tarifen im Handstreich ihre meist staatlichen Festnetzkonkurrenten (mit teuren Grundgebühren) an Kundenzahlen um ein Vielfaches übertroffen. Oft teilen sich mehrere Familien ein Telefon, oder Kleinunternehmer mit Micro-Callshops vermieten ihre Geräte minutenweise an Kunden aus dem Dorf oder der Nachbarschaft. Dank Mobilfunk können heute in Afrika mehrere Hundert Millionen Menschen telefonieren, die vorher von Fernkommunikation komplett ausgeschlossen waren. Die neue – in der Regel von afrikanischen Unternehmern geschaffene – Infrastruktur ermöglicht Entwicklung für Kleinunternehmen auf Ebenen, über die Europäer oder US-Amerikaner selten nachdenken. Am Victoriasee können sich Fischer an verschiedenen Ufern des Sees absprechen, wie der Fang des Tages war – und können höhere Preise verlangen, wenn das Angebot eher knapp ist. Handwerker können zuverlässig Aufträge annehmen, weil sie endlich gut erreichbar sind. In Tansania hat sich gar das Handy als Kontoersatz für bargeldlosen Zahlungsverkehr durchgesetzt: Die Handy-Nutzer überweisen per SMS Gesprächsguthaben auf andere Mobiltelefone. So können sogar arme Landarbeiter, die in ihrem Leben nie ein eigenes Bankkonto besitzen werden, Geld in ihr entlegenes Heimatdorf schicken.[22]

In Deutschland ist der Versuch, das Mobiltelefon mit dem Zusatznutzen »avanciertes Zahlungsinstrument« auszustatten, gescheitert. Wir brauchen das auch nicht dringend, denn wir haben Bankkonten und EC-Karten. Der Vergleich zeigt: Tatsächlich können gerade diejenigen, denen wir die Nutzung von (Hoch-)Technologie nicht zutrauen, mit neuer Infrastruktur veraltete Technologien, die sie nie hatten, einfach überspringen. So sind sie plötzlich voll auf Höhe der Zeit.

Der Konzernkapitalismus stößt an seine Grenzen, wenn er die Mehrheit der Menschen als potenzielle Kunden außen vor lässt. Beim Lebensmittelmulti Nestlé haben Marktstrategen errechnet, dass die 2,8 Milliarden Menschen mit weniger als 10 Dollar Tagesbudget jährlich 510 Milliarden für Nahrung ausgeben. Nestlé hat einen Weltmarktanteil von 2 Prozent. Das macht am unteren Ende der Pyramide für die Schweizer ein Marktpotenzial von rund 10 Milliarden. Nun wollen wir nicht hoffen, dass globale Nahrungsmittelfabrikanten wieder auf die Idee kommen, wie in den siebziger Jahren Milchpulver für Babys in Märkte zu drücken, in denen sauberes Wasser knapp ist. Auch stellt sich die Frage, ob Menschen auf der Südhälfte nichts dringender brauchen als löslichen Kaffee. Doch unter dem Strich werden arme Länder profitieren, wenn ihre Menschen als »emerging consumers« endlich ernst genommen werden. Eigenbau-Marken können auch hier eine Pionierrolle übernehmen.

Das funktioniert schon heute in beide Richtungen. Denn Eigenbau-Marken, zumindest aus Schwellenländern, entwickeln immer mehr Anwendungen, die auch wir sehr gut gebrauchen könnten. Die zuverlässigsten digitalen Wahlautomaten kommen nicht von Microsoft oder Texas Instruments. Während elektronische Urnen in der hochentwickelten Welt mit hübscher Regelmäßigkeit für Wahlchaos sorgen, hat ein bei uns komplett unbekannter Lieferant der brasilianischen Regierung mit dem UE2000 einen höchst robusten, auch für Analphabeten leicht zu bedienenden Kleincomputer konstruiert. Der etwas grob designte Kasten fällt auch bei 90 Prozent Luftfeuchtigkeit oder Eiseskälte nicht aus und sorgt heute bei Wahlen in ganz Lateinamerika für eine (zumindest technisch) reibungslose Durchführung von Massen-Stimmabgaben.

Die Logik der Marke Eigenbau erweitert den alten Grundsatz »Global denken, lokal handeln« insofern, als die Handlungsspielräume des Einzelnen global geworden sind. Das gilt auch für das Feld der (privaten) Entwicklungshilfe. Die globale Einbettung, der Erfahrungsaustausch über einen interaktiven Werkzeugkasten, machen maßgeschneiderte Lösungen möglich. Die neue Logik der Vor-Ort-Weltverbesserung bedeutet, dass beim globalen Handeln das lokale Denken nicht zu kurz kommt. Doch dabei vergessen wir gerne, dass die so genannte Dritte Welt sozial abgefedert bei uns vor der Haustür beginnt.

7.4 Glokalpolitik: Eine Welt Marke Eigenbau ist möglich

Als Steve Mariotti Anfang der achtziger Jahre in einer schlechten New Yorker Gegend von Jugendlichen überfallen und ausgeraubt wurde, zog er nicht den naheliegenden Schluss, zum Law-and-Order-Sympathisanten zu werden. Der erfolgreiche Unternehmer forderte keine stärkere Polizeipräsenz oder mehr Überwachungskameras an öffentlichen Plätzen. Mariotti stellte sich vielmehr die Frage: Warum riskieren diese Kids für eine Hand voll Dollar ihre Freiheit, wo sie doch gemeinsam ein Geschäft aufziehen und eigenes Geld verdienen könnten? Die Sache beschäftigte ihn so sehr, dass er aus seiner Firma ausstieg und einen Neustart als Wirtschaftslehrer wagte – zunächst an einer staatlichen Schule in Brooklyn, später im Problembezirk South-Bronx. 1987 gründete Mariotti, der seine Karriere ursprünglich einmal bei Ford begonnen hatte, die National Foundation for Teaching Entrepreneurship (NFTE, nfte.com), um die Idee auf eine neue Stufe zu heben und seine gesammelten Erfahrungen an Multiplikatoren weiterzugeben. Heute ist die Nonprofit-Organisation in 14 Ländern aktiv, hat weltweit 3700 staatliche und ehrenamtliche Lehrer ausgebildet und damit über 150 000 Jugendliche erreicht. Das Programm arbeitet insbesondere mit Schulen in Unterschichtgegenden und zielt darauf ab, die »street smartness«, die dort ohnehin zur Alltagsbewältigung gehört, in Unternehmergeist zu wandeln – und eben nicht in kriminelle Energie. Einige Schüler haben es zu erheblichem Reichtum gebracht, wie Simon Woodroffe, Gründer der Londoner Yo!-Sushi-Kette, der seine Anteile schließlich für 10 Millionen Pfund verkaufte. Ausreißer nach oben sind gern gesehen. Das eigentliche Ziel aber ist es, am unteren Ende der Pyramide in voller Breite zu wirken.

In Deutschland richtet NFTE sein Engagement hauptsächlich auf Haupt-, Real- und Berufsschulen in sozialen Brennpunkten. Zu den Sponsoren und Botschaftern zählen die Medienunternehmerin Christiane zu Salm und der C&A-Erbe Stephan Brenninkmeyer, was nicht weiter stören sollte, denn NFTE legt den Finger in die richtige Wunde, nämlich in eine klaffende Lücke in deutschen Bildungseinrichtungen und Lehrplänen, die nicht darauf ausgerichtet sind, Menschen auf die Selbstständigkeit vorzubereiten. Damit Geschäftsmodelle Marke Eigenbau funktionieren und zu einer Lebensgrundlage werden können, ist neben einer guten Geschäftsidee auch ein basales Verständnis wirtschaftlicher Zusammenhänge, finanzieller und bürokratischer Rahmenbedingungen sowie der eigenen unternehmerischen Rechte und Pflichten nötig. Während in Großbritannien mittlerweile jede zweite Schule Wirtschaftsunterricht anbietet, taucht das Thema in deutschen Lehrplänen so gut wie nicht auf. Das Resultat ist bekannt: Die meisten Schulabgänger haben keine Ahnung von Wirtschaft. Eine Studie des Bankenverbands kommt zu dem Ergebnis, dass ein Großteil der jungen Menschen in Deutschland Soll und Haben nicht auseinanderhalten kann und nicht weiß, was ein Dispo ist.[23] So klappt es auch mit der Marke Eigenbau nicht.

Nach wie vor herrscht ein gesellschaftliches und politisches Klima, das Eigeninitiative und Selbstorganisation in wirtschaftlichen Kontexten unnötig behindert. Die Schule ist der Ausgangspunkt, die Wirtschaftsbürokratie die Fortsetzung. Dabei hat man nicht einmal den Eindruck, dass es sich dabei um eine große Verschwörung gegen die Kleinen handelt. Oft scheinen bürokratische Hürden für Einzelunternehmer aus Unachtsamkeit zu entstehen, weil Gesetzgeber und Verwaltung immer noch das mittelständische Unternehmen als kleinste wirtschaftliche Einheit im Kopf haben und nicht den Menschen. Die meisten Regelungen gelten unterschiedslos für mittelständische Unternehmen wie für Marke Eigenbau-Unternehmer und müssen von ihnen im selben Umfang neben der täglichen Arbeit bewältigt werden. So hat auch der Kleinunternehmer seine geringwertigen Wirtschaftsgüter neuerdings gepoolt über einen Zeitraum von fünf Jahren abzuschreiben. Wenn er seine Umsatzsteuererklärung selbst macht, muss er sich in die spitzfindige Unterscheidung von nicht steuerbaren und steuerfreien Umsätzen einarbeiten, und er muss mitunter dem Bundeszentralamt für Steuern in Saarlouis zu innergemeinschaftlichen Dreiecksgeschäften nach § 25b Absatz 5 UStG Auskunft erteilen, obwohl er nicht einmal wusste, dass es so etwas überhaupt gibt. Weil seit dem 1. Januar 2007 auch E-Mails als Geschäftsbriefe gelten, müssen auch die E-Mail-Signaturen von Kaufleuten regulär die vollständigen Angaben zu Firma, Rechtsform, Handelsniederlassung, zuständigem Registergericht und Handelsregisternummer beinhalten. Dadurch dürfte streng genommen ein Großteil des E-Mail-Verkehrs zwischen Marke Eigenbau-Produzenten untereinander und deren Kunden juristisch nichtig sein. Ähnlich gelagerte, ursprünglich zur Verbesserung des Verbraucherschutzes gedachte Vorschriften zu Pflichtangaben und Impressen auf Websites haben bereits zu Goldgräberstimmung unter Abmahnanwälten geführt – auf Kosten von Kleinanbietern im Netz und auf eBay, die ein paar Unachtsamkeiten leicht vierstellige Beträge kosten können. Auch Banken spielen im Kontext der Marke Eigenbau selten die Heldenrolle. Trotz aller hastig unter dem Modelabel »Kreativwirtschaft« aufgelegten Programme, ist es für Gründer ohne Eigenkapital nach wie vor schwierig, an Geschäftskredite zu kommen, auch wenn es sich dabei um wenige Tausend Euro handelt. Ohne bei jeder passenden und unpassenden Gelegenheit nach staatlicher Förderung rufen zu wollen scheint die Frage durchaus berechtigt, die Jens Bisky in der *Süddeutschen Zeitung* stellt: Warum werden Großunternehmen mit immensen Subventionszusagen an Standorte gelockt, während Kleingewerbetreibende von derartigen Mitteln strukturell ausgeschlossen sind?[24]

Weniger Bürokratie nützt vor allem denjenigen, die alles selbst machen müssen. Dabei darf die Forderung nach Bürokratieabbau im Sinn der Marke Eigenbau nicht missverstanden werden als plumpes Plädoyer für »weniger Staat«. In der Tat: Es gibt sie, die geheimen Verbündeten in den Verwaltungen, die mit der Marke Eigenbau sympathisieren und an der Verbesserung ihrer Bedingungen arbeiten. Es muss auch Menschen geben, die die Herausforderung annehmen, große Apparate zu bedienen, und dort ansetzen, wo die entscheidenden Weichenstellungen passieren. Von daher muss »kreative Verwaltung« kein Oxymoron sein, auch wenn Politik bekanntlich die Kunst des Möglichen ist, und das Bohren dicker Bretter Geduld erfordert, wie jeder Handwerker ohne Hilti weiß.

Auf kommunaler Ebene kann man fast schon von einem Trend zur Politik Marke Eigenbau sprechen, die eine Alternative zur unterkomplexen Patentlösung Privatisierung aufzeigt. Bei Entsorgung und Energie erleben kommunale Firmen eine regelrechte Renaissance, wie der *SPIEGEL* berichtet: »Während Bund und Länder dabei sind, von den Universitätskliniken bis zur Flugsicherung fast alles zu privatisieren, entdecken Städte und Landkreise, dass es manchmal besser ist, die Dinge wieder selbst in die Hand zu nehmen. Erstaunt stellen Landräte und Bürgermeister fest, dass in öffentlicher Regie effiziente Firmenstrukturen geschaffen werden können, dass solche Betriebe die Bürger oft billiger und besser bedienen. Die Gebühren und Einnahmen bleiben dann vor Ort und werden nicht als Gewinn an ferne Konzernzentralen überwiesen.«[25] Hierin steckt viel Eigenbau-Charakter, wie wir ihn verstehen. Besonders der Sektor der Stromerzeugung ist durch die Klimadebatte zu einem Thema geworden, das viele Bürger emotional berührt. Im Verbund mit der kommunalen Verwaltung treffen sie ungewöhnliche Entscheidungen und Maßnahmen. Die kleine Gemeinde Jühnde in Niedersachsen etwa hat sich vom Netz der Großversorger abgekoppelt und produziert jetzt Strom und Fernwärme aus Biomasse in Eigenregie in einem Biogasreaktor. Im Landkreis Göttingen wollen neun weitere Dörfer dem Vorbild folgen.[26] Die »Stromrebellen« von Schönau im Südwestschwarzwald gehen noch weiter: Per Bürgerentscheid übernahmen die Einwohner von Schönau mit der aus der Anti-Atomkraft-Bewegung hervorgegangenen Initiative EWS schon 1997 die Stromversorgung komplett selbst und stellten sie auf regenerative Quellen um. Seither versorgen sie nicht nur die Gemeinde, sondern knapp 70 000 Kunden in ganz Deutschland im bundesweiten Tarif »Watt Ihr Spart« mit kostengünstigem und regenerativem Strom und machen damit dem großen Versorgerkartell Konkurrenz. Die erwirtschafteten Überschüsse fließen unmittelbar wieder in die dezentrale Herstellung sauberen Stroms. So unterhält und unterstützt die EWS mittlerweile ein Netz von über 1 000 so genannten Rebellenkraftwerken, die ihren teils in privaten Anlagen generierten Strom einspeisen (ews-schoenau.de).

Damit existiert zumindest ein Modell, wie eine künftige Energie-
infrastruktur Marke Eigenbau aussehen könnte.

Offenbar entsteht seit einiger Zeit ein neues politisches Bewusstsein, das die regionale und kommunale Ebene mit einer
globalen Perspektive in Einklang zu bringen versucht. So arbeiten in Deutschland inzwischen 2700 Gemeinden zusammen mit
Vereinen und Freiwilligen in der »lokalen Agenda 21« daran, die
1992 beim Umweltgipfel in Rio de Janeiro als Agenda 21 festgeleg-
ten Ziele für eine nachhaltige Entwicklung mit einer Politik der
kleinen Schritte doch noch zu erreichen. Das strukturschwache
Gelsenkirchen betätigt sich hier als Vorreiter. Die rot-rote Lan-
desregierung in Berlin erklärte die lokale Agenda gar zur Leit-
idee der künftigen Landespolitik und übernahm viele Elemente
von der »regionalen Agrarwende« bis hin zur »Stärkung lokaler
Wirtschaftskreisläufe«. Das CDU-geführte Stuttgart punktet mit
einem Programm, die kinderfreundlichste Großstadt Deutsch-
lands zu werden – und bindet dabei alle ein, die beitragen können
und wollen. Man könnte das Glokalisierung nennen, eine Neuauflage des Kommunitarismus oder einfacher und klassisch: Bürger-
beteiligung. Glenn Reynolds erinnert daran, welch wichtige Rolle
dabei – ähnlich wie bei Crowdsourcing und Open Source – die innere Motivation der Beteiligten spielt, die sich nicht durch staats-
bürgerliche Verpflichtung und Indienstnahme erzwingen lässt:
»Das Erfolgsgeheimnis von Big Business und Politik im 21. Jahrhundert wird, denke ich, darin bestehen, Wege zu finden, Kapital
daraus zu schlagen, dass eine Menge Leute genau das machen, was
sie wollen, und nicht – wie in den Jahrhunderten zuvor – Wege zu
finden, sie das machen zu lassen, was *man selber* will.«[27] Die wei-
tergehende Hoffnung lautet, dass auch die große Politik sich noch
mehr von den partizipatorischen Möglichkeiten des Internets
abschaut, interaktiver wird und dadurch eine stärkere Prägung
Marke Eigenbau annimmt.

Der Geist der Marke Eigenbau auf politischer Ebene hat viele
Überschneidungen mit der Idee der Zivilgesellschaft. Aber er lässt
sich ungern von bräsigen Appellen an den Bürgersinn vereinnah-
men, wie sie zuhauf in Sonntagsreden und Talkrunden geäußert

werden. Eher entspricht er einer konkreten Praxis der Selbstermächtigung, die ihre Wurzeln in den themenbezogenen Bür-
gerinitiativen, dem Engagement der NGOs und der breiten Bewegung der Globalisierungskritiker hat. Von daher lässt er sich auch
schlecht zu einem politischen Plädoyer für mehr Eigenverantwortung ummünzen. Die Globalisierung als Resultat der Strategien
globaler Konzerne kennt eindeutige Gewinner und Verlierer, und
der Verweis auf Eigeninitiative und Selbstverantwortung ist nicht
die Antwort auf neue soziale Fragen. In der Schere ungleich ver-
teilter Lebenschancen spiegelt sich der Konflikt zwischen Globa-
lisierungsopfern und -gewinnern wider. Zum Teil vereinigen sich
diese Konflikte aber auch in einzelnen Personen, in uns selbst.

Robert Reich weist in diesem Zusammenhang darauf hin, dass
die Rolle des Konsumbürgers im heutigen Kapitalismus widersprüchlich ist. Als Börsenanleger und konsumierende Nachfragemacht führt er eine Dynamik auf Seiten der globalen Konzerne
herbei, unter der er selbst als Arbeitnehmer und Bürger zu leiden
hat. Als Nachfrager kauft er die billigsten Produkte im größten
Supermarkt, deren massenhafter Import seinen eigenen Arbeitsplatz bedroht. Als Anleger forciert er genau jene kurzfristige Ge-
winnorientierung von Unternehmen, die er als Bürger missbilligt.
»Der Superkapitalismus hat unsere Spielräume als Verbraucher
und Anleger radikal vergrößert und ermöglicht uns, in aller Welt
nach Schnäppchen zu suchen. Den Preis dafür bezahlen wir als
Arbeitnehmer und Bürger. Unsere Arbeitsplätze und Löhne werden
immer unsicherer, und wir sind immer weniger imstande, unsere
Rolle als Bürger auszufüllen.«[28] Dieser Zusammenhang ist vielen
Menschen nicht bewusst, und selbst wenn er ihnen bewusst wird,
sind sie ratlos, was man dagegen unternehmen könnte. Reich sieht
als Ausweg den starken Staat vor, der den »Superkapitalismus« im
Zaum hält und eine neue Balance sichert.

Auch die Marke Eigenbau zielt auf eine neue Balance ab, aber
sie kommt aus der anderen Richtung, von unten, von der breiten
Basis. Indem sie die Brücke zwischen souveränen Produzenten
und bewussten Konsumenten neu errichtet, hilft sie die Einheit
von Verbraucher und Bürger wieder herzustellen. Das kann nur

eine flankierende Maßnahme sein. Die beiden Kanadier Joseph Heath und Andrew Potter warnen zu Recht vor der Haltung der *Konsumrebellen,* die dem *Mythos der Gegenkultur* aufsitzen und hinter ihrem symbolisch angepassten Konsumverhalten schon eine revolutionäre politische Tat vermuten.[29] Trotzdem ist und bleibt strategisches Konsumverhalten eine wirksame Waffe, um Veränderung zu bewirken. Uns ist durchaus bewusst, dass diese Programmatik die Züge eines Schönwetter-Ansatzes trägt, weil sie den strategischen Konsumenten mit frei disponiblem Einkommen voraussetzt. Die meisten Menschen kaufen ja nicht bei Lidl und Aldi, Kik und Zeeman, weil sie die Produkte so lieben oder sich mit der Marke identifizieren, sondern weil sie sich schlicht nichts anderes leisten können. Und nicht jeder taugt zum Gründer. Andererseits: Wenn man den vergleichsweise geringen Anteil der Ausgaben für Nahrungsmittel in Deutschland mit dem anderer Länder mit ähnlicher Einkommensstruktur, Frankreich etwa, vergleicht, muss man feststellen, dass es am Geld allein nicht liegen kann. Wir wollen an dieser Stelle nicht in den neo-konservativen Volkssport des Unterschichten-Bashings einsteigen. Aber Eigeninitiative und Selbstermächtigung im Sinne der Marke Eigenbau brauchen kein Prädikatsexamen einer Eliteuniversität. Ihre Möglichkeiten stehen auch dem ökonomisch abgehängten Teil der Gesellschaft offen.

Die Globalisierung wird niemand rückgängig machen. Es hat auch wenig Sinn, darüber nachzudenken, ob das überhaupt ein Ziel sein könnte. Mit Peter Sloterdijk distanzieren wir uns von jenen rückwärtsgewandten Gegnern der Globalisierung, die keinen Hehl machen »aus ihrer Überzeugung, es wäre besser gewesen, die Menschen hätten das globale Stadium nicht erreicht – oder wären nach gewonnener Einsicht, unter Vermeidung der hohen See, in ihren Dörfern und Kleinstädten geblieben«.[30] Der Weg zurück ist verbaut, und die einzige Richtung, in die wir gehen können, ist nach vorn. Damit ist nicht gesagt, dass wir uns nicht aus der Geschichte bedienen, historische Vorbilder handwerklicher Sorgfalt, gemeinschaftlicher Produktion und einer Wirtschaft mit menschlichem Maßstab heranzitieren und in neuem Licht interpretieren können.

Die digitalen Technologien werden uns dabei unterstützen, neue Formen der Vergesellschaftung auszutesten, bessere Produkte zu lancieren und der Marke Eigenbau im Bewusstsein der breiten Masse – so es die denn überhaupt noch gibt – zum Durchbruch zu verhelfen. Damit sollte es gelingen, die schlimmsten Auswirkungen der Globalisierung abzumildern und die gröbsten Fehlentwicklungen der Massenproduktion zu korrigieren.

Die Massenproduktion wird nicht über Nacht aus dieser Welt verschwinden. Vermutlich wäre das auch gar nicht wünschenswert, wenn man in Betracht zieht, dass Apple mittels drastischer Preissenkungen im kommenden Jahr weltweit 45 Millionen iPhones absetzen will. Aber die zukünftigen Wachstumsfelder in den ehemaligen industriellen Zentren liegen jenseits der Massenproduktion. Im industriellen Sektor ist es die flexible Spezialisierung. Darüber hinaus sind es die personennahen Dienstleistungen, die von der Globalisierung nicht betroffen sind, weil sie sich nicht ohne weiteres outsourcen lassen, hier insbesondere die Bereiche Gesundheit und Bildung. Und es sind Produkte, für die Menschen bewusst bereit sind, einen etwas höheren Preis zu zahlen, weil sie wollen, dass es sie gibt. Es sind die Dinge, die nicht jeder hat, aber die immer mehr Menschen haben wollen.

Eine Welt Marke Eigenbau ist möglich. Der Wind dreht in diese Richtung. Das sollte bedenken, wer vor der Entscheidung steht, bei McDonald's Fensterscheiben einzuschmeißen oder lieber selbst eine eigene Imbissbude mit vegetarischen Burgern (oder zumindest Ökofleisch) zu eröffnen. Wie Günter Faltin sagt: »Bevor wir aber von einem ›entfesselten Kapitalismus‹ sprechen, uns in die Protest-Ecke drängen lassen, oder gegen Globalisierung zu Felde ziehen, sollten wir fragen, ob es denn unumgänglich ist, dass wir die Gestaltung des wirtschaftlichen Feldes ›der Klasse der Kapitalbesitzer und Unternehmer‹ also anderen überlassen müssen.«[31] Die Zeiten ändern sich. Wir haben die Mittel, erfolgreich mitzuspielen. Dabei gilt natürlich, was Anton Ego, der griesgrämige, verstockte Gastrokritiker im Animationsfilm *Ratatouille* nach seiner Erweckung durch die Kochkünste der Ratte Remy geläutert ausspricht: »Das Neue braucht Freunde!«

Anmerkungen

1. Der Aufstand der Massen gegen die Massenproduktion

1 »Kalkuliertes Chaos«, in: *SPIEGEL*, 3.12.2007.

2 Ebd.

3 *Schöne neue Welt*. Utopischer Roman, Berlin 1978 (Original: *Brave New World*, London 1932).

4 John Naisbitt: *Mind Set! Wie wir die Zukunft entschlüsseln*, München 2007.

5 Sarah Anderson, John Cavanaugh und Thea Lee: *Field Guide to the Global Economy*, New York, London 2005.

6 »Auf großer Fahrt: Die Kisten der Globalisierung«, in: *Frankfurter Allgemeine Sonntagszeitung*, 28.08.2005.

7 »Im Schatten der Globalisierung« in: *SPIEGEL*, 7.1.2008.

8 »Not Buying It«, in: *New York Times*, 21.6.2007.

9 Judith Levine: *No Shopping! Ein Selbstversuch*, Berlin 2007 (Original: *Not Buying it: My Year without shopping*, Berlin 2006).

10 Neil Boorman: *Good Bye, Logo. Wie ich lernte, ohne Marken zu leben*, Berlin 2007 (Original: *Bonfire of the Brands: How I Learned to Live Without Labels*, Edinburgh 2007).

11 http://radar.oreilly.com/archives/2008/01/maker-movement-gaining-re-cogni.html.

12 Handarbeitsrevolution, *Intro* Nr. 120, September 2004.

13 Jean Railla: *Get Crafty: hip home ec*, New York, 2004.

14 »The Punk of Craft«, in: *Craft:* 2.

15 »Arts and Crafts Find New Life Online«, in: *Business Week*, 3.1.2008.

16 »Hippe Handarbeit: Hacker zu Stricklieseln«, Spiegel Online, 25.5.2007.

17 »Handmade 2.0«, in: *New York Times*, 16.12.2007.

18 Holm Friebe, Sascha Lobo: *Wir nennen es Arbeit. Die digitale Bohème oder: Intelligentes Leben jenseits der Festanstellung*, München 2006, S. 276.

19 Andrew Keen: *The Cult of the Amateur: How Today's Internet is Killing our Culture*, New York et al. 2007, S. 3.

20 »Web 0.0«, in: *Süddeutsche Zeitung*, 7.12.2007.

21 »Immer schön sachlich bleiben«, in: *Frankfurter Allgemeine Zeitung*, 12.12.2007.

22 Gerald Stanley Lee: *Crowds. A Moving-Picture Of Democracy*, New York 1913, S. 19, eigene Übersetzung.

23 Sigfried Kracauer: *Das Ornament der Massen*, Frankfurt a.M. 1977 (Erstausgabe: 1927).

24 José Ortega y Gasset: *Der Aufstand der Massen*, Hamburg 1956, S. 9 (Original: La rebelión de las masas, Madrid 1929).

25 Ebd., S. 15.

26 Hans W. Brose: *Götterdämmerung des Markenartikels - neue Wege zu neuen Käufern*, Schwarzenberg 1934, S. 19.

27 Frederic J. Schwarz: *The Werkbund: Design Theory and Mass Culture before the First World War*, New Haven und London, S. 9, eigene Übersetzung.

28 Dirk Reinhardt: *Von der Reklame zum Marketing. Geschichte der Wirtschaftswerbung in Deutschland*, Münster 1999, S. 89.

29 Gustave Le Bon: *Psychologie der Massen*, Stuttgart 1982, S. 17 (Original: *Psychologie des foules*, Paris 1895).

30 Hans Domizlaff: *Die Gewinnung des öffentlichen Vertrauens - Ein Lehrbuch der Markentechnik*, Hamburg 1939, S.136.

31 Kai Uwe Hellmann: *Soziologie der Marke*, Frankfurt a.M. 2003, S. 69 ff.

32 Ebd., S. 88 ff.

33 *Vgl.* Norbert Bolz und David Bosshart: *Kult-Marketing: Die neuen Götter des Marktes*, Düsseldorf 1995.

34 Dennis Buchmann: »Nackerte gehen immer«, in: *Frankfurter Allgemeine Sonntagszeitung*, 2.12.2007.

35 Niklas Luhmann: *Die Realität der Massenmedien*, Opladen 1996, S. 85 (Original: 1995).

36 Vance Packard: *Die geheimen Verführer: Der Griff nach dem Unbewussten in Jedermann*, Frankfurt a.M. 1958 (Original: *The Hidden Persuaders*, London 1957).

37 Wolfgang Fritz Haug: *Warenästhetik, Sexualität und Herrschaft*, Gesammelte Aufsätze, Frankfurt a.M. 1972, S. 31.

38 http://www.cluetrain.de/#95thesen.

39 Naomi Klein: *No Logo! Der Kampf der Global Player um Marktmacht. Ein Spiel mit vielen Verlierern*, München 2001 (Original: *No Logo! Taking Aim at the Brand Bullies*, New York 2000).

40 Ebd., S. 17.

41 »My Logo, Not No Logo«, in: *Craft:* 2, S. 20.

42 »Das Strike Bike«, in: *Berliner Zeitung*, 22.10.2007.

43 Adam Smith: *Der Wohlstand der Nationen*, München 2001, S. 9 (Original: *An inquiry into the nature and causes of the wealth of nations*, 1776; Nachdruck: Indianapolis 1981).

44 E. P. Thompson: *The Making of the English Working Class*, New York 1966, S. 550 ff.

45 Vgl. Richard Sennett: *Handwerk*, Berlin 2008, S. 146 ff. (Original: *The craftsman, New Haven* 2008).

46 Karl Marx, Friedrich Engels: *Das Kapital. Kritik der politischen Ökonomie*, Buch I: Der Produktionsprozess des Kapitals, Berlin 1962, S. 49 (Erstausgabe: Hamburg 1867).

47 Peter Sloterdijk: *Im Weltinnenraum des Kapitals*, Frankfurt a.M. 2005, S. 13.

48 Frederic W. Taylor: *Die Grundsätze wissenschaftlicher Betriebsführung*, Weinheim 1977 (Original: *The principles of scientific Management*, New York 1913).

49 Vgl. Arne Daniels und Stefan Schmitz: *Die Geschichte des Kapitalismus: Vom Webstuhl zum World Wide Web*, München 2006, S. 73.

50 Zitiert nach Wolfgang König: *Geschichte der Konsumgesellschaft*, Stuttgart 2000, S. 48.

51 Michael J. Piore und Charles F. Sable: *Das Ende der Massenproduktion*, Frankfurt a.M. 1989, S. 13.

52 »Noch hat Europa die Globalisierung nicht verloren«, in: *Frankfurter Allgemeine Sonntagszeitung*, 15.1.2006.

53 Vgl. Carsten Intveen: *Unternehmensstrategien internationaler Automobilhersteller*, Wiesbaden 2004, S. 126.

54 Suzanne Berger and the MIT Industrial Performance Center: *How We Compete*, New York 2006, S. 57 ff.

55 Douglas Rushkoff: *Die neue Renaissance. Auf dem Weg zu einer vernetzten, sozialen Wirtschaft*, München 2006, S. 59.

2. Arbeit Marke Eigenbau

1 »Urlaub? Nein danke!« ChangeX–Interview, LINK 31.10.2007.

2 »Unter Haien«, in: *Wirtschaftswoche*, 25.6.2007.

3 http://www.dgb-index-gute-arbeit.de/.

4 »Pass gut auf Dich auf«, in: *brand eins*, 7/2007.

5 »Das Ende des Rattenrennens«, in: *Süddeutsche Zeitung*, 19.10.2006.

6 »Pass gut auf Dich auf«, in: *brand eins*, 7/2007.

7 Phillipe Rothlin und Peter R. Werder: *Diagnose Bore-out. Warum Unterforderung im Job krank macht*, Heidelberg 2007.

8 »Nichtstun strengt an«, in: *Frankfurter Allgemeine Zeitung*, 27.10.2007.

9 Tom Hodgkinson: *Anleitung zum Müßiggang*, München 2007, S. 17 (Original: *How to be Idle*, London 2004).

10 Vgl. Christian Rickens: *Die neuen Spießer - Von der fatalen Sehnsucht nach einer überholten Gesellschaft*, Berlin 2006, S. 64.

11 Albert O. Hirschman: *Exit, Voice, and Loyality: Responses to Decline in Firms, Organizations, and States*, Cambridge, MA 1970.

12 William H. Whyte: *The Organization Man*, New York 1956.

13 Ebd., S. 76.

14 Ebd., S. 6, eigene Übersetzung.

15 Jürgen Kaube: *Otto Normalabweichler. Der Aufstieg der Minderheiten*, Springe 2007.

16 Essay »Otto Normalabweichler« gesendet im Deutschlandradio Kultur, 7.2.2005.

17 »Große Freiheit«, in: *brand eins*, 5/2007.

18 Ebd., S. 46.

19 »Was verdienen Selbstständige in Deutschland?«, in: *stern*, 13.3.2008.

20 »Der schmale Grat«, in: *Salzburger Nachrichten*, 3.5.2007.

21 Abraham H. Maslow: *Maslow on Management*, New York 1999, S. 116, eigene Übersetzung.

22 Thomas J. Stanley, William D. Danko: »The Millionaire Next Door: The Surprising Secrets of America's Wealthy«, in: *Marietta*, S. 8, 227.

23 Daniel Pink: *Free Agent Nation. How America's New Independent Workers Are Transforming the Way We Live*, New York 2001, S. 77ff.

24 Douglas Rushkoff: *Die neue Renaissance. Auf dem Weg zu einer vernetzten sozialen Welt*, München 2006 (Original: *Get Back in the Box*, o. O. 2005).

25 Richard Sennett: *Handwerk*, Berlin 2008, S. 43 (Original: *The Craftsman*, New Haven 2008).

26 Ebd., S. 13.

27 Pink: *Free Agent Nation*, S. 84.

28 »Was verdienen Selbstständige in Deutschland?«, in: *stern*, 13.3.2008.

29 Ebd.

30 Charles Handy: *Beyond Certainty. The Changing World of Organisations*, London 1995.

31 Sabel, Piore: *Ende der Massenproduktion*, S. 88f.

32 Mark Granovetter: *Getting a Job. A Study of Contacts and Careers*, 2. Auflage, Chicago 1995.

33 »Was Auftraggeber über IT-Freiberufler wissen sollten«, in: *Computerwoche*, 14.3.2008.

34 Pink: *Free Agent Nation*, S. 102.
35 Gloria Mark, Victor M. Gonzalez, Justin Harris: *No Task Left Behind? Examining the Nature of Fragmented Work*, Irvine 2005. Download unter: www. ics.uci.edu/~gmark/CHI2005.pdf.
36 Thomas L. Friedman: *Die Welt ist flach*, Frankfurt 2006 (Original: *The World is Flat*, New York 2005).
37 »My outsourced life«, in: *Esquire Magazine*, 9.9.2005.
38 Zahlen aus: »Your personal assistant, half a world away«, in: *Chicago Tribune*, 5.2.2008.
39 Timothy Ferriss: *Die 4-Stunden-Woche. Mehr Zeit, mehr Geld, mehr Leben*, Berlin 2008 (Original: The 4-Hour Workweek, New York 2007).

3. Märkte Marke Eigenbau

1 Guy L. Steel et al: *Das Hacker Lexikon*, München 1985 (Original: *The Hacker's Dictionary*, New York 1983).
2 Michel de Certeau: *Die Kunst des Handelns*, Berlin 1988, S. 13 (Original: *L'Invention du quotidien – Arts de faire*, Paris 1980).
3 http://www.kunstaspekte.de/z-liebl-dis/.
4 Alvin Toffler: *Die dritte Welle. Zukunftschancen. Perpektiven für die Gesellschaft des 21. Jahrhunderts*, München 1980 (Original: *The third wave*, New York 1980).
5 G. Günter Voß und Kerstin Rieder: *Der arbeitende Kunde: wenn Konsumenten zu unbezahlten Mitarbeitern werden*, Frankfurt/New York 2005, S. 14f.
6 Penelope Green: »Romancing the Flat Pack: Ikea, Repurposed«, in: *New York Times*, 6.9.2007.
7 Max Horkheimer und Theodor W. Adorno: *Dialektik der Aufklärung. Philosophische Fragmente*, Frankfurt a.M. 2006, S. 129.
8 Vgl. »Schuld und Sühne im Shopping-Center«, in: *Frankfurter Allgemeine Sonntagszeitung*, 7.1.2008.
9 Vgl.«Boulevard Banal«, in: *Süddeutsche Zeitung*, 5.8.2007.
10 Vgl. »Esst mehr Schafsnasen!«, in: *die tageszeitung*, 22.9.2007.
11 Chris Anderson: *The Long Tail - der lange Schwanz. Nischenprodukte statt Massenmarkt – Das Geschäft der Zukunft*, München 2007 (Original: The Long Tail, New York 2006), S. 230.
12 Ebd.
13 »Die Entdeckung der Leserschaft«, in: *die tageszeitung*, 19.10.2007.
14 Doris Rothauer: *Kreativität & Kapital, Kunst und Wirtschaft im Umbruch*, Wien 2005, S. 127.

15 Zitiert nach: »Lumpenliberalismus«, in: *Frankfurter Allgemeine Zeitung*, 15.2.2006.

16 Thomas Röbke: *Kunst und Arbeit, Künstler zwischen Autonomie und sozialer Unsicherheit*, Essen 2000, S. 46.

17 David Brooks: *Die Bobos. Der Lebensstil der neuen Elite*, München 2001, S. 48f. (Original: *Bobos in Paradise*, New York 2000).

18 Ebd., S. 97.

19 »Warum ist zeitgenössische Kunst so teuer?«, in: *Frankfurter Allgemeine Sonntagszeitung*, 3.6.2007.

20 Walter Benjamin: *Das Kunstwerk im Zeitalter seiner technischen Reproduzierbarkeit*, Frankfurt a. M. 1963, S.12.

21 Ebd., S. 13.

22 Vgl: »Der Terror der Knappheit«, in: *Frankfurter Allgemeine Sonntagszeitung*, 13.1.2008.

23 Vgl. »Sind die süüüüss!«, in: *Kultur-Spiegel*, 9/2006.

24 Rushkoff: *Neue Renaissance*, S. 103.

25 Eric von Hippel: *Democratizing Innovation*, Cambridge/London 2005, S. 23f., Download: http://web.mit.edu/evhippel/www/books.htm.

4. Produktion Marke Eigenbau

1 Bertrand Russell: *In Praise of Idleness*, o. O. 1932.

2 E. F. Schumacher: *Small is Beautiful. Die Rückkehr zum menschlichen Maß*, Reinbeck 1985, S. 30 (Original: *Small is beautyful; economics as if people mattered*, New York 1973).

3 Vgl. »Put your feet up, Santa, the Christmas machine has arrived«, in: *The Guardian*, 25.11.2006.

4 Andreas Neef, Klaus Burmeister, Stefan Krempl: *Vom Personal Computer zum Personal Fabricator. Points of Fab, Fabbing Society, Homo Fabber*, Hamburg 2005, S. 9.

5 Ebd., S. 10.

6 Vgl. ebd., S. 23.

7 »Biss und Bytes«, in: *ZEIT*, 7.8.2003.

8 »Das Kleidergrößen-Chaos«, in: *Westdeutsche Zeitung*, 16.1.2008.

9 Zitiert nach: *Die Dritte Generation*, McK_Wissen 05.

10 Ebd.

11 »Die Me-Volution«, in: *Cicero* 12/2007.

12 Ebd.

13 Frithjof Bergmann: *Neue Arbeit, Neue Kultur*, Freiamt 2004, S. 121f.

14 Thomas Röbke: *Kunst und Arbeit*, S. 36.

15 Statistisches Bundesamt: *Wo bleibt die Zeit? Die Zeitverwendung der Bevölkerung in Deutschland* 2001/02, Wiesbaden 2003.

16 »Schwarzarbeit nimmt wieder zu«, *Tagesspiegel*, 13.1.2007.

17 Gary S. Becker: *Der ökonomische Ansatz zur Erklärung menschlichen Verhaltens*, Tübingen 1982.

18 Lothar Müller: »Im Baumarkt«, in Walter Pigge (Hg.): *Peripherie ist überall*, Frankfurt/New York 1998, S. 152.

19 Ebd., 152f.

20 Ebd., S. 154.

21 »Blubbern im U-Boot Marke Eigenbau«, Spiegel Online, 23.7.2007.

22 »U-Boot im Garten«, in: *Berliner Zeitung*, 11.8.2007.

23 Deutsches Patent und Markenamt: *Jahresbericht 2006*, o. O. 2007, S. 13.

24 Richard Sennett: *Handwerk*, Berlin 2008, S. 65.

25 Ebd., S. 79.

26 Zitiert nach: »Der Boom der guten alten Dinge«, in: *Die Welt*, 21.7.2007.

27 »Denkende Hände«, in: *brand eins* 12/2007.

5. Organisation Marke Eigenbau

1 Don Tapscott, Anthony D. Williams: *Wikinomics. Die Revolution im Netz*, München 2007, S. 10 (Original: *Wikinomics: how mass collaboration changes everything*, New York 2006).

2 Ebd., S. 14.

3 Ebd.

4 Eine gute Zusammenfassung der Wikinomics-Thesen liefert u. a.: »Nackt und fit«, in: *brand eins*, 2/2007.

5 Don Tapscott, David Ticoll: *The Naked Corporation: How the Age of Transparency Will Revolutionize Business*, New York 2003.

6 Tapscott, Williams: *Wikinomics*, S. 28.

7 Joseph Schumpeter: *Capitalism, Socialism and Democracy*, New York 1942.

8 Tapscott, Williams: *Wikinomics*, S. 19.

9 http://www.benkler.org/CoasesPenguin.html

10 Ronald Coase: »The Nature of the Firm«, in: *Economica*, Vol. 4, No. 16, November 1937, S. 386–405.

11 Eric S. Raymond: *The Cathedral & the Bazaar. Musings on Linux and Open Source by an Accidental Revolutionary*, New York 1997.

12 Yochai Benkler: *The Wealth of Networks*, New Haven 2006.

13 Zitiert nach ebd., S. 16.

14 »Wissen für alle«, in: stern.de, 25.12.2007.

15 Ge Dongsheng und Fujimoto Takahiro: *The Architectural Attributes of Components and The Transaction Patterns of Detail Design Drawings: A Case Study on China's Motorcycle Industry*, o. O. Frühjahr 2003.

16 Zum ganzen Fallbeispiel vgl. Andrew Wahl: »Most innovative CEO 2006: Rob McEwen, US Gold Corp«, in: *Canadian Business Magazine*, 9.10.2006, sowie Tapscott: *Wikinomics*, S. 7 ff.

17 Ebd.

18 »The Rise of Crowdsourcing«, in: *Wired* 6/2006.

19 H. W. Chesbrough: *Open Innovation. The New Imperative for Creating and Profiting from Technology*, Boston 2003.

20 Tapscott: *Wikinomics*, S. 99.

21 Ralf Reichwald und Frank Piller: *Interaktive Wertschöpfung. Open Innovation, Individualisierung und neue Formen der Arbeitsteilung*, Wiesbaden 2006.

22 Karim R. Lakhani und Lars Bo Jeppesen, Peter A. Lohse und Jill A. Panetta: *The Value of Openness in Scientific Problem Solving, Technology and Operations Management*, Boston 2007.

23 Joel Bakan: *The Corporation. The Pathological Pursuit of Profit and Power*, London 2004, S. 14.

24 Robert Reich: *Superkapitalismus*, Frankfurt/New York 2008, S. 10.

25 Clay Shirkey: *Here Comes Everybody. The Power of Organizing without Organizations*, London 2008, S. 44.

26 Ebd., S. 21, eigene Übersetzung.

27 Jürgen Dahlkamp, Dinah Deckstein, Jörg Schmitt: »Die Firma«, in: *DER SPIEGEL*, 14.4.2008.

28 Bakan: *Corporation*, S. 166.

29 Rushkoff: *Renaissance*, S. 44.

30 http://www.neuegenossenschaften.de/ideen_konzepte/index.html.

31 Clay Shirky: *Here Comes Everybody*, S. 23.

32 Google-CEO Eric Schmidt im Interview mit Fred Vogelstein: »As Google Challenges Viacom and Microsoft, Its CEO Feels Lucky«, in: wired.com, 4.9.2007.

33 Reich: *Superkapitalismus*, S. 188.

34 »Google hat 'nen Knacks«, in: *Frankfurter Allgemeine Sonntagszeitung*, 13.4.2008.

35 Jeremy Rifkin: *Die H2-Revolution. Mit neuer Energie für eine gerechte Weltwirtschaft*, Frankfurt/New York 2002, S. 206 ff.

36 Suzanne Berger und MIT Industrial Performance Center: *How We Compete:*

What Companies Around the World Are Doing to Make it in Today's Global Economy, New York 2006, S. 36, eigene Übersetzung.

37 »Überraschende Renaissance«, in: *SPIEGEL*, 11.2.2008.

38 Ebd.

39 Quelle: Statistisches Bundesamt, vgl. Thomas Straubhaar: »Warum gibt es überhaupt Firmen?«, in: *Frankfurter Allgemeine Sonntagszeitung*, 13.4.2008.

40 Richard Florida: *The Rise of the Creative Class*, New York 2002.

41 Sabel, Piore: *Massenproduktion*, S. 42.

42 Ebd.

43 Glenn Reynolds: *An Army of Davids*, Nashville 2006.

44 Andreas Neef, Klaus Burmeister, Stefan Krempl: *Vom Personal Computer zum Personal Fabricator*, S. 9 f.

45 Schumacher: *Small is Beautiful*, S. 67.

46 Charles Handy: *Beyond Certainty*, London 1995, S. 7, eigene Übersetzung.

6. *Marketing Marke Eigenbau*

1 »Was die Welt bald kauft«, in: *Frankfurter Allgemeine Sonntagszeitung*, 16.7.2007.

2 Brooks: *Die Bobos*, S. 121.

3 *International Journal of Consumer Studies*, Volume 31, Issue 1, S. 57 ff.

4 Dr. Eike Wenzel, Christian Rauch, Anja Kirig: *Zielgruppe LOHAS*, Kelkheim 2007, 7. 32

5 Fred Grimm: *Shopping hilft die Welt verbessern. Der andere Einkaufsführer*, München 2006.

6 »Die Macht des Einkaufswagens«, in: *ZEIT*, 28.12.2006.

7 »Faire Geschäfte«, in: *Wirtschaftswoche* 38/2007.

8 »Die Bionadisierung der Gesellschaft«, in: *Fankfurter Allgemeine Sonntagszeitung*, 11.11.07.

9 »Der Wahnsinn in der Flasche«, in: *die tageszeitung*, 18.9.2006.

10 »Greenwashing«, in: *Mother Jones*, März/April 1991.

11 »Alles Bio oder was?«, in: *SPIEGEL*, 3.9.2007.

12 »Die lieben Kollegen«, in: Frankfurter Allgemeine Sonntagszeitung, 2.12.2007.

13 »Hacker zu Stricklieseln«, Spiegel Online, 10.6.2007.

14 »Zahle, was du willst«, in: *Frankfurter Allgemeine Sonntagszeitung*, 27.1.2008.

15 http://de.wikipedia.org/wiki/Social_Commerce.

16 »What's Wired this month?«, in: *Wired* 3/2007.

17 »Von Freund zu Freund«, in: *brand eins*, 2/2008.

18 Liam Mulhall hat sein Projekt auf dem eDay 2007 in Amsterdam vorgestellt. Das Video ist auf YouTube zu finden: http://de.youtube.com/watch?v=4hzP_fX4oUw.

19 Hier leicht gekürzt wiedergegeben. Das Original ist zu finden auf: http://www.collaboratemarketing.com/open_source_marketing/.

20 http://lug.oregonstate.edu/events/firefox/crop-circle.

21 http://blog.etsy.com/?p=378.

22 Reichwald, Piller: *Open Innovation*, S. V.

23 Andreas Miles: »Marken werden flüssig«, in: Thomas Filip und Mark Feldmann (Hg.): *Web Designer's Calendar* 2008. o. O.

24 Interview mit Douglas Rushkoff: »Der Interaktive Raum ist heute ebenso verschmutzt wie die Shopping-Mall«, in: *GDI_Impuls* 1/2008.

25 Clive Thomson: »The See-Through-CEO«, in: *Wired* 4/2007.

26 http://www.trendwatching.com/trends/statusstories.htm.

27 Heribert Meffert, Christoph Burmann, Marin Koers (Hg.): *Markenmanagement*, Wiesbaden 2005 (Original 2002), S. 147.

28 »Peace!«, in: *Süddeutsche Zeitung*, 21.2.2008.

29 »Wie macht man eine Revolution?«, in: *NEON* 4/2004.

30 Kai-Uwe Hellmann (Hg.): *Ausweitung der Markenzone*, Wiesbaden 2005.

31 »Die Antipreneure«, in: *Handelsblatt*, 23.1.2007.

7. Welt Marke Eigenbau

1 »Und wann haben Sie Ihre erste Milliarde?«, in: *Frankfurter Allgemeine Sonntagszeitung*, 5.8.2007.

2 »Im Reich der blauen Kacheln«, in: *Süddeutsche Zeitung*, 16.11.2007.

3 »Wer teilt, fährt besser«, in: *Frankfurter Allgemeine Sonntagszeitung*, 13.1.2008.

4 »Car-Sharing Merges Into the Mainstream«, in: *Washington Post*, 5.9.2006.

5 »Vive la Vélorution«, in: *SPIEGEL*, 29.10.2007.

6 Jeremy Rifkin: *Access: Das Verschwinden des Eigentums*, Frankfurt/New York 2000, S. 13.

7 Volker Grassmuck: *Freie Software - zwischen Privat- und Gemeineigentum*, Bonn 2004, S. 180.

8 Ebd.

9 Adam Wishart und Regula Bochsler: *Leaving Reality Behind., The Battle for the Soul of the Internet*, London 2002.

10 »Free! Why $0.00 Is the Future of Business«, in: *Wired* 3/2008.

11 Lawrence Lessig: *Freie Kultur. Wesen und Zukunft der Kreativität*, München 2006, S. 94.

12 Markus Beckedahl: »Open Source Geschäftsmodelle mit Creative Commons«, in: *Spill 05*, Frühjahr 2008.

13 *S. E. O. C. E - Self Organized Counter Experiment, Style and the Family Tunes* 1/2006.

14 Zitiert nach: »Soziales Unternehmertum ist im Kommen«, in: *changeX*, 11.2.2008.

15 David Bornstein: *Die Welt verändern. Social Entrepreneurs und die Kraft neuer Ideen*. Stuttgart 2005.

16 Muhammad Yunus: *Die Armut besiegen*. München 2008, S.6f.

17 Zitiert nach: »Für eine Handvoll Dollar«, in: *changeX*, 23.11.2006.

18 »What Does Africa Need Most: Technology or Aid?«, in: *New York Times*, 24.6.2007.

19 Ebd.

20 Paul Polak: *Out of Poverty - What Works When Traditional Approaches Fail*. New York 2008.

21 C.K Prahalad: *Der Reichtum der Dritten Welt: Armut bekämpfen, Wohlstand fördern, Würde bewahren*. München 2006 (Original: *Fortune at the Bottom of the Pyramid: Eradicating Poverty Through Profits*, Wharton School Publishing 2004).

22 »Landstraße zum Datenhighway«, in: *DER SPIEGEL*, 27.5.2006.

23 »Geschäftsideen für die Unterschicht«, in: *Frankfurter Allgemeine Sonntagszeitung*, 26.11.2006.

24 »Wir wollen keinen Augenblick der Täuschung dulden«, in: *Süddeutsche Zeitung*, 20.10.2006.

25 »Profis an der Spitze«, in: *DER SPIEGEL*, 11.6.2007.

26 »Ein Dorf zeigt es der Welt«, in: *Berliner Zeitung*, 6.3.2008.

27 Glenn Reynolds: *An Army of Davids*. Nashville, Tennessee 2006, S. 21, eigene Übersetzung.

28 Robert Reich: *Superkapitalismus*, Frankfurt/New York, 2008, S. 10.

29 Joseph Heath, Andrew Potter: *Konsumrebellen. Der Mythos der Gegenkultur*, Berlin 2005 (Original: *The Rebel Sell*, Toronto 2004).

30 Sloterdijk: *Im Weltinnenraum*, S. 255f.

31 Günter Faltin: *Erfolgreich gründen. Der Unternehmer als Künstler und Komponist*, Berlin 2007.

Register